·长尾著·

浙江科学技术出版社

图书在版编目（CIP）数据

狼人杀：从入门到封神 / 长尾著 . -- 杭州：浙江科学技术出版社，2018.1（2021.3 重印）

ISBN 978-7-5341-7974-7

Ⅰ. ①狼… Ⅱ. ①长… Ⅲ. ①电子游戏—基本知识 Ⅳ. ① G898.3

中国版本图书馆 CIP 数据核字（2017）第 279321 号

书　　名	狼人杀：从入门到封神
著　　者	长　尾
出版发行	浙江科学技术出版社 杭州市体育场路 347 号　邮政编码：310006 办公室电话：0571-85176593 销售部电话：0571-85176040 网　　址：www.zkpress.com E-mail：zkpress@zkpress.com
排　　版	杭州立飞图文制作有限公司
印　　刷	浙江海虹彩色印务有限公司
开　　本	710×1000　1/16
印　　张	17.25
字　　数	342 500
版　　次	2018 年 1 月第 1 版
印　　次	2021 年 3 月第 4 次印刷
书　　号	ISBN 978-7-5341-7974-7
定　　价	58.00 元

版权所有　翻印必究

（图书出现倒装、缺页等印装质量问题，本社销售部负责调换）

责任编辑　吕路明　　　　责任校对　顾旻波
责任美编　孙　菁　　　　责任印务　田　文

序 一

作为一个已经从事了电子竞技十五年的游戏主持和解说，本来我以为已经没有什么可以改变我的生活了。但是不知从哪一天起，我忽然发现我竟然抛开了网络，又重新回到了现实生活之中，每天都以聚上一群人在现实之中组局约杀为乐，我想这也许就是狼人杀所特有的魔力。

与大多数人一样，我第一次接触狼人杀是在一次朋友聚会的时候被大家拉过去一起凑局的。那个时候的我虽然还什么都不会，也听不懂他们到底在讲些什么，但是单单就坐在那儿看着他们在那里热热闹闹地吹牛乱侃就能感觉到很欢乐。这份欢乐的感觉就是狼人杀留给我的第一印象，试问又有谁会不喜欢这种感觉呢？

再后来，我受邀参与了国内第一档狼人杀真人秀节目 LyingMan 的录制，借此契机这才开始真正了解狼人杀，开始认认真真地钻研竟怎么玩这个游戏，究竟怎样才能玩好狼人杀。最初的时候节目邀请的都是游戏圈内的明星玩家和主播，真正的高手几乎没有，而狼人杀的规则和玩法也不像现在这般完善。在那个时候，所有人都是一点一点地摸着石头过河，在节目录制和私下组局的过程中，通过实战不断地进行思考和总结，归纳出一些套路和技巧，逐渐提升着自己的水平。直到JY从新手成长到了狼王，才让我知道了高手定身份"原来这么准啊"！由此，我对狼人杀产生了更加深刻的理解，也一点点地开始窥探到了狼人杀这个游戏背后的世界。

自此之后，我在上海几乎每天都会组局直播面杀，也渐渐认识了申屠、李锦、王宝宝等许多的民间高手，把他们带入了游戏主播的圈子里。随着日常的积累和水平的提升，我慢慢发觉原来狼人杀远远不止是一个逻辑游戏，细细探究就能发现其背后还隐藏着一片非常广阔的天地，面相、位置、概率、状态、人性……这些都是需要狼人杀玩家们思考和学习的内容。北派逻辑流、南派状态流、狼人杀一到四阶的评定标准……随着我开始越来越多地接触狼人杀这个游戏的内核，各种想法每天在我的脑中翻江倒海，最终被我总结发布了出来，也在狼人杀圈内引起了巨大的反响。

时至今日，狼人杀的玩法日渐成熟，也有着越来越多的狼人杀玩家开始攀登三阶乃至四阶的高峰。尤记得当初我在写狼人杀分阶的时候说过，要想成为狼人杀高

序一

手就必须拥有一套成熟的狼人杀理论体系，在一套完整的方法论的指导下进行游戏。

狼人杀这个游戏背后的世界非常之广阔，每一次实力的突破都将会看到一片完全不同的风景，甚至时至今日，我们也不敢断言狼人杀的未来将会如何，也很难想象在五阶玩家的视野里，狼人杀又究竟是一个怎样的游戏。狼人杀发展到今天，也确实需要有人站出来认认真真地进行归纳总结，告诉更多喜欢狼人杀的朋友们，这个游戏究竟应该怎么玩，与更多的玩家去分享狼人杀这个游戏深处的技巧与乐趣。

当我听说狼人杀官方即将正式出版一本关于狼人杀的书籍，把狼人杀方方面面的知识汇总成一个完整的体系之时，我非常欣慰，我想也许这本书的面市将会象征着狼人杀这个游戏又走到了一个新的高度。在《狼人杀：从入门到封神》中，作者长尾吸纳了南北各家的观点，结合自己对于狼人杀的理解提出了容错理论、全局思维、操作空间、形象平衡等等一系列完整的狼人杀游戏理论。其中作者借助专业知识，从心理学角度出发对于状态和人性的理解，从表演学角度出发所提出的如何防御捆人的观点，皆令人感到耳目一新，我想无论是新玩家还是狼人杀高手都将会从这本书的观点中得到诸多的启发。

非常高兴能够为市面上的第一本狼人杀书籍作序，也希望在未来，狼人杀将会发展得更好，能让更多的玩家感受到这个游戏为我们所带来的乐趣！

二龙

序 二

狼人杀是一个很有意思很有魅力的游戏
我接触狼人杀的时间不长
却已深深地被狼人杀的魅力所折服
不仅仅是游戏本身
更多的是自我成长

狼人杀让我学会了要去提炼和整理发言的层次
狼人杀让我明白了要更多地站在别人的立场进行思考
狼人杀让我认识了许许多多有意思的朋友
狼人杀给我留下了很多精彩的回忆
狼人杀还有一个附带的特殊功效
就是我两个月瘦了十五斤
由于管不住自己的嘴，一直想减肥却没有减下来
2017 年初因为 PandaKill 的原因，废寝忘食地苦练狼人杀
终于完成了十年来都没有达成的减肥成就

相信大家刚接触狼人杀时
都会有拿到好人牌特别想要证明自己是好人
拿到狼人牌心跳加速慌慌张张的时候
渐渐地拿到好人牌会去分辨真假预言家，会去表水
拿到狼人牌会开始编故事，会大义凛然地去寻找抗推位
再进步一些，拿好人牌带队、找狼、说服场上的好人
拿狼人牌打格式、做身份，游戏越来越有意思
慢慢地就会认识一些狼友，加入狼人杀的杀友群
一起作战、互相欺骗

甚至还会诞生一些佳偶天成的幸运儿

最初的时候
我一拿到狼人牌就很慌,更别说要我悍跳了
那时的我就会不断地给自己洗脑,告诉自己我不是狼我不是狼
然后到了晚上我就真的什么都不做
既不去看自己的狼队友是谁,也不参与刀人
还真别说,效果惊人

初学狼人的时候
我有几个月的时间,每天都玩十盘以上的网杀
网杀只能通过极为少量的状态来进行辅助
因此能够快速地提升通过盘逻辑来分辨好人狼人的能力
狼人发言会有一些奇怪的感觉
这些感觉通常表现为:找抗推位、逻辑断层、编造的心路历程

我自己体会很深刻的一次就是
有人在游戏里认出我了
"哇,是小苍吗?"
"听声音是小苍啊!"
"真的是小苍啊,我这盘无脑站边 X 号!"
这种 92.63% 概率都是狼人,还是个倒钩狼
这个心路历程……
你们懂的

后来有一段时间呢
我特别喜欢玩狼人
一拿到狼就疯狂悍跳练习发言
拿了很多次"鬼才欺世"
因为狼人杀官方 APP 当时还在内测
玩家数本来就不多
后来遇到我的玩家直接警上发言就是
"那个 X 号拿狼盘盘悍跳

·序二·

她跳预言家我就打断她的腿
坚决不信"
我也是很无奈啊!

我最喜欢的身份牌呢是女巫
因为女巫是最强的神
可以追轮次带领好人获胜
最有意思的就是有一局
狼人连续三天自刀我都没救
交牌后狼人的发言是"女巫你是狗吧!"
当然啦,每个人喜欢的角色都各不相同
而在狼人杀里无论是哪个角色,都有属于这个角色的乐趣

其实狼人杀就像 War3、LOL 等游戏一样
随着游戏的发展和日渐成熟
与之相配套的战术理论也会随之诞生
在高端竞技局中
一位玩家想要走到顶尖水平
就需要对游戏细节进行非常深入的钻研
就必须对游戏技术投入大量热情与心血

很高兴能够看到有这样一本详尽的狼人杀进阶教程面市
第一次读到能够把狼人杀解析得如此透彻
把这个游戏讲解得如此清晰的攻略
我相信任何想要提升狼人杀水平的玩家
都能从这本书中收获到不少的新知识新观点
我想要是这本攻略书能够早一些面市的话
当初我入门狼人杀就会变得更加容易啦

最后希望未来能够有更多的朋友加入到狼人杀这个游戏中来
也希望能与大家一起继续享受狼人杀所带来的乐趣、友谊和成长!

小苍

序 三

我第一次接触狼人杀是在2014年年底的WCA大会上,时至今日已经过去三年了。DC老师引领我入门,开启了我与狼人杀最初的缘分。刚一接触狼人杀,我就迅速地被这个游戏所蕴含的逻辑魅力所征服了,自此以后便一发不可收拾地加入到了狼人杀玩家的行列之中。

狼人杀于我而言,更像是一把钥匙。狼人杀不但拥有着很强的社交属性,同时也令我看待事物的角度和方向发生了许多的变化。最初只会简简单单地从二维视角来进行分析,到现在思考问题的方式已经变得越来越多元化。我开始学会设身处地地去理解场上其他玩家的思维,开始从别人的视角、情绪和逻辑来考虑问题,开始尝试着去理解和包容一些新玩家的想法。

随着这种共情能力的提升,我渐渐发现眼中的世界变得越来越不一样,场上每一位玩家在彼此之间的相互影响下所产生的想法、态度以及面对输赢时的状态,都让我觉得这个游戏变得越来越精彩,越来越有趣。

狼人杀在我看来,不是一个追求胜负的游戏,而更像是一座人与人之间沟通的桥梁。在游戏中,我更愿意抛开局中的胜负去看待每个人面对问题时的态度和方法,也愿意通过游戏去感受每个人内心所蕴含的那个世界。

一花一世界,一叶一菩提。

囚徒

前　言

我从 2016 年 9 月开始正式接触了狼人杀这个游戏，最初写下一些文字其实只是因为个人的习惯，我喜欢在实战复盘、观看视频和学习攻略的时候把学到的知识和闪现的灵感即时记录下来。在我刚刚入门狼人杀的那一段时间里，虽然水平不是很高，却对这个游戏如痴如醉。在半年的时间内，我累积了大约 2 万字的游戏笔记，水平也逐步提高，如今已经达到了一个不错的阶位。我也因此慢慢萌生了将自己的游戏理念写下来，并与更多人一起分享的想法。

距离狼人杀的热潮掀起已经过去了近两年，现如今世界各地都能遇到玩狼人杀的小伙伴，越来越多的玩家加入到了狼人杀这个充满智慧与乐趣的游戏中。在我学习狼人杀的过程中，我发现市面上并没有完整而系统的狼人杀教程，大多数的狼人杀玩家只能摸着石头过河，不知道应该如何学习狼人杀的游戏技术和提升自己的游戏水平。我相信一定有很多像我一样非常喜爱这个游戏，同时也很想提升自己的游戏水平的玩家，所以我又花费了半年的时间，一边继续精进自己的游戏水平，一边开始撰写我对于狼人杀这个世界的理解，最终整理成书献给所有热爱狼人杀的玩家们。我真诚地希望大家在读过本书之后，在看到更多蕴藏在狼人杀游戏背后的精彩之外，能够更好地享受狼人杀为我们带来的乐趣。

其实，每个人对于狼人杀都有一个属于自己的理解。最初狼人杀只是一个聚会游戏，适合大家坐在一起聊天娱乐，不过随着时代的发展，狼人杀的玩法越来越完善，内涵越来越丰富，游戏的竞技性也越来越强。在我眼中，狼人杀是一款非常具有包容性的游戏，娱乐玩家可以选择和娱乐玩家坐在一桌，大开脑洞、娱乐放松、不必在乎输赢，而竞技玩家也可以选择和竞技玩家组成一局，去享受语言交锋、智力对抗、竞技博弈所带来的乐趣。

本书将分为入门卷、进阶卷和狼神卷三个部分。其中入门卷将会为刚入门狼人杀的新玩家（零阶）搭建起一个初步的游戏框架，让新玩家对狼人杀建立起基本的认识。进阶卷默认玩家已经拥有了一定的基础知识和实战经验（一点五阶），在进阶卷中我们将会详细讲解狼人杀中的理论、玩法和战术。狼神卷面向的是基本功扎实，

· 前言 ·

并希望更进一步追求顶尖水平的狼人杀玩家（三阶），在狼神卷中我们将会超越战术，从更高的层面上去探讨狼人杀背后的游戏理念。书后的附录中包含了游戏流程简介、发言素养、分阶概论、顶配杂谈、英文板子和鸣谢，并随书附赠了速查手册包括术语表和狼队夜间战术手势，属于额外的补充资料。

最后感谢狼人杀官方（langrensha.com）对本书的大力支持。感谢二龙、小苍、囚徒、王宝宝和天哥为本书作序，主编小幸运编撰书稿，美术白磷绘制插画，美术安东辉进行排版。感谢张振衣为本书提供了关于游戏水平分阶和形象平衡的构思，优柔为本书提供了关于顶配杂谈方面的内容，浩喃帮忙整理了术语表，Vivi 为游戏板子提供了英文翻译。另外感谢刘蔺玉、安弥宝宝、来钱君、毛利小徐郎、光与热、嫩嫩的草伊布、耿强等诸多狼友为本书提供了很多有价值的建议。

长尾

引言　狼人杀的前世今生

第一次接触狼人杀是在北京一家桌游吧里，那时候还是个"小萌新"，拿到一张平民牌，什么都不知道，轮到自己发言的时候总要沉默好几秒才腼腆地说一句："我是个好人。"虽然也听不懂大家在说什么，不明白举票给一位玩家是为什么，但是却很有参与感，一局游戏稀里糊涂地就赢了。从那以后，就深陷"狼人杀坑"不能自拔。因为线下凑齐12人玩游戏挺难的，我和小伙伴们就想着能不能在网上组局玩，机缘巧合下，朋友推过来一个公众号，我就是这样认识了"狼人杀"的源头——"狼人杀英雄榜"。

"狼人杀英雄榜"是西安云睿网络科技有限公司运营的一个微信服务号，是一个代替卡牌的线上发牌H5工具，解决玩狼人杀没有卡牌的问题。渐渐地，在这里玩狼人杀的人越来越多，一天就会建成3～4个百人群，聚集了大量粉丝的同时，也形成了国内最大的狼人杀社群。在广大深爱这款游戏的玩家的贡献下，"狼人杀英雄榜"推出了很多狼人杀原创花板子（特殊游戏玩法），在线下桌游吧颇受欢迎。

那么为什么说"狼人杀英雄榜"是"狼人杀"的源头呢？在玩了这么久的狼人杀以后，我也是通过此次出版《狼人杀：从入门到封神》一书才终于了解到了"狼人杀"这一游戏品牌的由来。在接触"狼人杀英雄榜"的主创团队之前，我一直简单地认为所有的狼人游戏都是"狼人杀"，后来我才了解到，"狼人杀"原来是一个由中国人创造的游戏品牌。其创造者唐立军先生在吸纳了国际上多款狼人游戏创意元素的基础上，依据自己多年开桌游吧的经验设计出了一套更加富有趣味性的狼人游戏玩法，并将其命名为"狼人杀"。而我们现如今所玩的狼人游戏为什么是这么一套游戏规则，为什么叫作"狼人杀"，也与唐立军先生当初的设计以及多年以来对"狼人杀"品牌的运营与推广是分不开的。

2009年，北京有一家叫大魔王的桌游吧，当时在北京有很多分店，其创始人唐立军也是一名桌游的深度爱好者。当时杀人游戏还比较流行，在一次偶然的机会接触到朋友送的一盒日本的狼人游戏后，唐立军就决定为中国玩家打造一款以狼人文化为背景的杀人游戏。中央美院科班出身的他说干就干，当时风靡中国桌游圈的莫

过于三国杀卡牌游戏，受此启发，他把自己设计的游戏命名为"狼人杀"。为了能让这个游戏更好地被玩家接受和面向全国推广，大魔王桌游吧启动了"狼人杀"的商业化运作之路，2010年大魔王所属的运营管理公司北京华彩天成数字图像技术有限公司申请了狼人杀的商标保护（商标注册号：第8261275号），同时也开启了狼人杀品牌在全国范围内的推广。

2011年，北京华彩天成数字图像技术有限公司在第28类棋牌等商品项目上的"狼人杀"商标注册成功。据查，这也是"狼人杀"申请注册商标的最早记录。作为一款桌面游戏，第28类注册商标必不可少。

除此之外，唐立军还使用"北京大狗"的ID在百度百科创建了自有的"狼人杀"游戏百度词条，给"狼人杀"架构了一个新的世界观。因此在法律上"狼人杀"是此类游戏的一个特定品牌，将"狼人杀"游戏等同于狼人文化为背景的杀人游戏并不存在任何合法渊源。"狼人杀"在国际通用规则上增加了很多更适合中国玩家的角色形象和玩法，如炸弹人等角色。因此，"狼人杀"本身并不是同类型游戏的通用名称。

"狼人杀英雄榜"的创始人曾说过："我们在计划做这件事情的时候就同时开始和国内及国际上几大桌游厂商接触，这些厂商都在发行以狼人文化为背景的杀人游戏，毕竟大家原来聚焦的还是线下，我们是希望通过线上更好地推广这个游戏和让用户熟知。在这些类似的游戏中，我们觉得最有中国特色的一款还是'狼人杀'。我们最后通过网上了解到'狼人杀'真正起源于北京大魔王桌游吧，并且早在2010年就申请了'狼人杀'注册商标，经过几次接触，加上大家对狼人杀这款游戏的共同认知，同时我们也承诺了一定保留"狼人杀"的原有特色，很快我们就得到了'狼人杀'游戏的所有线上改编权。说真的，2015年我们也没想到狼人杀今天会这么火，我们一开始其实就是想好好去做一款国人喜欢的游戏……"

实际上与其说"狼人杀"属于谁，不如说是大家成就了"狼人杀"，没有各种文化的碰撞和融合，就没有今天如此精彩的"狼人杀"游戏。我们当初合作并收购"狼人杀"这一游戏品牌的目的其实就是为了将这一文化更好地传播，我们也期待能与国内更多优秀的合作伙伴深度合作，大家一起做出让更多玩家深爱的游戏才是我们最终的目的。

2015年年底，北京华彩天成授权游星（北京）科技有限公司和西安云睿网络科技有限公司（以下简称"云睿公司"）将"狼人杀"游戏"插电"，进行线上游戏的改编和开发，"狼人杀"商标相关权益后来也转让给游星（北京）科技有限公司。2017年，游星（北京）科技有限公司和西安云睿网络科技有限公司在原"狼人杀"游戏基础上推出《狼人杀2017版卡牌》及"狼人杀"游戏应用。

在手机应用商店，各类自诩为"狼人杀"的手游，从纯语音，到语音+视频各

种形式的 App，粗略一数，也有数十款之多。云睿公司已在向包括艾赐魔袋、苹果商店等游戏运营方和应用平台方发函维权，目前已与多家游戏运营方以更名或正式授权的方式达成谅解，多个未经授权使用"狼人杀"名称的游戏产品也被 app store 下架，其中不乏下载量颇高的产品。

时至今日，经过七年的运营，"狼人杀"已经从当年桌游吧里的一个创想，变成了国内家喻户晓的游戏品牌。"狼人杀"相应的文化也在云睿公司主创团队以及众多"狼人杀英雄榜"玩家们的努力下渐渐生根发芽。而我之所以选择与云睿公司进行合作来出版本书，也正是因为这个团队一直致力于推广"狼人杀"文化，希望建立起一个良性的"狼人杀"生态环境，这与我创作本书的初衷是相符的。事实上，我也认为只有在"狼人杀"圈内建立起一个良好的生态，才能有助于"狼人杀"在未来更加持久更加繁荣地发展。

入门卷

角色入门篇 — 2

- 4　第一章　基本规则
- 5　第二章　预言家
- 9　第三章　狼人
- 15　第四章　女巫
- 17　第五章　猎人
- 18　第六章　白痴

进阶卷

轮次篇 — 22

- 24　第一章　容错理论
- 28　第二章　决策树
- 31　第三章　轮次的解析

对局篇 — 34

- 36　第一章　对跳局
- 36　第二章　怂狼局
- 39　第三章　生推局

角色进阶篇 — 43

- 45　第一章　女巫
- 47　第二章　猎人
- 48　第三章　白痴
- 50　第四章　平民
- 53　第五章　神民心态与狼人找神思路
- 55　第六章　狼人心态与好人找狼思路

进阶卷

58　首夜篇

- 60　第一章　首夜刀法分析
- 62　第二章　狼人首刀思路
- 62　第三章　狼人夜间格式
- 63　第四章　狼人自刀战术
- 66　第五章　预言家首验思路
- 67　第六章　预言家首验分析
- 69　第七章　女巫首夜是否应该使用解药
- 74　第八章　女巫被首刀应该怎么办

76　警长篇

- 78　第一章　双线结构
- 79　第二章　警上人数与结构
- 80　第三章　预言家的警徽流
- 82　第四章　预言家的标准发言结构
- 84　第五章　悍跳狼的核心思路
- 85　第六章　悍跳狼发好人金水
- 86　第七章　悍跳狼发狼人金水
- 87　第八章　悍跳狼发好人查杀
- 88　第九章　悍跳狼发狼人查杀
- 89　第十章　隐狼的核心思路
- 90　第十一章　好人上警
- 92　第十二章　民跳诈身份
- 95　第十三章　反水立警与验人信息可信度
- 96　第十四章　上古时代的"强神防对跳"
- 98　第十五章　警上被查杀怎么办
- 99　第十六章　警上如何判断预言家的真假
- 100　第十七章　警长竞选票型
- 102　第十八章　PK发言与第二次票型

进阶卷

104 遗言篇

- 106　第一章　第一个遗言
- 106　第二章　预言家被首刀
- 108　第三章　猎人被首刀
- 110　第四章　白痴被首刀
- 110　第五章　平民被首刀
- 111　第六章　盲毒双死

112 首日篇

- 114　第一章　发言顺序
- 114　第二章　预言家该如何应对自刀悍跳狼
- 116　第三章　没有拿到警徽的预言家发言
- 117　第四章　预言家的警长末置位发言
- 118　第五章　好人被查杀应该怎么办
- 120　第六章　好人牌如何带队
- 121　第七章　狼人被查杀应该怎么办
- 122　第八章　狼人悍跳女巫
- 124　第九章　阴阳倒钩
- 125　第十章　狼人自爆
- 126　第十一章　闭眼狼
- 127　第十二章　悍跳狼的心理建设

130 放逐篇

- 132　第一章　放逐顺序
- 133　第二章　打平衡谬论
- 134　第三章　如何判断真假预言家
- 136　第四章　放逐投票
- 137　第五章　第二个遗言

138	中盘篇
140	第一章　第二夜刀法
142	第二章　思维盲区：次日狼查杀狼
143	第三章　好人的中盘工作
144	第四章　狼人的中盘工作

145	收官篇
147	第一章　收官分析
148	第二章　空刀
149	第三章　最后一张倒钩狼

狼神卷

154	核心理念篇
156	第一章　发言能力
160	第二章　拉票与算票
164	第三章　听发言能力
166	第四章　全局化思维
169	第五章　逻辑与思维
172	第六章　状态流与逻辑流
174	第七章　操作空间
176	第八章　形象平衡
179	第九章　信息理论
184	第十章　概率学

188	面杀之道篇
190	第一章　状态流的魅力
191	第二章　摸牌状态
192	第三章　施压
194	第四章　冷相面

197	第五章	再谈逻辑与状态
199	第六章	人性流
201	第七章	网杀与面杀
202	第八章	对于捫人的防御
204	第九章	体验派与情绪记忆

207　进阶板子篇

209	第一章	板子介绍
213	第二章	游戏平衡性
214	第三章	守卫
218	第四章	白狼王
222	第五章	禁言长老
223	第六章	骑士
224	第七章	摄梦人
226	第八章	狼王
227	第九章	魔术师
228	第十章	练习板子
229	第十一章	红月模式
232	第十二章	原创板子

234　后　记

236　附　录

236	一、预女猎白游戏流程简介
238	二、发言素养
241	三、狼人杀分阶概论
245	四、顶配杂谈
248	五、英文板子规则
251	六、鸣谢名单

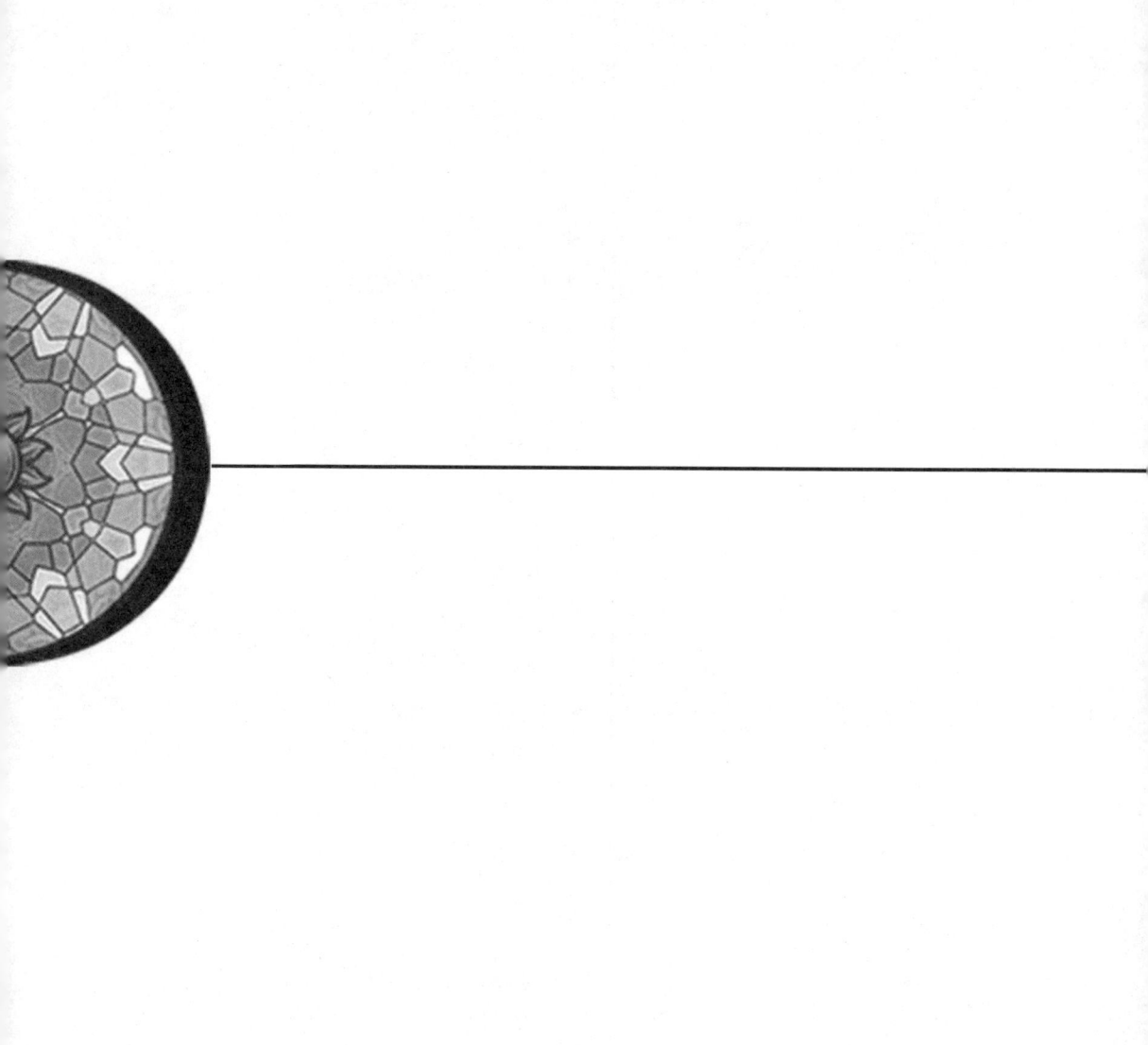

入门卷

本书的"入门卷"为狼人杀零基础教程。在本卷中我们将会为刚入门狼人杀的新玩家搭建起一个初步的框架，让新玩家对于狼人杀有一个最基本的认识。本卷首先将会讲解游戏的基本规则，之后将会从村民阵营的逻辑原点——预言家这一角色开始讲解，进而引申出悍跳狼和狼人的基本战术，最后为大家介绍除预言家之外的另外三神——女巫、猎人和白痴，从而帮助大家了解狼人杀中各个角色的基本打法。

角色入门篇

第一章　基本规则

"即便一个心地纯洁的人，一个不忘在夜间祈祷的人，也难免在乌头草盛开的月圆之夜变身为狼。"

一局狼人杀游戏一般由十二名玩家组成，他们将分别扮演村庄中不同的角色来参与这个游戏。这十二名玩家分别属于游戏中两个对立的阵营：狼人阵营和村民阵营。其中四名玩家将会扮演狼人，他们互相知道彼此的身份，暗中串通，在夜晚协力猎杀村庄中的村民。剩余的八位玩家扮演村民，其中四位玩家为普通村民，他们除了在白天发言和投票之外没有任何的特殊能力，我们常称之为平民；其余的四位玩家分别扮演四位拥有不同特殊能力的村民，我们常称之为神民。村民阵营中的八位玩家互不相认，他们的目标是在白天分辨出村庄中潜伏着的狼人，通过放逐公投和神民的特殊能力将所有的狼人都放逐出这个村庄。

在狼人杀游戏中，村民阵营胜利的条件是让四位狼人全部出局，而狼人阵营的获胜方式有两种，一种是四位神民全部出局，我们称之为刀神获胜；另外一种是让四位平民全部出局，我们称之为刀民获胜。每一局狼人杀游戏都将从夜晚开始，每一个夜晚狼人可以睁眼并猎杀场上的一位玩家。夜晚之后将会进入白天，白天是所有玩家发言和投票的环节。每个白天场上存活的玩家将按顺序依次进行发言，在所有玩家发言结束后，法官将会组织一次放逐公投，在放逐公投中每一位玩家都拥有一票的投票权，玩家可以选择把票投给自己心目中所认为的狼人。最终，得票数最多的玩家将会被放逐出局并留下"遗言"。"遗言"之后游戏将会进入下一个夜晚，狼人又可以再一次睁眼选择玩家进行猎杀，如此"黑夜—白天—黑夜"循环，直到某一方阵营达成了胜利条件，则游戏结束。

狼人杀的角色搭配方式多种多样，我们将不同的角色搭配方式称之为不同的"板子"。在不同的"板子"中，村民阵营将会加入不同的神民牌，而狼人阵营也可能会加入一些拥有特殊能力的狼人牌。在目前的狼人杀"板子"中，最基础并且流传最广的是"预女猎白"，我们的讲解也将首先从这个最基础的"板子"开始讲起。

在"预女猎白"的"板子"中，四张狼人牌都是普通狼人，他们没有任何特殊能力，而四张神民牌则分别是预言家、女巫、猎人和白痴，也就是说在"预女猎白"的"板子"中，十二名玩家的身份分配是四位普通狼人、四位普通村民以及预言家、女巫、猎人、白痴四位神民。村民阵营的这四张神牌分别拥有着不同的特殊能力。预言家是村民阵营中知道信息最多的玩家，他每个晚上都可以查验一名玩家的身份是否为狼人。女巫则是特殊能力最强的一张神牌，她拥有一瓶解

药和一瓶毒药，可以掌控场上玩家的生死。女巫每个夜晚在狼人行动之后睁眼，她的解药可以救活当晚被狼人猎杀的玩家，但是不能救自己，而她的毒药则可以毒死场上任意一位玩家，女巫每个夜晚最多只能使用一瓶药。猎人的特殊能力是在他出局时，可以翻牌并射出一枚复仇的子弹，开枪带走场上的任意一名玩家，因此很少有狼人敢招惹猎人。不过值得注意的是，猎人如果是被女巫毒死的，那么他将不能翻牌开枪。白痴的特殊能力是当白痴在白天的放逐公投中因为得票数最多而被放逐出局时，他可以翻开自己的身份牌使得自己能够继续留在场上，他的特殊能力是四张神牌中相对较弱的，这就需要扮演白痴的玩家谨慎地操作。

刚刚接触狼人杀的玩家只需要大概记住每张神牌所拥有的特殊能力即可，在之后的讲解中我们将会进一步详细介绍每一张神牌的特点以及玩法。另外，在不同地方的狼人杀比赛中，部分神牌的游戏规则也稍有不同，比如女巫第一天能否自救、白痴被放逐出局之后是否还需要狼人补一刀等等，其实都是对于这个游戏的平衡性进行的改动，关于这些我们将会在之后作详细讨论，刚刚入门狼人杀的玩家对于这一部分细节不必过多在意。

狼人杀是一款竞技性与娱乐性并存的游戏，一群新手就可以玩得不亦乐乎，而对于那些充满兴趣并渴望提升的玩家，这同样是一款具有深度的游戏，玩家越往下挖掘越会发现更多深层次的乐趣。每一局狼人杀都相当于一场精彩的角色扮演。在游戏中，玩家们将会分别扮演奸诈狡猾的狼人、沉稳睿智的平民和身怀绝技的神民，他们在游戏中斗智斗勇，去较量智慧与心理，去比拼口才与演技，去享受发掘真相的乐趣，去体验诡辩欺世的快感。可以说狼人杀是一款入门易而精通难的游戏，看似简单的几张身份牌背后拥有着一片非常广阔的天地。更为难得的是，在这个游戏中，每学习一个阶段的知识，都能看到一片完全不同的风景，当我们在实践中领悟到一个更高的境界时，就会发觉前面有更加广阔的天地在等着我们。

很高兴大家能够随着这本书，走进这个属于狼人杀的国度，一起感受狼人杀的博大精深，一同享受狼人杀为我们所带来的快乐。

第二章　预言家

在这一章我们将会讲解预言家的基本打法以及狼人杀中一个特别的游戏机制——警长竞选。

在狼人杀游戏中，往往有两条核心主线，玩家通常都以它们为中心推动着一局游戏中剧情的演变和局势的发展。在这两条主线中，第一条主线就是好人阵营中一张重要的神牌——预言家。

·入门卷·

预言家是村民阵营中天生的领袖，要说到狼人杀这个游戏的玩法就必须先从预言家开始说起。预言家的查验能力，使预言家成为游戏中除狼人之外获得信息最多的角色。所有好人的逻辑也全部是以预言家所提供的信息作为出发点的，所以说预言家是村民阵营的先锋，也是狼人阵营的眼中钉、肉中刺。

在游戏中，预言家是唯一一个必须在开局阶段就担负起自己的职责，并言明身份为其他好人提供信息的角色。需要注意的是，预言家是一张信息神牌，他所能为村民阵营带来的最大价值就是通过自己的查验能力，向村民们给出场上其他玩家的身份信息。但是预言家本身是很弱小的，不像女巫手握双药、猎人手持猎枪，预言家自身没有任何攻击能力，也无法像猎人和白痴一样死后可以翻牌自证身份，所以说预言家必须通过自己真诚的发言来取得场上其他好人玩家的信任和帮助，只有这样预言家才能够更好地发挥自身的作用。

在狼人杀游戏中，第一天白天天亮时有一个特别的游戏环节叫作警长竞选，想竞选警长的玩家都可以报名参与警长竞选，我们称之为"上警竞选警长"。警长将会获得一个特别的道具，叫作警徽，佩戴警徽的玩家拥有以下三个特权：

（1）在放逐公投时拥有额外的0.5票投票权。

（2）每一天白天都可以选择从自己的左手边玩家或者从自己的右手边玩家开始第一个发言。

（3）警长出局时可以指定下一任警长作为继任者，并将警徽移交给该名玩家。

第一天白天参与警长竞选的玩家我们称之为警上玩家，未参与警长竞选的玩家我们称之为警下玩家。在警长竞选环节中，警上玩家将会依次进行发言，在警上玩家发言全部结束之后由警下玩家进行投票，得票数最多的玩家将会当选警长并获得警徽。在警长竞选环节中，警上玩家可以随时退出警长竞选，我们称之为"退水"，但"退水"的玩家不能参与投票。

对于预言家来说，警徽这个道具可以说是为他量身定做的神器，拥有额外的0.5票投票权，有利于预言家带领好人投出狼人；发言顺序的选择权能够保证预言家可以在每个白天最后一个发言，在听取了足够多的信息之后再做决定；而最为至关重要的是佩戴了警徽的预言家可以通过死后移交警徽来打出警徽流，甚至可以说拿到警徽打出警徽流是预言家上警竞选警长的最大意义所在。

那么什么是警徽流呢？这就要从狼人杀的"遗言"机制说起了。在狼人杀游戏中，所有在白天出局的玩家都可以在出局时留下"遗言"，但是除了在第一晚出局的玩家之外，所有在夜里出局的玩家都不能说"遗言"。这就导致了一个问题，如果预言家在夜晚被狼人击杀，那么因为在夜晚出局的玩家是没有"遗言"的，预言家也就无法将自己当晚的查验信息告诉场上的其他玩家了。

为了解决这一问题，狼人杀玩家们借助警徽可以在死后移交的特性，构思出了警徽流玩法，让预言家可以通过出局后警徽的移交来传递前一晚的查验信息。在入门卷中，我们先只介绍相对简单的警徽流1.0，而警徽流2.0以及另外几种特殊的警徽流我们将会在之后的进阶卷中再作介绍。警徽流1.0非常简单，指佩戴警徽的预言家在每一天的白天提前告知场上的其他玩家自己下一个晚上要查验的对象，比如说要查验1号玩家，那么当预言家在晚上被狼人击杀后，如果预言家验出1号玩家是一个好人，我们称之为验出"金水"，则把警徽移交给1号玩家；如果验出1号玩家是一个狼人，我们称之为验出"查杀"，则不把警徽移交给1号玩家。通过观察警徽是否移交给了1号玩家，场上的其他玩家就可以获悉预言家前一晚的查验结果了。

警徽对于预言家来说至关重要，正常情况下预言家一定要记得在第一天白天天亮后参与警长竞选，在竞选发言中报出自己第一晚的验人结果和警徽流要查验的对象，通过自己真诚的发言来获得场上其他七位好人玩家的信任。

由于预言家的验人能力以及其难以自证身份的特性，预言家经常会成为狼人最先攻击的对象。往往会有狼人假冒预言家的身份，声称自己是真正的预言家，我们称之为狼人悍跳预言家，悍跳预言家的狼人称之为"悍跳狼"。"悍跳狼"会通过假冒预言家的方式来骗取其他好人玩家的信任、污蔑真预言家的身份，从而将局势引导向有利于狼人的一面。

其实预言家是一张非常艰辛的神牌，往往开局就要对抗"悍跳狼"以及其背后暗藏着的三个狼队友，其经常会感受到身为一张神牌却不被其他好人玩家信任的苦涩，甚至一不小心就会被场上的好人玩家误以为是出来悍跳的狼人而在白天被投票出局。真预言家作为村民阵营的领袖，即便前路如此艰辛，也必须肩负起自己作为一张神牌的责任，在游戏开局时就参与到警长竞选之中，挑明身份、报出验人结果、争取警徽，依靠着自身的发言、清晰的逻辑和刚正的心态来博得场上其他七位好人的信任，拿下警徽并且将悍跳的狼人放逐出局。

预言家必须清楚，作为一张只有验人功能的神牌，自己不像女巫一样可以凭借毒药震慑四方，也不像猎人和白痴一样死后可以翻牌自证；自己不像悍跳狼一样背后有着三个队友的支持，自己永远是在孤军奋战。虽然预言家会被好人怀疑，会被狼人污蔑，虽然预言家几乎不可能活到好人胜利游戏结束的那一天，但是预言家必须记住自己是正义的化身，自己是全场好人玩家的逻辑基点。要知道，狼人几乎必然会悍跳，冒充预言家的身份，希望把好人阵营引入歧途。一个惜命的、没有勇气担负起自身职责的预言家是没有办法带领好人阵营获得胜利的。

预言家必须坚信，狼人悍跳的预言家是无法战胜自己的。"悍跳狼"一开局就

知道场上谁是狼人谁是好人，因为狼人知道的信息过多，在说谎时很难不露出马脚。而预言家要做的就是利用自己清晰的逻辑、阳光的心态和刚正的气势抓住"悍跳狼"所露出的破绽，将整个狼人团队一网打尽。

最后，我们先简单了解一下几个新手预言家所需要知道的知识点，更为详细的内容我们将会在之后的进阶卷中继续进行分析。

（1）因为狼人杀中的狼人和杀人游戏中的杀手一样，可以在白天直接自爆，通过牺牲自己的生命让游戏跳过当天白天的发言和投票阶段，直接进入下一个夜晚，所以说为了防止狼人自爆，预言家无法继续发言的现象发生，当预言家轮到自己发言时，应该尽快地报出前一晚的验人结果以及下一晚的警徽流查验对象。

（2）在警上可能会有玩家冒充预言家给其他玩家发查杀，即一名玩家说自己是真预言家，第一晚验了某个人是一个狼人，以此来试探其他玩家的反应，我们称之为"诈身份"。对于这些"诈身份"的玩家，预言家不必抱以太大的敌意，因为只有"悍跳狼"会留在警上和真预言家抢警徽，而"诈身份"的玩家在诈完身份之后自然会退水。但是，如果遇到说自己是预言家且不退水的玩家，那他就基本是"悍跳狼"了，因为一般好人不会跳预言家在警上捣乱，并且和真预言家抢警徽。

（3）不要再去查验起跳且不退水的假预言家，直接把他当作悍跳的狼人就可以，我们称之为"标狼打"。因为如果有好人冒充预言家且不退水，那这是这个好人在搅局，是这个好人的问题，而不是预言家的问题。

（4）在轮到自己发言之前，佩戴着警徽的预言家是不能乱改自己的警徽流的，否则可能就会在死后给其他好人玩家传递出错误的验人信息。有的时候，预言家可以把修改自己警徽流的权力授权给自己的金水或者场上其他身份已经确定了的好人，让他们有权力在自己发言之前修改自己的警徽流。但是，如果没有得到预言家授权的玩家想要修改预言家的警徽流，预言家是不必理会的，在自己发言之前还是应该坚持自己原来的警徽流，否则警徽流就会产生混乱。

（5）在狼人杀中，如果出现真假两个预言家，其他玩家选择相信其中某一个预言家，我们称之为"站边"，站边真预言家就是"站对边"，站边"悍跳狼"就是"站错边"。不过对于真预言家来说，一定要记住"站对边"的玩家不一定就是好人，也有可能是故意选择站边真预言家的狼人，这种狼人我们称之为"倒钩狼"。而"站错边"的玩家不一定就是狼人，也有可能是一不小心误信了"悍跳狼"的好人。

（6）预言家在发言时要尽可能清晰地讲出自己验某人的原因，自己留某人进警徽流的原因，以及自己在整局游戏过程中的心理动态，我们称之为聊心路历程。心路历程在发言中是非常重要的一部分内容。作为一个真预言家，最大的优势就是心路历程非常地真实、细致和饱满，"悍跳狼"一般是很难编造出如此饱满的心路历程的。而预言家要做的就是通过自己的真诚来博取其他好人的信任，让他们跟着自己一起把"悍跳狼"放逐出局。

（7）如果预言家没有取得好人的信任被放逐出局了，也不要抱怨或者气馁，因为预言家还有一次遗言的机会来感动场上的好人，只要能够把握好这次机会，好人阵营依旧有机会能够获得胜利。另外，当预言家因不被信任而被放逐出局时，不要去责怪其他好人有眼无珠，而是应该更多地反思自己，细想自己作为一个预言家，在这局游戏中有哪些地方还可以做得更好。如果只是一味地责怪别人，自身水平也不会进步，只有经常自我反思，自身的游戏水平才会真正提高。

（8）预言家是好人阵营的领袖，玩预言家时需要玩家从公心的角度去思考问题。也就是说，预言家不应该以个人信息量的提升作为工作的核心，而是应该尽量增加其他好人的公共信息。毕竟预言家是一张需要得到其他好人支持才能发挥作用的神牌，如果仅仅是自己得到了许多的信息，而得不到其他好人的信任，也是无法发挥作用的。以公正之心、为公众利益着想之心去帮助其他好人理清思路才是一个预言家应该做的。

第三章　狼人

1. 悍跳狼

在狼人杀中，往往有两条核心主线，玩家通常都以它们为中心推动一局游戏中剧情的演变和局势的发展。在上一章中，我们初步介绍了两条主线中的一条，也就是预言家。在这一章中，我们将会探讨狼人杀中的另一条主线，也就是狼人阵营的领袖——"悍跳狼"。"悍跳狼"是狼人中的头狼，也是全场狼队战术布局的总指挥。"悍跳狼"能否成功假冒预言家，骗取大部分好人玩家的信任也直接关系到整局游戏的走势。

其实在一局狼人杀中，"悍跳狼"就相当于狼队的总导演和总指挥，是所有玩家中最先开始布局的一个角色。"悍跳狼"选择要悍跳，就需要考虑一系列的问题。对于真预言家来说，如何汇报查验结果是一件很简单的事，只需要上警，然后把晚上的验人结果如实地告诉大家就可以了。而对于"悍跳狼"来说则不同，"悍跳狼"的验人结果需要编造。"悍跳狼"在第一天悍跳的时候是报一个"金水"，还是一个"查杀"，是给好人发身份，还是给狼队友发身份，这些都事关整局游戏中狼队的战术布局。另外，"悍跳狼"的警徽流该怎么安排，其他三个狼队友安排几个上警发言，几个在警下投票，三个狼队友应该怎么分工，谁去冲锋帮悍

跳狼打煽动，谁去倒钩真预言家，狼队友之间应该如何配合做局等，都具有很高的技术含量，一个优秀的"悍跳狼"的思考量其实是真预言家的两倍以上。一方面悍跳狼要屏蔽所有已知的信息，和真预言家一样站在预言家该有的视角去思考和分析问题，力求伪造出更加真实的预言家心态和视野；而另一方面，"悍跳狼"又要考虑到狼队的整个战术布局思路，一边寻找神民，一边思考晚上该如何落刀，该把哪几张牌打成抗推位（被狼队计划诬陷成狼人而放逐在白天的好人我们称之为抗推位）。一局狼人杀游戏中狼队的布局，基本就掌握在"悍跳狼"手中。可以说，"悍跳狼"是全场游戏十二张牌中最考验大局观的一张牌，也是最能体现狼人杀水平的一张牌。

对于"悍跳狼"来说，不但要有足够的逻辑分析能力，还要有一定的演技和煽动能力，在将局势往有利狼队的方向引导的同时，又能够充分代入到真预言家该有的视角去思考和发言，编造出饱满而又合理的心路历程。所以想要真正当好一个"悍跳狼"，一定要有足够的扮演真预言家的经验，只有这样才能够模仿出各种局势下真预言家应该有的心态和想法，然后将这些情绪通过演技展现在悍跳之中，从而骗取好人玩家的信任。

不过，说了这么多，有一个问题需要我们回过头来回答一下：狼人究竟为什么要悍跳呢？悍跳对于狼队来说有哪些好处呢？

首先，预言家是好人阵营非常重要的一个信息源，一旦狼人不悍跳而让预言家身份坐实，那么预言家本身所坐实的好人身份外加其每晚一个的验人信息，将会极大地压制住狼队的生存空间。一般而言，一个身份坐实的预言家至少第一天可以报出一个验人信息，第二天通过警徽流又报出一个验人信息，如果女巫第一晚还留了解药给预言家，那么预言家还可以再多报出一个验人信息。也就是说预言家对于狼队来说是一个高威胁的存在，一旦让真预言家身份坐实，那么如果预言家验出"查杀"，被查杀的狼人只能自爆出局，即使预言家验出了金水，也可以通过排除法缩小狼队的生存范围。

其次，在四张神牌中，女巫和猎人可以通过他们的毒药和猎枪来自证身份，就算是白痴也能够在被放逐出局后翻牌自证。然而作为好人阵营的逻辑基点，预言家虽然掌握了重要的验人功能，却几乎没有任何自证身份的能力。所以狼人可以通过悍跳预言家的方式，使其他好人对于真预言家的身份以及其给出的验人信息产生怀疑。这条配合第一条一起说就是预言家这张神牌威胁大，但是容易被攻击，所以说狼人总是非常乐于去悍跳预言家，几乎绝大多数的狼人杀对局中都会出现真假两个预言家对跳的场景。

再次，由于狼人拥有团队优势，"悍跳狼"背后是三个随时可以支援他的狼

队友，在放逐投票中，"悍跳狼"是四票对真预言家一票，狼队只需要从另外七张好人牌中成功拉到两到三票，即可在第一天就将真预言家抗推出局。对于狼人阵营来说，游戏的胜利条件是四位神民出局或者四位平民出局，在第一天白天就成功放逐出一张预言家牌将会为狼队建立起相当大的优势，之后走刀神路线获胜将会变得更加容易。

最后，一个没有警徽的预言家是没有办法走警徽流的，所以即使"悍跳狼"无法成功抗推真预言家，只要可以成功抢到警徽也能够破坏真预言家的警徽流，让失去警徽的真预言家少给出一晚的验人信息。

在大多数狼人杀对局中，狼人阵营与好人阵营最为关键的一次交锋就是第一天的真假预言家对跳，"悍跳狼"能否迷惑其他好人玩家，从而在第一天的放逐公投中取得胜利，往往就成为了一整局狼人杀游戏的胜负手。如果"悍跳狼"悍跳失败，且狼人团队全体暴露，那么狼人基本上可以直接选择交牌投降；如果狼队成功抗推了真预言家，则会获得很大的优势。其实"悍跳狼"与真预言家之间的对跳，就是双方关于逻辑、口才、情商、演技与大局观的比拼。高手之间的真假预言家的对跳可谓是狼人杀中最出彩的环节之一，也可以说是最能比拼发言水平的一个环节。

也就是说，狼人悍跳预言家最好的局面是能够在第一天白天抗推真预言家或者其他好人，从而为狼队争取到一定的轮次优势。这里讲一下，所谓轮次优势的意思是指狼人杀其实近似于回合制游戏，晚上是狼人击杀好人的回合，白天是好人放逐狼人的回合，"黑夜—白天—黑夜"如此轮转。而轮次在这里指的就是回合数，如果狼人成功在第一天白天就放逐了真预言家，就相当于在白天的好人回合中好人没有成功放逐掉狼人，还为狼人"刀神获胜"节省下了本来需要留给预言家的一刀，这一进一出就相当于狼人取得了两个轮次的优势，这就是抗推真预言家能为狼人争取到轮次优势的意思。即便"悍跳狼"没有能够在第一天的放逐公投中取得胜利，也有机会在警长竞选中抢到警徽，破坏掉预言家的警徽流，从而让预言家少给出一个验人信息。而上述两者都是在拥有团队优势的情况下，"悍跳狼"有可能实现的。虽然说在这过程中同样面临着在警上发言、警下投票、警下站边发言和第一天的放逐投票等阶段中给好人阵营暴露过多信息，导致狼人团队暴露，甚至有四张狼人牌全部暴露（我们称之为"四狼裸坐"）的风险，但是总体而言，悍跳对于狼队的期望收益是大于风险的。所以狼队在大多数情况下都会选择派出一张狼人牌进行悍跳。

"悍跳狼"往往是整个狼队的战术核心，要当好一个优秀的"悍跳狼"，需要对整个游戏有非常深刻的理解。下面我们先简单了解几个新手"悍跳狼"所需要知道的知识点，在之后的进阶卷中我们将会进一步对"悍跳狼"进行讲解。

（1）"悍跳狼"需要在第一晚睁眼时和狼队友提前沟通，并制定好战术，通知其他三个狼队友自己准备悍跳。在网络在线狼人杀游戏中，战术沟通可以直接通过打字或者发语音的方式，而在真人面对面狼人杀游戏中则需要通过战术手势进行交流。比如"我来悍跳预言家。"这句话在狼队夜间沟通时的手势是首先用手指向自己，代表"我"，然后手掌平摊，手心向上，整个手掌向上抬起，代表"起跳"，最后用手比成"OK"的手势放在自己的眼部，代表"预言家"。这三个战术手势连在一起就能够在真人面对面狼人杀游戏中给队友传达出自己准备悍跳预言家的信息。更多狼队夜间的战术手势详见《速查手册：狼队夜间战术手势》。

（2）悍跳时要把自己想象成是真正的预言家，心态要好，正气要足，发言要自信、有底气，不要紧张，时刻记得以真预言家的心态和视角去发言，合理地给出自己的心路历程和验人逻辑。"悍跳狼"一定要牢牢记住自己就是真预言家，只有自己先相信了自己是一个真正的预言家，才有可能去获取好人们的信任。

（3）狼人是全场视野最为清晰的角色，"悍跳狼"一开始就知道全场所有玩家的身份好坏，这是真预言家所不应该知道的信息。因此，"悍跳狼"一定要记得在发言时屏蔽掉这些预言家不该掌握的信息，否则就会因为知道的信息太多而被好人们发现自己的狼人身份。

（4）适当编造一些第一晚验某人以及留某人进警徽流的原因，比如"我验了1号玩家是因为我觉得他看完牌以后表情就很凝重，像是一个狼人""我验2号玩家是因为我和2号玩家玩得不多，不像熟人那样比较容易判断身份，所以我直接验掉了""我警徽流留一张3号，因为3号玩家的水平很高，验出是金水的话能帮我带队""我警徽流留一张4号，因为4号是前面'悍跳狼'发的金水，我要验一下"等等，相对饱满的心路历程有助于"悍跳狼"在好人心目中获得信任。

（5）很多新手悍跳常见的问题就是视野过于狭窄，只会去攻击真预言家发言中的漏洞，并为自己作辩驳去反驳别人对自己的攻击。但是其实作为"悍跳狼"真正重要的是搭建起属于自己的逻辑框架，在这个自己的逻辑框架里去编故事，让好人们去相信自己所诉说的故事，进而接纳"悍跳狼"是一个真正的预言家。狼人杀其实就是一个讲故事的游戏，"悍跳狼"的故事讲得比真预言家动听，悍跳就成功了。

2. 狼人的基本战术

在这里，我们将会初步介绍狼人的定位分类以及狼队战术布局。如果把狼人杀当作一个解密游戏，那么狼队就是迷局的布局者，需要布下疑阵，迷惑好人的视线，而好人就是迷局的破局者，需要以静制动，见招拆招。狼人是狼人杀游戏中占据主动地位的布局者，想要真正了解狼人杀中狼人与好人之间的博弈，我们就必须从狼队的战术布局开始讲起。

对于狼人而言，最主要的工作有两件：一是分辨出神民与平民；二是赶在好人分辨出狼人之前尽可能地在白天抗推好人，从而为狼队抢到轮次。狼人在狼人杀游戏中是占据信息优势的少数群体。所以整局狼人杀游戏的主线剧情就是狼人利用信息优势配合协作进行布局，而好人抽丝剥茧逐渐破局的过程。对于狼队来说，最重要的就是发挥出自身的团队优势，利用团队打出战术配合。而整局游戏的关键点就在于狼人的布局能够迷惑到多少好人，以及好人能否以足够快的速度破局。

狼人的战术打法非常多，玩家想要了解狼人的战术打法，首先需要了解狼人的几种分类。根据不同的战术定位，狼人可以分为"煽动狼"和"深水狼"。"煽动狼"指高调地站出来带队，引导舆论，号召大家跟着他一起投票出人的狼人。"深水狼"指跟随大流，隐藏自己，力求低调而不引起别人关注的狼人。从站边上分类，狼人可以分为"冲锋狼"和"倒钩狼"两种。站边"悍跳狼"的狼人我们称之为"冲锋狼"，站边真预言家的狼人我们称之为"倒钩狼"。狼队在对跳局中的战术打法主要是以"悍跳狼"为核心，"冲锋狼"和"倒钩狼"为左右两个支点所组成的。下面我们将分别对"冲锋狼"和"倒钩狼"进行讲解。

3. 冲锋狼

一般而言"冲锋狼"同时也是"煽动狼"，"冲锋狼"的任务是支援"悍跳狼"，为"悍跳狼"打煽动，攻击真预言家并号召大家一起跟着"悍跳狼"投票放逐真预言家。不过新手"冲锋狼"要注意，不要直接无理由地去站边自己的"悍跳狼"队友，这样很容易暴露狼人团队。因为场上的好人都知道在真假两个预言家对跳的时候，"悍跳狼"背后有狼人团队而真预言家背后没有团队。所以，如果"冲锋狼"盲目支持自己的"悍跳狼"队友，而编造不出一个合理的理由的话，那么不但"冲锋狼"的身份会暴露，自己的"悍跳狼"队友也会因此而被连累。

所以，与"悍跳狼"可以直接攻击真预言家不同，对于"冲锋狼"来说最重要的是先为自己找到一个合适的理由去站边"悍跳狼"。我们经常会看到有新手"冲锋狼"只用20%的发言时间去阐述自己的站边理由，而用80%的发言时间去号召大家放逐真预言家。明眼人一看这样的发言就知道是"聊爆"（在发言的过程中暴露了自己的身份，我们称之为"聊爆"了）。因为真正的好人是无法完全确定真假预言家的，所以在站边的时候，真正的好人一定会先阐述自己的站边理由，而这将会至少花费好人玩家40%的发言时间，同时因为好人玩家不能完全确定自己的站边是否正确，所以在质疑某一个预言家身份可能是狼人的时候，发言也会留有余地。

因此，对于"冲锋狼"来说，在第一天的发言中最重要的不是去强势煽动好人站在"悍跳狼"这一边，而是应该先以好人的视角为自己编造出一个站边"悍跳狼"的理由，从而提高"悍跳狼"在好人中的可信度，也能在之后的放逐投票环节中顺理成章地帮助自己的"悍跳狼"队友冲票（指狼人利用团队优势试图一起投票放逐好人）。站边理由至少应该占据"冲锋狼"50%的发言时间，同时留有余地，然后等到第二天白天，再去彻底站边"悍跳狼"，这样的心理转变才符合一个好人"一点一点地分辨出真假预言家"的心路历程。

当然，如果是一个狼人被真预言家"查杀"了，就不需要再编造站边理由，可以直接和自己的"悍跳狼"队友站边去攻击真预言家，遵照"我是好人，他查杀我，所以他是'悍跳狼'，那么和他对跳的是真预言家"这个逻辑即可。另外一种不需要编造站边理由的方法就是"冲锋狼"悍跳女巫报"悍跳狼"银水（即"冲锋狼"说自己是女巫，第一晚用解药救了"悍跳狼"，被女巫用解药救下的人称之为"银水"），因为女巫是拥有"银水"信息的神民。如此"悍跳狼"就可以用"银水"作为一个合理的站边理由。关于狼人悍跳女巫的相关内容我们在之后的进阶卷中还会作更详细的介绍。

4. 倒钩狼

"倒钩狼"指站边真预言家的狼人。一般"倒钩狼"分为两种：第一种是出卖队友伪装自己是好人身份，力求获取真预言家以及其他站对边的好人的信任；第二种是通过自己来拉低真预言家的身份，通过自己聊爆式的站边让场上的其他好人误以为"倒钩狼"和真预言家互为狼队友。

一般"倒钩狼"会在以下两种情况下出现：

（1）真预言家发言可信度高于"悍跳狼"，场上大多数好人都站对了边，狼队谁冲锋谁就会暴露。在这种情况下，狼队友实在无法为"悍跳狼"冲锋，狼队只能选择断臂求生，牺牲"悍跳狼"，其他三个狼人倒钩，掩饰自己的狼人身份。然后在第二晚击杀真预言家，并争取在之后几天里抗推好人扭转劣势。

（2）"悍跳狼"的发言水平很高，在和真预言家的对抗中取得了均势，甚至优势，这时"悍跳狼"已经不需要"冲锋狼"帮忙煽动了，这样狼队就会有足够的空间安排一个甚至两个狼人去打倒钩了，俗称"填狼坑"。一方面狼队可以让"倒钩狼"加入到"真预言家的狼团队"，迷惑好人使他们误以为真预言家是有团队的；另外一方面"倒钩狼"也可以故意聊爆来陷害真预言家，俗话说："一个好的倒钩狼可以把七个好人都变成狼人。"即只要"倒钩狼"玩得好，成功陷害了真预言家，就可以让所有好人都站错边。另外介绍一个狼队互相配合的小技巧，就是"悍跳狼"可以把第二晚的警徽流留给"倒钩狼"。因为很少有女巫会去毒预言家警徽流里的

牌，这样"悍跳狼"就可以用警徽流来保护"倒钩狼"不被女巫毒死了。

倒钩战术其实算是狼队一个比较高级的战术，真正要把"倒钩狼"玩好需要玩家对狼人杀游戏有着比较深刻的理解。新手"倒钩狼"常犯的一个错误就是局势判断不清，盲目倒钩，经常会在第一天白天的放逐投票环节中因为没有帮助狼团队冲票，结果导致"悍跳狼"在第一天白天的放逐投票中失利。对于想要玩倒钩的狼人来说，一定要掌握狼人杀中一个非常重要的技能——算票。算票指的是指通过每一位玩家白天的发言来预估放逐投票的结果。如果计算结果发现自己的这一票是关键票，只要自己帮着狼队冲票就可以抗推掉真预言家，那么就不需要再倒钩了。该冲票的时候就去冲票，只要放逐了真预言家抢到了轮次，就算暴露了自己的狼人身份也无妨。

如果是第一种通过出卖队友来掩藏自己身份的"倒钩狼"，与"冲锋狼"一样，一定要先花50%的发言时间去说明自己的站边理由，发言的时候尽量把自己伪装成没有信息的样子。这是因为狼人一开始知道的信息就比好人多，如果"倒钩狼"一不小心暴露了自己掌握了与好人身份不相称的信息量的话（比如默认某张牌的身份好坏，默认场上狼人的数量，夜里有两张牌出局时默认了哪张牌被女巫毒杀哪张牌被狼人击杀等等），这样即使站对了边也会被其他好人怀疑。

以上就是狼队中"冲锋狼"和"倒钩狼"的战术打法，再加上我们之前介绍的"悍跳狼"，在对跳局中，"悍跳狼""冲锋狼"和"倒钩狼"是狼队三个主要的战术元素。关于狼队战术的深入分析，我们在之后的进阶卷中将继续讨论。

第四章　女巫

1. 神牌的分类

在之后三章中，我们将分别对除预言家之外的另外三张神牌作初步的介绍，希望通过这三章的内容，玩家能够基本了解女巫、猎人和白痴的技能特点。

在具体介绍三张神牌之前，我们首先需要了解一下狼人杀中关于神牌的分类。在狼人杀中，我们将神牌分为强神和弱神、轮次神和信息神。其中强神指具有攻击能力和较强自证能力的神牌，其代表为女巫和猎人；弱神指缺乏攻击能力和较强自证能力的神牌，其代表为预言家和白痴。轮次神指可以为好人阵营抢到轮次的神牌，其代表为女巫和守卫（守卫是进阶板子中的一张神牌，其能力为每晚可以守护一位玩家，被守护的玩家不被狼人击杀）；信息神指的是能够为好人阵营提供信息的神牌，其代表为预言家和驯熊师（驯熊师是进阶板子中的一张神牌，其能力为可以查验自己身边的两位玩家里有没有狼人）。

2. 最强神女巫

女巫：女巫是村民阵营中特殊能力最强大的一张神牌，拥有着一瓶解药和一瓶毒药，可以掌控场上玩家的生死。每晚女巫在狼人选择完击杀对象之后睁眼，选择是否使用解药或毒药。其中解药可以救活当晚被狼人杀害的玩家，但女巫的解药无法救自己。当女巫尚未使用解药的时候可以获悉每晚狼人的击杀对象，在使用过解药之后女巫将无法再获悉狼人的击杀对象。女巫的毒药可以在夜晚毒杀任意一位玩家。解药和毒药不能在同一个夜晚一起使用。

女巫是一位能够掌控全场玩家生死的轮次强神，合理发挥出自身强大的功能是女巫最需要做的事。女巫之所以被称为好人阵营中的最强神，是因为女巫可以用她的解药来解救好人，用她的毒药去毒杀狼人，一进一出就可以为好人阵营争得两个轮次的优势，这是其他任何一张神牌都无法做到的。

在女巫的两瓶药中，解药的功能相当于让狼人当晚的击杀失效，这能够稳定地为好人阵营抢到一个轮次。另外解药还能够让女巫获得一个银水信息，被女巫解药救活的玩家称为银水牌，除了小概率情况下会有狼人自刀之外，大概率情况下被救的玩家都是一个好人，所以女巫的解药还可以帮助好人阵营多确定一个好人的身份。值得新手女巫注意的是，由于女巫的解药是不能自救的，一旦带着解药的女巫被狼人击杀，解药就相当于被浪费了，所以我们建议新手女巫尽早使用解药以免解药被浪费。

女巫的毒药和解药不同，即使女巫在当夜被狼人击杀，她依旧可以使用毒药。不过值得注意的是，根据游戏规则，如果在一个夜晚狼人击杀了最后一神（或最后一民），同时女巫毒死了最后一狼，根据狼刀在先的原则会判定为狼人获胜。对于女巫来说，毒药不但可以毒杀狼人为好人阵营抢到一个轮次，还使得女巫拥有了一定程度上自证身份的能力。任何狼人悍跳女巫都会被真女巫在晚上直接毒死，由于毒药的威慑，并没有多少狼人敢于在毒药女巫还在场的时候悍跳女巫。

女巫因为拥有上述两个非常强力的技能，可以说是"预女猎白"板子中操作最为复杂的一张神牌，打法非常多，需要扮演女巫的玩家根据场上的局势灵活地作出判断。对于新手女巫来说，我们建议第一晚就果断使用解药，一是为了防止新手女巫因暴露身份在第二晚被狼人直接击杀，从而导致解药被浪费的现象出现；二是因为新手局中很少会有狼人自刀，女巫使用解药后基本可以确定一个好人的身份，然后新手女巫可以直接在第一天白天的发言中表明身份，并给出银水信息，一下子帮助好人阵营确定两个好人的身份，这能够有效地缩减狼人的生存空间。然后，在第二个夜晚，女巫可以直接毒死自己心目中认为最有可能是狼人的玩家，干净利落地使用完两瓶药，完成自己作为女巫的主要使命。新手女巫可以先参考上述玩法，待水平有所提升之后，就可以根据自身对于女巫的理解来自由发挥了。

第五章 猎人

猎人：当猎人被狼人杀害或者在白天被放逐出局后，他可以翻开自己的身份牌并向场上任意一位活着的玩家射出一发复仇的子弹，带着这位玩家一起死亡。猎人可以选择不翻牌，但是只要翻了牌就必须带人。但以下两种情况下猎人无法翻牌：（1）当猎人被女巫毒杀后，将会被法官告知不能翻牌带人；（2）若猎人是最后一张死亡的神牌，则当猎人死亡时游戏结束狼人直接获胜，猎人无法再开枪带人。

猎人是一张具有一定攻击能力和自证能力的强神牌，很少会有狼人选择悍跳猎人。这是因为如果场上出现了真假两个猎人对跳，村民们可以选择在白天放逐其中更有可能是狼人悍跳的那个猎人，如果成功放逐掉了狼猎人，则相当于狼队白白牺牲一狼，即使在白天放逐了真猎人，真猎人也可以翻牌开枪带走悍跳的狼猎人，与狼人实现一换一。因此，对于狼人来说，悍跳猎人是一件高风险低收益的事情，只有少数情况下才会有狼人选择悍跳猎人。

与女巫的毒药可以主动发动不同，猎人只有在死后才可以发动自己的猎枪，这就相当于猎人的枪其实是一个被动技能，要么是在被放逐时开枪带走假冒猎人的狼人，或者查杀自己的悍跳狼，要么就只能等着自己被狼人击杀才能翻牌开枪。所以，为了防止猎人死后开枪带走狼人，狼队会优先选择击杀猎人之外的其他三神，而把猎人留在最后，不给猎人开枪的机会。正因为如此，虽然猎人有着可以为好人阵营抢一个轮次的复仇一枪，但是因为这是一个被动技能，所以在游戏中猎人能够成功发动这个技能的概率并不是很高，猎人的枪主要起到的是威慑狼队的作用。

对于猎人来说，如果过早表明身份，其好处是自证了身份，而坏处则是狼人几乎必然会把猎人留到最后，这局游戏中猎人的技能很可能就永远都无法发动。因此，在游戏前期，猎人可以选择先隐藏自己的身份，然后根据局势再决定是否亮明身份。

对于新手猎人而言，掌握起跳的时间至关重要。猎人翻牌的弊端在于帮助狼队找到了一个神，狼队刀神时会把猎人留到最后，导致猎人无法发动技能，因此猎人只有起跳带来的收益较大时才应该选择亮明自己猎人的身份。比如觉得自己即将被抗推或者被女巫撒毒时，或者自己被"悍跳狼"查杀时，又或者在想要带队投票放逐狼人时为了提高自己话语的说服力等等。值得注意的是，一旦狼刀在先好人阵营轮次落后时，即当猎人判断好人放逐狼人的速度慢于狼人击杀神民（或平民）的速度时，作为一张神牌，猎人一定要尽量避免暴露自己的身份，让神牌和民牌的身份

混在一起，从而混淆狼人的视线。

第六章 白痴

白痴：白痴在白天被放逐出局时，必须翻牌自证身份，翻牌后的白痴将依旧可以留在场上进行发言，但是会失去投票权且无法佩戴警徽。如果白痴被放逐前是警长，翻牌后必须选择移交警徽或者撕毁警徽。

白痴这张神牌的规则在各地都略有不同，其差异主要体现在：（1）当狼人刀神时，翻牌后的白痴是否还需要狼人再次击杀才算出局；（2）翻牌后的白痴是仍然保留在每个白天的独立发言权，还是失去独立发言权但是能在其他玩家发言的时候随时插话。而在目前的狼人杀官方手机游戏中，采用的规则是白痴翻牌后需要狼人再次击杀，翻牌后的白痴拥有自己独立的发言环节，不能插嘴。

白痴是一张功能相对弱小的弱神牌，缺乏攻击能力和足够的自证能力，抢不了轮次也无法为好人阵营提供太多有价值的信息。在狼人杀中，一张神牌是否拥有足够的自证能力，主要取决于狼人悍跳这张神牌时带来的风险与收益。对于狼人来说，悍跳预言家是一件期望收益很高的事情，所以几乎每一局狼人杀都会有狼人悍跳预言家，而女巫有毒药，猎人有枪，狼人悍跳女巫或猎人的风险都比较大，只有在收益大于风险时，才会有狼人选择悍跳女巫或猎人，这也是女巫和猎人自证能力强的原因。而对于白痴来说，白痴看似拥有被放逐后可以翻牌自证的能力，但是往往等到白痴翻牌自证时，对于好人阵营来说为时已晚，在白痴翻牌不用补刀规则下尤为如此。我们可以把白痴认为是一个手里没有枪，被狼人击杀翻不了牌的弱化版猎人，甚至我们可以把白痴当作是一个具有唯一性的名字特别的平民来玩。

白痴的玩法与猎人相似，只不过作为一个弱化版的猎人，白痴需要玩得更加小心，也更加需要注意隐藏好自己的身份，以及把握好跳与不跳的时机。与猎人亮明身份也不用担心被刀不同，白痴手里没有枪，一旦亮明身份，很容易就会被狼人击杀。另外值得注意的是，如果白痴在跳明身份前被狼人找到（我们称之为被"抿"出来），狼人会在晚上刀死白痴，然后到了白天假冒白痴（我们称之为"穿白痴的衣服"）。而对于被刀死在晚上也可以翻牌带人的猎人来说，这种事是不会发生的。总而言之，白痴虽然能力相对弱小，但是作为好人阵营中占据了神位的一张神牌，操作起来也必须更加的细腻和谨慎，这样才能发挥出自己应有的作用。

以上是关于女巫、猎人和白痴技能的简单介绍，更为详尽的玩法解析我们将会在之后的进阶卷中再作介绍。

我们的入门卷就讲到这里。通过上述六章入门卷的讲解，我相信狼人杀新手已

经能够对狼人杀游戏建立起一个初步的认识了，更多的精彩内容我们将会在之后的进阶卷和狼神卷中再作讲解。目前入门卷讲解的基础知识已经足够玩家参与到一局新手局的狼人杀游戏中去了。如果你还没有足够的游戏经验，可以先赶紧去附近的面杀局或者下载狼人杀官方移动客户端参与游戏积累实战经验，理论与实践结合才能更加快速地提升自己的游戏水平。

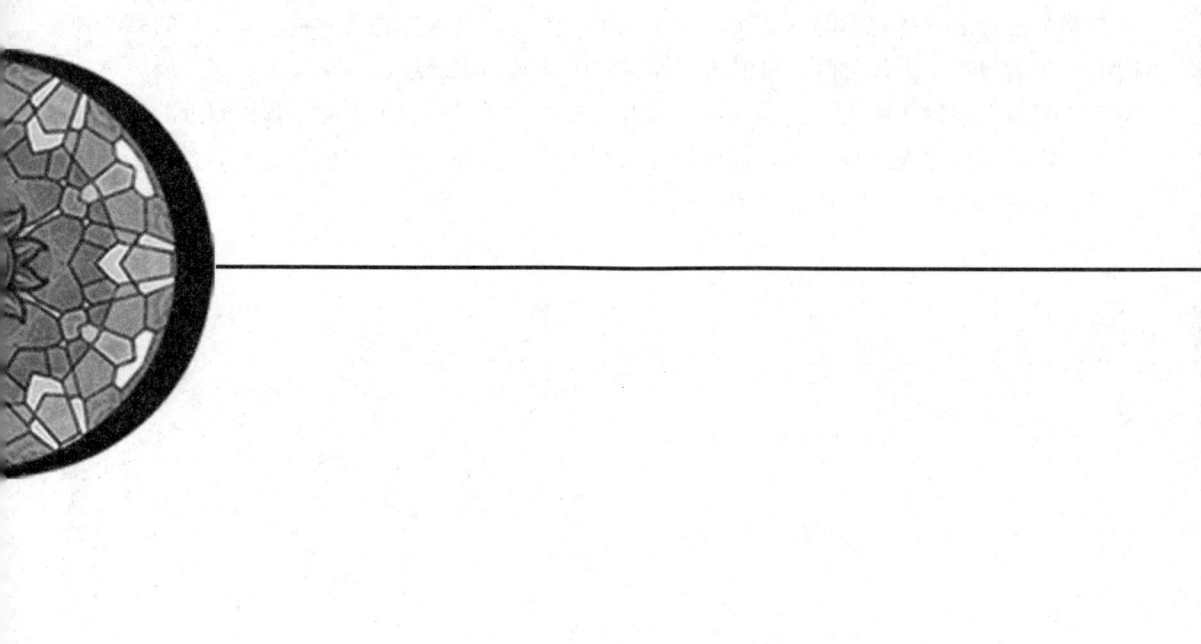

进阶卷

本书"进阶卷"面向已经具备一定狼人杀基础的（1~2.5阶）玩家。从"进阶卷"开始，我们将会使用大量的狼人杀术语，对于术语尚不熟悉的玩家可以查阅手册中的术语表。

本卷的前三篇分别为"轮次篇""对局篇"和"角色进阶篇"。在"轮次篇"中，我们将讲解狼人杀中"轮次"这一关键的概念，"轮次篇"中所提出的"容错理论"为狼人杀中的基础理论，这一理论将会在后文中被频繁使用。"对局篇"讲解了狼人杀中对跳局、怂狼局和生推局这三种完全不同的狼队战术布局。"角色进阶篇"则将会更加深入地分析各个角色牌的玩法。

在"进阶卷"的后半部分，我们将沿着一局狼人杀游戏过程中的时间线来推进，分为"首夜篇""警长篇""遗言篇""首日篇""放逐篇""中盘篇"和"收官篇"七篇，顺着时间线的推进由前至后地从各个视角讲解"预女猎白"十二人标准局中每个游戏环节的分析思路和各个角色的战术打法，为大家总结狼人杀进阶过程中所需要掌握的各项要点。

轮次篇

·进阶卷·

第一章 容错理论

狼人杀游戏中的剧情和局势变化非常丰富，因此每一位狼人杀玩家都需要掌握的一项重要能力就是对当下局势的判断以及对未来局势发展的把握。好人需要根据局势判断是警推在先还是狼刀在先，是否可以明跳身份"裸打"，是否需要进行"挡刀"操作；狼人也要根据局势判断应该刀神还是刀民，是否应该"裸冲"，是否可以"拍刀"。其实所有的狼人杀玩家都会对局势有着模糊的感观，比如可能会用"场上现在已经是四神吊打两狼了""这么打的话一神换两狼不亏"这样的语言来描述局势。不过在狼人杀游戏中，一个很重要的概念就是"轮次"，好人和狼人在紧张的局势中往往要靠抢夺"轮次"来决定胜负，所以对于"轮次"的判断至关重要，我们需要一套完整的计算轮次的理论来帮助我们判断场上的局势。与此同时，在高端局狼队的各种战术配合中，最重要的收益计算也是通过所能赚取的期望轮次来体现的。

之所以把这套理论称之为"容错理论"，是因为在这套理论中最重要的一个概念就是狼队刀法的容错值。所谓容错值是指假设在每天白天必推出一张狼人牌的情况下，允许狼队可以刀错的次数。

我们先看一种最简单的情况。在标准12人局中有四狼四神四民，我们假设所有的神牌都不发动任何的特殊能力而仅占一个神位，在每天白天都票出一张狼人牌的情况下，狼队的容错值是多少？是"0"，狼人杀游戏先黑夜后白天，狼刀在先，警推在后，如果所有的神牌都不发动任何技能，只要狼人准确地一刀一神，不刀错，那么恰好可以领先一刀获得胜利，所以在这种局势下狼人的容错值是"0"。

为了简化模型，我们先以更加常见的刀神局为例，稍后再加入对刀民局的分析。如果白天狼队抗推了一张民牌，相当于狼队躲过了一推，此时场上的容错值加一变为"+1"，狼队即使刀错一刀依旧可以恰好获胜；如果白天狼队抗推了一张神牌，相当于狼队不但躲过了一推还省下了一刀，此时场上的容错值加二，变为"+2"，狼队即使刀错两刀依旧可以恰好获胜；如果狼队刀错了一刀，此时场上容错值减一，变为"-1"，局势由狼刀在先变为了警推在先，只要好人白天不出错人，就恰好可以在场上还剩最后一神的时候投出最后一狼，从而获胜。简单来说，在这种简化模型中，如果场上的容错值大于等于"0"，则狼刀在先，狼队不刀错即可获胜；如果场上容错值小于"0"，则警推在先，好人不推错即可获胜。

那么接下来我们来考察一下，在实际的狼人杀游戏中好人阵营又有着怎样的追刀能力呢？以标准的"预女猎白"四神为例，预言家和白痴没有任何的追刀能力，女巫有一瓶解药和一瓶毒药，有追两刀的能力，所以女巫是所有神牌中最为强力的

一张，另外猎人死后可以开枪带人，有追一刀的能力。也就是说在预女猎白标准局中，好人阵营有着"一救""一毒""一枪"三个追刀能力，我们称为好人阵营的三点潜力值，如果这三点潜力值使用正确，每点好人阵营的潜力值都可以使得场上的狼刀容错值减一。在预女猎白标准局中，四张狼人牌都是普通狼人，没有追刀能力，而在其他狼人杀板子中，如果狼队加入了白狼王、狼王、狼美人等进阶角色，则可以使狼队拥有一点狼人阵营潜力值，顺利使用可以使得场上的狼刀容错值加一。

我们会发现在预女猎白标准局开局时，场上容错值是"0"，狼队处于领先一刀的位置，但是狼人阵营的潜力值是"0"，而好人阵营的潜力值是"3"。好人阵营只要有1点潜力值被顺利使用，即可使狼队处于轮次落后的位置。而在实战中好人阵营的潜力值有1.5～2点能被成功使用，所以一般而言，在游戏中狼人阵营先天就会处于落后1～2刀的轮次劣势。也就是说在狼人杀中，狼人阵营虽然开局就拥有信息优势能够互认队友，但是其代价就是狼人阵营的潜力值远远落后于好人阵营，因此处于轮次劣势。所以从某种程度上讲，狼队全场游戏的核心目的只有一个，即把信息优势兑换成轮次优势，从而取得游戏的胜利。而对于好人阵营来说，则是希望尽快获取有效信息，从而避免犯错，保持住轮次优势。

下面我们就来详细考察一下游戏进程中发生的各种事件对场上容错值的影响。括号内数值表示各种事件在预女猎白刀神局中对容错值的影响。其他板子中的角色大家可以在学习了进阶板子之后自行推导，比如守卫守护成功（-1），白狼王自爆带走神牌（+1）等。

狼人：刀死神牌（0）、刀死民牌（-1）、空刀（-1）、自刀没被救（-2）。

好人：放逐狼牌（0）、放逐民牌（+1）、放逐神牌（+2），其中神牌中的一个特例是白痴，如果白痴翻牌需要狼人补刀为（+1），不需要补刀为（+2）。

女巫：使用解药（-1）。这里需要说明的是女巫只要使用解药，场上容错值就会减一，而与当晚被刀的是神牌、民牌还是狼牌无关。也就是说解药在轮次上的意义是把当晚狼刀可能发生的情况，即刀神（0）、刀民（-1）、自刀（-2）统一变成平安夜（-1）。使用毒药，出现以下情况，即毒杀狼牌（-1）、毒杀民牌（0）、毒杀神牌（+1）。女巫每使用或浪费一瓶药，好人潜力值都会减一。

猎人：开枪带走狼牌（-1）、带走民牌（0）、带走神牌（+1）；猎人出局，则好人潜力值减一；猎人成为最后一神无法开枪，好人潜力值减一。

以上的容错值计算应用于最为常见的刀神局，我们为了便于玩家适应和计算，默认场上民牌较多神牌较少，狼人选择刀神获胜。而实战中有时候狼人也会选择刀民获胜，完整的容错值计算如果要同时考虑到刀神和刀民的话，需要用"场上人数较少或相等的好人边"代替前文中的"神牌"，用"场上人数较多的好人边"代替前

文中的"民牌",即为完整版的容错理论。初期接触容错理论时,玩家可以使用刀神版的容错理论来进行练习,在逐渐熟悉之后,建议使用完整版的容错理论来进行更加准确的局势分析。

那么完整版的容错理论应该如何应用于实战分析呢?举例如下:

例1:悍跳狼查杀到猎人,狼队应该选择放弃悍跳狼还是强行冲出猎人?

我们首先看一下在抛弃"悍跳狼"的情况下,第一天白天悍跳狼被票出(0),场上的猎人和真预言家身份坐实,剩余三张狼牌生存空间被压缩为8~9个位置。而如果强行冲出猎人,如果是平安夜或者第一天刀死了神牌,票出猎人(+2),猎人开枪带走悍跳狼(-1),总计正一;如果第一天刀死了民牌,票出猎人(+1),猎人开枪带走悍跳狼(-1),总计为零。猎人开枪后真预言家身份坐实,而狼队可能因为冲票而暴露,有时还需要一个狼人悍跳猎人导致身份暴露。如果女巫已经用过解药,第二夜就不会救预言家,而是毒走狼猎人(-1),如果女巫还没使用解药,那么身份坐实的真预言家还能再存活至下一个白天。

综上分析,从轮次的角度考虑,如果是平安夜开局或者是首刀神牌的开局(比如首刀白痴),能成功坚持票出真猎人更加有利于狼队。但是在实战中还需要考虑女巫首夜是否开了解药、首刀对象的身份、狼队能够拉到几张好人票帮忙冲票真猎人、冲票猎人的成功率、冲票后狼队的暴露程度等因素。

例2:两张预言家A、B对跳,其中A被首刀而死时的局面处理。

如果A发的是一张金水,那么假设A是真预言家被首刀(0),则B是悍跳狼,第一天出B(0),则场上容错值为0。如果不出B而出外置位的另一张牌,则场上容错值可能会出现0、+1、+2三种情况。

假设A是自刀悍跳狼(-2),则B是真预言家,第一天出B(+2),则场上容错值为0。如果不出B而出外置位的另一张牌,则场上容错值可能会出现-2、0两种情况。

若A查杀了C,那么假设A是真预言家被首刀(0),则B是悍跳狼,第一天出C(0),则场上容错值为0。如果不出C而出外置位的另一张牌,则场上容错值可能会出现0、+1、+2三种情况。

假设A是自刀悍跳狼(-2),则B是真预言家,第一天出C(+2),则场上容错值为0。极罕见的情况下A与C在玩自刀悍跳狼查杀狼,出C(0),则场上容错值为-2。如果不出C而出外置位的另一张牌,则场上容错值可能会出现-2、0两种情况。

综上分析,如果A发了金水,则不论A是否为自刀狼,只要白天推出B,就是"一狼换一预,一刀换一推"的局面,场上容错值为0,继续进行十人"三狼+女猎白三神+四民"的生推局,这对于好人和狼人而言都还算是可以接受的一种局面,也是对于好人阵营而言比较稳妥的一种做法。如果A查杀了C而C只认了平民,那么只

要出掉C，就是"一狼换一预"或者"一狼换一民的局面"，场上容错值为0。如果C认自己是神，则需要根据C证明的具体身份、C的发言位置以及是否有人起跳拍C来进行判断。而实战中如何进行选择，还需要根据A数据库中的历史自刀率、玩家们的发言状态等因素综合进行判断。

例3：首刀女巫的收益究竟有多大？

都说狼队首刀女巫是优势开局，那么到底优势在哪里呢？我们首先可以看到对于容错值而言首刀女巫（0），貌似并没有什么影响。不过我们接着来考察好人潜力值，预女猎白标准局中女巫被首刀不能自救，所以女巫被首刀会导致解药浪费，毒药如果不用则两瓶药一起被浪费，无论用不用毒药好人潜力值都会从3降低到1。潜力值是好人阵营最大的优势，是让警推反先的利器，潜力值的骤降大大降低了好人阵营的追刀能力和控场能力。在狼刀在先的情况下，会压制好人阵营的神牌不敢起跳带队，好人互认身份变得更加困难。同时在女巫开局被首刀的情况下，几乎没有任何信息的女巫如果没有足够的摸牌抿人技巧的话，盲毒也很难准确地毒到狼人。如果选择随机撒毒，则毒药甩到狼牌（-1）的概率为4/11，甩到民牌（0）的概率为4/11，甩到其他神牌（+1）的概率为3/11。女巫被首刀且盲毒了民牌已经是好人阵营劣势开局了，只有四推四狼，同时狼人的刀法还发生了失误，好人阵营才有获胜的机会，而如果盲毒到了其他神牌的话，则好人阵营的轮次严重落后，基本上会直接陷入任狼宰割的境地。

狼刀在先还是警推在先不只是一种对于局势的判断，二者的差别直接决定了狼人阵营和好人阵营双方的打法选择。如果狼刀在先，狼队完全有底气采取更加具有压迫性的打法来给压力抿神，压缩神牌的生存空间。同样，如果是警推在先，则神牌可以视情况选择跳明身份排水来压制狼牌的生存空间。而好人阵营的"双药一枪"这三点潜力值，尤其是女巫可以主动发动的毒药，就是挂在狼牌头上的"达摩克利斯之剑"，不只能追刀，更是一种潜在的威慑，可以压制狼牌的战术选择空间。对于首刀女巫而言，好人阵营损失的不只是抢轮次的能力，更是失去了对于狼牌潜在的威慑，在这样更加宽松的局势下，狼牌的操作空间得到了极大地拓展，这才是首刀女巫对于狼队来说最大的价值。

容错理论只是一种理论工具，借助这个工具可以分析在游戏中遇到的各种情况，可以帮助场上的玩家作出更加有效的局势判断和战术选择。上述所举的几个例子只是容错理论在实际应用中很小的一部分，在之后的章节中我们将经常运用容错理论来对局势进行分析。希望大家可以熟练掌握这一工具，利用它来帮助我们在狼人杀的战场上拥有更加清晰的视野。

·进阶卷·

第二章 决策树

在上一章中，我们已经为大家介绍了狼人杀局势判断中一个非常重要的工具——容错理论，并详细阐述了容错值的计算和应用。这一章中我们将会带来决策树的概念，决策树是对容错理论的进一步延伸。在狼人杀游戏中每一种局面下都会有着若干种未来走向的分支，每一次行动，都将会把局势引导向下一种局面，而不同的行动则会产生不同的结果。

决策树是自上而下地生成的。每个决策或事件都可能引出一个或多个发展方向，从而导致不同的结果，把这种决策分支画成图形很像一棵树的枝干，故称之为决策树。

相对于国际象棋的 10^{47} 种局面演变又或者是围棋的 10^{170} 种局面演变，狼人杀的局势演变显得较为简单。在狼人杀中，同样有着和围棋一样的开局、中盘和收官思路。狼人杀中的各种开局情况、相应的中盘演变、以及若干种残局的情况，在之后的章节中我们都将一一对其进行分析，并通过决策树串联起来。

在一场预女猎白十二人标准局狼人杀中，玩家们通过夜里狼刀、女巫使用解药和毒药、白天放逐公投以及猎人死后开枪带人这五种方式来推动着局势的演变，在三到四天的游戏时间中决出胜负。在狼人杀游戏中，形成一套完整的局势分析理论体系，使得我们能够正确地判断当下的局势并预测出未来的局势演变是至关重要的。在此基础上，熟悉每一个位置、每一种身份在各个局势下应有的操作思路对于进阶狼人杀玩家而言也是必须掌握的一项能力。

如果说容错理论是一种对于当下局势静态的评估，那么决策树就是在容错理论的基础上，动态地思考局势发展的脉络和游戏未来的走向，熟悉决策树这种有纵深的思考方式，可以有效地提升玩家对于游戏的全局性理解。

我们以预女猎白十二人标准局为例，规则为女巫不能自救，不能在同一晚使用两瓶药，猎人在被刀死或者被放逐出局时可以选择翻牌开枪带走一位玩家，也可以不翻牌带人，白痴被放逐出局后狼人刀神获胜需要补刀白痴（不需要补刀的白痴修改少数几个数据即可）。

在开局的初始情况下总人数为 12 人，容错值为 0，狼人数量为 4，平民数量为 4，预言家数量为 1，白痴数量为 1，猎人数量为 1，女巫数量为 1，如图 1 所示。图中女巫后面字母"H"和"P"表示女巫的两瓶药，H 代表解药（Healing Potion），P 代表毒药（Poison Potion）。

图中的容错值为完整版容错理论的数值，计算方法为：

① 夜晚容错值 = min（狼牌数量 – 民牌数量，狼牌数量 – 神牌数量）

②白天容错值＝min（狼牌数量－民牌数量，狼牌数量－神牌数量）－1

注：其中夜晚意为轮次上先刀后推，白天意为轮次上先推后刀，min 为取最小值函数。

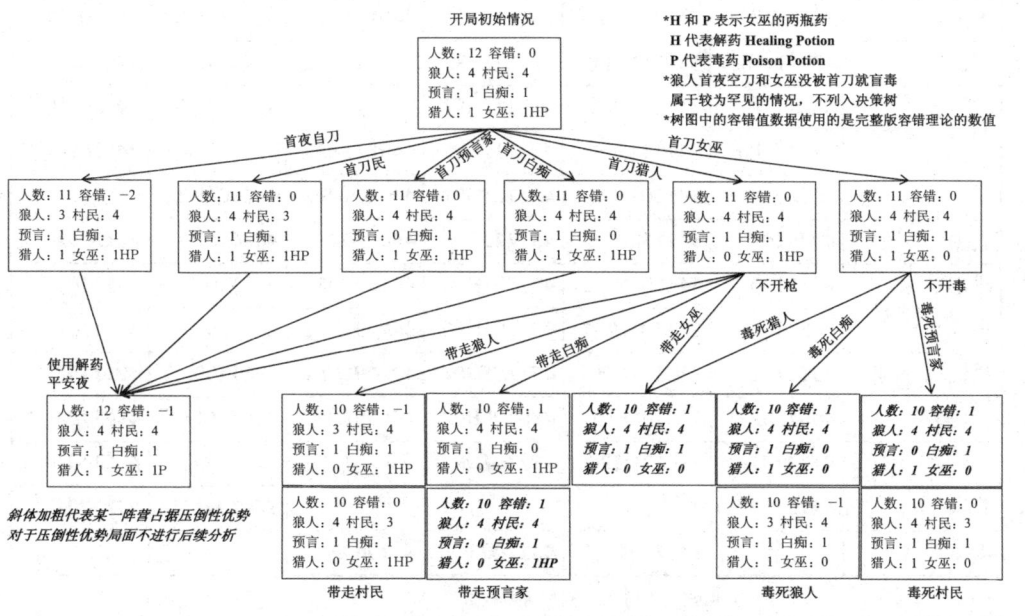

图 1　预女猎白—标准局狼人杀首夜决策树

由于狼人首夜空刀和女巫没被首刀就盲毒属于较为罕见的情况，为简便起见这两种情况不列入决策树。为了方便进行进一步的分析，我们对部分结点进行上色，其中红色的结点代表当前局势下狼人阵营占据一定优势；蓝色的结点代表当前局势下好人阵营占据一定的优势；斜体加粗的结点代表该阵营占据了压倒性的优势，获胜概率达到了 90% 以上，对于已经形成了压倒性优势的局面，我们不再进行进一步的后续分析。另外需要注意的一点是，每一种局面形成的概率是不同的。例如狼人首刀猎人，在女巫没有开解药解救的情况下，猎人开枪可能会形成五种局面，其中带走狼人是好人阵营的优势开局，带走平民是好人阵营的劣势开局，带走神牌基本上是好人阵营准备直接交牌的开局。但是不同的事件发生的概率是不同的，如果不考虑开局抿身份、警上发言等因素，猎人盲带带走狼人或平民的概率各为 4/11，带走预言家、白痴或女巫的概率各为 1/11。

如图 1 所示，第一天夜里可能会发生的常见情况一共为 16 种，在排除掉开局狼队就占据了压倒性优势的 4 种情况后，我们对剩余的 12 种开局继续进行演变，来分析他们在第一天白天放逐公投之后可能的局势走向，如表 1 所示。表中每一种局

·进阶卷·

表 1　预女猎白 – 标准局首日放逐决策表

首日放逐决策表						
放逐\局势	441111P-1	341111HP-2	431111HP0	440111HP0	441011HP0	441101HP0
狼人	341111P-1	*241111P-2*	331111HP0	340111HP0	341011HP0	341101HP0
村民	431111P1	331111HP0	421111HP2	430111HP1	431011HP1	431101HP1
预言家	440111P1	340111HP0	430111HP1		*440011HP2*	*440101HP2*
白痴	441111P0	341111HP-1	431111HP1	*440111HP1*		*441101HP1*
猎人	441101P1	341101HP0	431101HP1	440101HP2	441001HP2	
女巫	*4411101*	3411100	*4311101*	*4401102*	*4410102*	*4411002*
投出\局势	4411100	341101HP-1	431101HP0	441001HP1	341110-1	4311100
狼人	3411100	*241101HP-1*	331101HP0	341001HP1	241110-1	3311100
村民	*4311101*	331101HP0	*421101HP2*	*431001HP2*	3311100	*4211102*
预言家	*4401102*	340101HP1	*430101HP2*	*440001HP3*	*3401101*	*4301102*
白痴	*4411101*	341101HP0	*431101HP1*		3411100	*4311101*
猎人	*4411002*				*3411001*	*4311002*
女巫		*3411001*	*4311002*	*4410003*		
猎人被首推后开枪带人的局势演变						
带走\局势	441101P1	431101HP1	*440101HP2*	441001HP2		
狼人	341101P0	331101HP0	340101HP1	341001HP1		
村民	431101P1	*421101HP2*	*430101HP2*	*431001HP2*		
预言家	*440101P2*	*430101HP2*		*440001HP3*		
白痴	*441001P2*	*431001HP2*	*440001HP3*			
女巫	*4411002*	*4311002*	*4401003*	*4410003*		

斜体加粗代表某一阵营占据压倒性优势
对于压倒性优势局面不进行后续分析

注：* 数字分别代表狼民预白猎女
　　H 代表解药 P 代表毒药
　　末尾橙色的数字代表容错值
　* 树图中的容错数据使用的是完整容错理论数值
　* 不考虑平安日这一极为罕见的情况

关注微信公众号"狼人杀英雄榜"并在后台回复"决策树"即可下载彩图

面都用一行字符串来进行命名，命名的方式也很容易理解，比如 431111HP0 开局的意思就是，场上剩余狼人数量为 4，平民数量为 3，预言家数量为 1，白痴数量为 1，猎人数量为 1，女巫数量为 1 并且还携带着一瓶解药 H（Healing Potion）和一瓶毒药 P（Poison Potion），当前场上的容错值为 0。

第三章 轮次的解析

1. 带队轮次

这里的带队轮次指神牌起跳带队的轮次。首先预言家一定是好人阵营中第一个起来带队的神牌无疑,而之后神牌的起跳优先级一般而言是第一夜使用解药的女巫、猎人;第二夜使用解药的女巫、白痴。这三张神牌会根据局势有节奏地、有目的地依次完成起跳。

其中用了解药的女巫一般会在第一天或者第二天起来跳明身份报出银水帮忙排坑,一方面是因为女巫自己带上银水一下子就能排掉两个坑(游戏前期先不考虑狼人首夜自刀不悍跳的情况),可以有效地帮助好人阵营排水;另一方面由于女巫夜里倒牌无法自证,如果女巫在跳明身份前就被狼队抿出来刀掉,不但无法报出银水信息,还容易被狼人穿走女巫衣服,所以建议女巫在用过解药之后就看情况选择起跳带队。

而对于猎人和白痴来说,因为不像女巫有银水信息,如果起跳就只能排掉自己这一个坑,因此优先级会稍低一些。猎人起跳的优先级高于白痴是因为猎人手上有枪,狼人会慑于猎人开枪追刀的能力,即使猎人起跳带队也很少去先刀猎人,但是白痴起跳带队之后很可能当晚就会被杀。所以白痴牌起跳带队的情况还是比较少见的,默认的起跳优先级也晚于女巫和猎人。一般而言女巫和猎人都会在合适的时机相继起跳带队,因此白痴往往会成为狼队最难找的一张神牌。

如果玩家拿到了一张神牌,就要肩负起一张神牌的责任,当场上好人需要自己起跳带队的时候勇敢起跳,需要自己用技能追刀的时候勇敢甩毒或开枪。最后值得一提的是,如果场上已经有坐实的真预言家或者真金水带队,神牌则可以视情况选择是否要起跳排坑并帮忙带队。

2. 刀人轮次

对于狼队来说,因为女巫首夜不能自救,所以最理想的刀人轮次一定是首刀女巫,次刀预言家(或者留着抗推),然后因为怕猎人开枪追刀,所以先刀白痴,最后刀猎人。而这与好人阵营的带队顺序预言家、女巫、猎人、白痴是矛盾的。对于好人阵营来说,应该尽可能地让神牌的起跳顺序与狼队理想的刀人顺序相违背,就比如猎人先强势起跳带队,白痴甚至女巫可以先隐藏身份躲刀。

3. 放逐轮次

其实放逐顺序就像是玩游戏做任务一样,要逐个做下来,先做前置任务,再做后续任务;先做主线任务,再做支线任务。每张牌都要对场上当前的放逐轮次(主线任务)有着清晰的认识。比如说第一天一般要解决真假预言家应该如何站边的问

题，站边之后有查杀先出查杀，没查杀就出对跳是最基本的逻辑，也就是说第一天是预言家或者查杀的轮次。

而第二天如果两个团队依旧对立，那么就继续对冲。如果有一边已经基本坐实了真预言家，那么要是查杀或者对跳的狼人还在场上，先出查杀或者对跳的狼人。如果已经没有了查杀和对跳，那么第二天往往是悍跳狼团队的轮次，去从站错边的好人中分辨出"冲锋狼"并将其放逐，而第三天或者第四天才开始考虑去捉倒钩狼、深水狼乃至自刀狼。

在第二天和第三天其次要关注的是发言和行为不作好的牌，如果前面的牌已经处理完了，之后就应该是这些牌的轮次了。第三天和第四天基本上就是最后一推了，这时候要去找"倒钩狼"和"深水狼"。也就是说放逐轮次依次为：被查杀的狼人、悍跳狼、冲锋狼、发言和行为不好的牌、倒钩狼。一般而言，在高端局里好人不太会保错人，如果A保了B，则出B之前先出A。

每一轮全场玩家都应该对于这一轮的焦点牌有着比较清晰的认识，已经站上了PK台的玩家要有上了PK台的自觉，如果是神牌就不要想着躲刀的事情了，躲推更重要，有身份赶紧跳身份，然后好好地向场上的好人表水。

在平安夜开局，第一天放逐了狼人且女巫毒对了狼人的情况下，狼队剩下的倒钩狼一般需要抗推两民或者一神（不能是枪和要补刀的白痴）才能获胜。此时神牌应该尽快跳明身份排水以防被抗推或者吃闷刀被狼人穿走衣服。

4. 狼队工作的轮次

狼队作为布局者一定要有大局观，在游戏前期就计划好之后若干天的战术布局，包括算票、刀位、抗推位等。提前设计好每一夜落刀的位置，每一天白天发言的配合，抗推位的选择，从而设计出一条狼队的获胜路径。

每一天狼队都有着自己相应的工作，比如在局势比较胶着的第一天，如果四狼裸冲可以把真预言家投出去，那就是所有狼站起来冲票的轮次。如果场上狼队已经占据了轮次优势，那么狼队就应该向好人施压从而找神，只要能抿出神牌，发言爆不爆狼都已经无所谓了，这种时候狼队完全可以悍起来打。而如果局势处于劣势，狼队就需要互做一波身份，通过牺牲一到两张狼人牌来保全剩下的狼队友。

在不同的局势下，狼队有不同的工作，战术布局者和执行者的思路都一定要清晰，明白什么时候该干什么。其实狼队的工作可以概括为三个方面：①抗推好人抢轮次（包括骗女巫毒好人和骗猎人带好人）；②给好人压力测试其弹性从而抿神；③互做身份制造"金刚狼"。作为全场信息量最大的狼人，一定要多思考当前局势下狼队主要应该往哪个方向做工作，需要实现怎样一个战术目的。

5. 警推在先和狼刀在先

对于场上玩家来说非常重要的一点，就是分清楚现在场上是警推在先还是狼刀在先，这对于双方阵营判断局势、决定操作都是至关重要的。如果毒药还在，默认毒药毒得死狼人，对场上的容错值进行减一的修正；如果猎人还在，默认猎人会最后一个被刀开不出枪或者狼队会选择刀民获胜，不进行修正。经过修正之后，如果容错值小于0，那么警推在先，容错值越小，警推领先得越多；如果容错值大于等于0，那么狼刀在先，容错值越大，狼刀领先得越多。

如果场上警推在先，好人阵营处于优势的情况下，神牌应该视情况主动起跳帮忙排水，同时也防止自己在没跳明身份的情况下被狼队抿出来刀掉穿走衣服。尤其是女巫可以视情况起跳带队告诉大家银水信息、双死夜的毒位刀位信息和放逐目标，其他神牌如果发言不好也应该赶紧认清楚身份，神牌无论是白天被抗推，晚上被毒还是没有认明身份被狼队闷刀掉穿走衣服都是比较尴尬的事情。

而要是狼刀在先，则神牌都应该尽量隐藏身份，争取让狼队在缺乏信息的情况下刀偏损失轮次，从而使警推反先。这种时候，一般只有狼人才会强行跳身份带节奏想要躲推和找真神。狼刀在先的局，平民不要乱认神牌想挡刀，因为这往往只会给好人阵营带来混乱。狼刀在先时，好人一起认民就是最好的挡刀，这时候所有好人最重要的事情就是不要给狼队找神的机会，通过互相表水把彼此的好身份认下来，把狼坑排出来，然后等待着狼队因为找不到神而刀偏从而使警推反先。

狼人杀这个游戏一般越聊信息越多，狼人和神牌也会渐渐暴露，所以对于狼队来说，警推在先固然要竭力发言以求抗推好人抢到轮次，但是狼刀在先时，哪怕是明狼也可以不急于自爆。如果还没有把神找齐的话，即使是坐上了抗推位的狼人也应该勉力辩解而不是急于自爆，力求听到更多好人的发言确定神牌的位置。

对局篇

・进阶卷・

第一章　对跳局

在狼人杀中，最常见的就是对跳局，也就是狼人假冒预言家与真预言家形成对跳的局面。

一般在对跳局中，预言家和悍跳狼都会上警报出自己的首夜验人结果和警徽流并竞选警长，然后场上其他玩家选择相信其中之一。一般而言相信某一个预言家时，我们的出人顺序是：TA的查杀、TA的对跳、站边另外一个预言家的疑似冲锋狼。

对跳局的核心主线就是真假两个预言家以及双方团队在第一天警上和警下的对决。对于好人玩家来说，第一天最重要的工作就是分辨清楚两个预言家的真假。而对于狼人来说，狼队则会根据布局去调配"悍跳狼""冲锋狼""倒钩狼"和"深水狼"，打出有针对性的战术来欺骗好人和抗推好人。狼队的布局与好人的破局，真假预言家团队激烈的对抗是对跳局中最为精彩的部分。

关于真假预言家对跳，我们在入门卷中已经略有提及，在本卷之后的篇章中我们将会对对跳局进行更加详细的解析。

第二章　怂狼局

在狼人杀对局中，除了最为常见的对跳局之外，还有另外两种对局——怂狼局和双爆狼生推局。其中怂狼局指狼队在预言家首验金水的时候选择不悍跳，而双爆狼生推局指狼队直接在警上自爆两狼吞掉警徽，并刀死预言家打生推。其实对跳局、怂狼局和双爆狼生推局是狼人杀中几乎完全不同的三种对局模式。虽然对于狼队来说，一般怂狼战术和双爆狼生推战术的胜率都会低于悍跳战术，也就是俗话所说的"狼队不悍跳，游戏输一半"，但是实际上总会有一些情况需要狼队放弃悍跳改变战术。而对于狼人杀玩家而言，对跳局、怂狼局和双爆狼生推局这三种不同的对局模式我们都应该多加练习，不要留有短板，否则，即使在好人阵营比较有优势的对局中，好人方也依旧可能会因为缺少相应的经验而输掉游戏。

真预言家首验金水，狼人选择不悍跳的局俗称怂狼局，常见于警上前置位的真预言家发言、可信度极高的情况下，狼队选择不悍跳以免暴露身份。同时还有可能是前置位的悍跳狼发言状态不佳，决定伴装是诈身份选择退水，后置位也没有补位狼再次起跳；前置位的好人乱跳了好几个预言家，悍跳狼觉得可以隐藏并拿这些焦点牌作抗推；新手局狼人不敢悍跳；首刀真预言家；有狼人自刀骗药不上警可以做得成银水金刚狼等等好几种情况。

速查手册

长尾 著

浙江科学技术出版社

一、术语表

术　语	解　释
身份、底牌	在游戏中所扮演的角色
好人	属于村民阵营的玩家
阵营	狼人属于狼人阵营,其他玩家则属于村民阵营,部分板子中还会出现第三方阵营
身份偏好、身份作好	较大概率是好人
身份偏差、身份不作好	较大概率是狼人
身份高	被其他玩家普遍认为身份作好
身份低	被其他玩家普遍认为身份不作好
操作	具有一定技巧性的行为
做高、拉高、做好	使得别人认为某个人身份作好
做低、拉低、做坏	使得别人认为某个人身份不作好
做身份	通过一系列操作让别人认为某个人身份作好
脏（身份）	通过一系列操作来污蔑某个人,让别人认为他身份不作好
垫飞	一位玩家通过自己的发言和行为拉低了场上另外一位玩家的身份
脏套路	一些"无耻"的打法
老流氓	1.喜欢玩脏套路的玩家　2.一张身份牌的名字
诈身份	通过一系列操作试图诓骗出其他玩家的身份信息
积身份、藏身份	试图隐藏自己的身份
拍身份、认身份、跳明身份、裸跳	直接说清楚自己的身份
暗跳	暗示自己是某个身份
向某人低头	认可某人的身份比自己高

续表

术语	解释
坐实、坐定	确定了某人是某个身份
认识	知道对方的身份，一般指狼人间互相知道身份
悍跳	一般指狼人比较强势地声称自己为某张特殊身份牌，从而达到混淆好人视听的目的（较多见的为假认预言家）
悍跳狼	声称自己是预言家的狼人
民跳	除了预言家之外的其他好人声称自己是预言家
对跳	有两名或两名以上玩家声称自己是同一特殊身份牌的情况，称之为对跳
滴滴代跳	其他好人和真预言家默契配合，代替真预言家进行起跳
验、查、摸	预言家在晚上发动技能查看某位玩家的身份是否为狼人
顺验	依次去验
首验	预言家第一晚的验人
吃验	被验
验一推一	在两个人之中必出一狼的情况下，预言家验其中一人，验出查杀就直接出掉，验出金水则出另外那个人
发金水	自称自己是预言家的玩家，表示经过自己的查验，另一名玩家的身份是好人
发查杀	自称自己是预言家的玩家，表示经过自己的查验，另一名玩家的身份是狼人
金水牌	一般指被预言家验过的好人
接金水、喝金水	表示被发金水的玩家认可发自己金水的预言家是真预言家
端金水	表示被发金水的玩家不确定发自己金水的预言家是否是真预言家
反水	一般指自称预言家的玩家A声称验了另一名玩家B为金水，但是B不认可A的预言家身份并反对A，这种行为叫做反水。

续表

术　语	解　释
反水立警	表示被发金水的玩家不认为发自己金水的玩家是真预言家，并且声称自己才是真预言家
反水怪	被发金水之后特别喜欢反水的玩家
查杀牌	一般指被预言家验到的狼人
双金水	被两位跳预言家的玩家都发了金水的玩家
双查杀	被两位跳预言家的玩家都发了查杀的玩家
银水	女巫用解药救起的晚上被狼人击杀的玩家
铜水	守卫守护了狼人晚上选择击杀的玩家，这个被守护的人被称为铜水
金银花露水	金水加银水
废水	验了一个没有用的金水
狼金水、洗脚水	悍跳狼所发的金水
锁龙局	预言家跳开一个位置隔位验出了一个金水，然后与自己的金水一起共同向中间的玩家施压来抵他的身份
铁	绝对的
铁好人、明好人	绝对的好人
铁狼、明狼	绝对的狼人
标狼、定匪	定义某人是狼人
X身份	未知身份
预言家面	是真预言家的概率
好人面	是好人的概率
狼面	是狼人的概率
摸牌	拿牌、看牌
摸狼	拿到一张狼人牌
狼队	狼人阵营
狼牌	狼人

续表

术　语	解　释
民牌、平民	一般指平民，有时也包括老流氓等带有一定特殊能力但是屠边时被归为民边的村民
蛋牌、四字强神、平民	普通村民
神牌、神民	除了民牌之外的带有特殊能力的好人
坑	位置
狼坑	狼牌所在的位置
民坑	民牌所在的位置
填狼坑	倒钩狼站边真预言家把自己伪装成是真预言家的团队
神坑	神牌所在的位置
坑位牌	大概率出狼的位置
民坑爆炸	有大于四位玩家表示自己是平民
民及民以上	民牌或神牌
民及民以下	民牌或狼牌
非神即狼、挂身份、吃身份	神牌或狼牌
闭眼玩家	晚上不睁眼的玩家，一般指平民，偶尔也包括猎人、白痴等没有信息获取能力的神牌
睁眼玩家	晚上睁眼的玩家，一般指狼人或者部分有信息获取能力的神牌
强神	一般指女巫、猎人等有自证能力和攻击能力的神牌
弱神	一般指预言家、白痴等没有自证能力和攻击能力的神牌
信息神	一般指预言家、九尾狐等有信息获取能力的神牌
轮次神	一般指女巫、守卫等有抢轮次能力的神牌
踩钢板	一般指查杀到了女巫或者猎人，偶尔指查杀到了白痴或者把金水给了真预言家
枪牌	猎人

续表

术　语	解　释
自证身份	自己证实自己的身份
翻牌自证	猎人被放逐或被狼人击杀之后可以翻开身份牌证明自己的身份、白痴被放逐之后可以翻开身份牌证明自己的身份
底牌压制	一般指底牌是强神，所以底气十足
认	认可、承认、认为、声称
认神	声称自己是神牌
认狼	承认自己是狼人
认民	声称自己是平民
认出	同意在白天放逐自己
衣服	身份
穿衣服	认某个身份，一般指认神
脱衣服、退水	不再继续承认自己是某个身份
捡衣服	认一个已经出局了的玩家的身份
互穿衣服	两个人互相认对方的身份
白天	游戏中的一个环节，主要包括发言和投票
晚上、夜里	游戏中的一个环节，狼人和部分神牌将在此环节行动
平安夜	没有玩家死亡的夜晚
单死	夜里一位玩家出局
双死	夜里两位玩家出局
多死	夜里多位玩家出局
平安日	在放逐投票环节多次平票后当天没有玩家被放逐
前、高	在按顺序发言的过程中较先发言
后、低	在按顺序发言的过程中较后发言
前置位	相对靠先发言的位置
中置位	处于中间发言的位置

续表

术　语	解　释
后置位	相对靠后发言的位置
末置位	最后几个发言的位置
归票位、沉底位	最后一个发言的位置
黄金划水位	第一个发言的位置
警长	通过警长竞选选举出的一位玩家，他在游戏中具有某些特权
警长竞选	由参与竞选玩家进行发言，未参与竞选的玩家投票选出警长
警徽	警长权力的象征物
上警	全体玩家将在第一次天亮后投票选举出警长。选择上警的玩家，成为警长候选人并发表竞选发言。警长一旦被选出，当选玩家不可再拒绝该身份。
警上玩家	参与警长竞选的人
警下玩家	没参与警长竞选的人
警前	警上发言的前置位
警后	警上发言的后置位
黄金悍跳位	警上最后一个发言的位置
退水	玩家在竞选警长时，主动宣布退出本次警长竞选。退水玩家在本次警长竞选时失去投票权。
博力度	一般指悍跳狼往警后发金水或者往警下发查杀来增加自己的可信度
力度	可信度
警徽流	指有警徽的预言家针对之后的查验工作做出安排，并提前布置在自己死后警徽的流向。
第一警徽流	预言家下一个晚上要去验的对象
第二警徽流	预言家再下一个晚上要去验的对象
备验	特殊情况下的替补验人对象

续表

术　语	解　释
飞警徽	警长出局后移交警徽给另外的玩家
撕警徽	警长出局后选择不移交警徽 在放逐公投中放逐警长
警徽票	警下玩家在警长竞选环节中所投的票 警长在放逐公投中进行的投票，1 票算作 1.5 票
原地起跳	被预言家查杀的狼人在接到查杀之后直接悍跳预言家
狼警	担任警长的狼人
吞警徽	警上发言阶段，如有狼人自爆就会打断警长竞选，使得本局将没有警徽，这种行为被称为吞警徽
钓鱼执法	神牌分辨出了悍跳狼之后警上假装站边悍跳狼，诱骗警下的狼人为悍跳狼冲票从而找狼，到了警下神牌拍出身份站回真预言家的边并开始清算被诱骗了的狼人
警左发言	从警长的左手边开始第一个发言
警右发言	从警长的右手边开始第一个发言
死左发言	从前一晚出局玩家的左手边开始第一个发言
死右发言	从前一晚出局玩家的右手边开始第一个发言
随机顺序发言	从随机位置随机方向开始发言
推、出、票、出在台面上	通过放逐投票让某位玩家在白天出局
出人、抗推、扔、飞、下、出	投票放逐某一位玩家
顺出	依次放逐
完美抗推位	非常适合狼队去攻击并放逐在白天的好人
票、上票、出票	投票
内推	杀人游戏术语，被定为是需要重点怀疑的玩家
号票	号召大家投票给某人

续表

术语	解释
冲票	多个人一起组团投票给某位玩家，更多指的是狼人冲票
对冲	两边各有一个团队对着冲票
倒冲	狼人帮着好人一起冲票狼人
绑票	场上狼人的总票数大于等于好人的总票数
归票	号召大家一起投票给某人，常见于末位归票
变票	改变投票对象
异常票、异型票	不正常的投票
分票	不跟着归票走
弃票、压手	不投票
掰票	为即将被放逐的玩家作辩解
票型	投票结果
平票	两个或者多个人得票数一样
平票PK	得票数相同的玩家依次进行PK发言之后再进行一次投票
验票、看票、查票、示票	要求再看一遍票型
跟票无效	某位玩家没有在第一时间投票，则他的投票作废
团队	目标相同的群体，比如悍跳狼身边的狼团队，由站边真预言家的玩家所组成的预言家团队
拉开队形	根据站边、投票来区分团队
团队干净	这个团队里的玩家身份相对作好
团队不干净	这个团队里的玩家身份相对不作好
言行不一	一个人的投票与他先前的发言相矛盾
自爆	身份为狼人的玩家，主动翻牌向所有玩家表明自己的狼人身份，立即终止当前白天发言让游戏直接进入夜晚

续表

术　语	解　释
自爆狼	在白天翻牌自爆的狼人
刀、落刀、下刀	（狼人）击杀
选刀	选择击杀对象
空刀	狼人选择不刀人
首刀	第一夜里狼人所击杀的目标
首刀保护	为了保护被首刀玩家的游戏体验，在本局游戏中狼人第一晚不能去刀在上一局游戏中被首刀而死的玩家（正式比赛中无此限制）
刀法	狼人刀人的目标、顺序和思路
指刀、点刀	选择击杀对象，指导刀法
自爆指刀	自爆的狼人在当天白天的遗言中（或者当晚狼队行动的环节）向还在场上的狼人指导刀法
吃刀	被刀
改刀、拗刀	改变刀法
赌刀	狼人在不够有把握的情况下进行选刀
刀歪、刀偏、刀错	狼人选择了错误的击杀对象
挡刀	某个身份的好人试图把自己伪装成另一个身份的好人来诱使狼队刀偏
躲刀	试图避免自己被刀
补刀	狼人第一刀没有成功击杀某位玩家，第二刀选择继续击杀该玩家 白痴翻牌之后，需要狼人补一刀才算出局
主刀、带刀	在晚上由一个狼人负责选择击杀对象
爆刀	狼人自爆刀人
拍刀	杀人游戏术语，在狼刀在先的情况下，狼人可以直接拍刀指认之后每一个夜晚的击杀对象，默认女巫会毒中狼人，猎人会带走狼人，如果按照这个顺序下刀能够成功屠边则狼人获胜，否则好人获胜

续表

术语	解释
一刀一神	狼人每一刀都能准确地击杀一张神牌，形容狼人刀法准
蛇形刀	狼人一会儿刀神一会儿刀民
西瓜刀	形容狼人刀法差
被闷刀、被抿杀	神牌在跳明身份之前就被狼人找到并击杀
自刀	指狼人玩家晚上出于某些战术目的，选择击杀自己的行为
被自刀	本来不准备自刀的狼人被狼队友刀了
自刀狼	自刀的狼人
银水狼	自刀后被女巫用解药救活了的狼人
刀口位	被刀了的位置
自刀骗药	狼人在女巫还有解药的情况下自刀，希望女巫开药解救并骗取到女巫的信任
夹杀	狼队选择去击杀两张狼人牌之间的一张好人牌
夹刀位	两张狼人牌之间的位置
靠刀位	一张狼人牌旁边的位置
跳刀位	一张狼人牌旁边跳开一个人的位置
金刚狼	一个身份非常作好，完全没有人怀疑的狼人
站边	通常指游戏里有两个人对跳时，选择相信其中一方的行为。
软站边	暂时站边某一个预言家但是依旧保持一定程度的怀疑
死站边、铁站边	完全站边某一个预言家
站对边	站边了真预言家
站错边	站边了悍跳狼
配置绑架	默认高配玩家不会站错边，站错边就将其定义为狼人
煽动	给出某一个观点来游说其他玩家，一般主语为狼人

续表

术　语	解　释
传销	非常强有力的煽动
支撑	支持
冲锋狼、煽动狼	站边悍跳狼,帮助悍跳狼攻击真预言家的狼人牌
倒钩狼	站边真预言家的狼人牌
阴阳倒钩	倒钩狼站边真预言家并故意去脏真预言家
旋风倒钩	冲锋狼装作是阴阳倒钩来为悍跳狼冲锋,让好人们误以为这是倒钩狼在脏真预言家
隐狼	训熊师板子里的一张特殊狼人牌 偶尔指除悍跳狼之外的狼人
深水狼	注重于隐藏自己身份的狼人牌
死狼	已经出局的狼人 虽然还活在场上,但是已经被场上所有的玩家都标为铁狼的狼人
踩、打	玩家在发言时,指出其他玩家发言或行为上不好的地方,并怀疑他是狼人
保、捞	认为某张牌是好人并为之进行辩解
明踩暗保	表面上在踩某位玩家,真实目的却是去保他
明脏暗保	表面上在脏某位玩家,真实目的却是去保他
狼踩狼	狼人之间通过互相攻击来伪装成互相不相认的样子
悍	一般指狼队的打法非常地凶悍
怂	一般指狼队的打法不勇敢
刚	对刚:对跳 刚在警上:在警上坚持不退水 打法很刚:打法很凶悍
鱼、愚、菜	玩得不好,水平不高
渔民、鱼民、愚民	玩得很菜的好人
头铁	毫无逻辑却很坚定,一般用于形容渔民或者无脑冲锋的狼人

续表

术　语	解　释
怂狼局	没有狼人悍跳的一局游戏
爆走、自爆带走	白狼王发动技能带走场上任意一位玩家
爆蛋选手	爆走平民的白狼王
爆爆乐	在一局游戏中狼人接连自爆
补位狼	上警准备在特殊情况下替补悍跳的狼人
小狼、普狼	普通狼人
点狼	指出狼人所在的位置
裸点四狼	直接指出场上四张狼人牌所在的位置
四狼裸坐	四张狼人牌都已经暴露
盘	分析
盘逻辑	分析逻辑
盘狼坑	分析狼人所在的位置
钻狼坑、钻狼队	好人受到了狼人的欺骗,一直在帮狼玩
狼助、第五狼	钻狼坑的好人,狼人的好助手
狼坑爆炸	有很多好人钻了狼坑
倒钩好人	对站错了边的好人的戏称
板子	一局游戏中的身份配置
花板子	不太常见的特殊板子 进行特别的、不太常见的打法,亦称骚套路
标准局	一般指预女猎白十二人局
334	一般指三狼三神四民的十人局,三神分别为预言家、女巫和猎人
白痴两边倒、白痴必须死	一般指在四狼四神三民的十一人局中,白痴在屠边时既算神又算民,狼人想要获得胜利必须击杀白痴
明牌局	出局后的玩家都必须翻牌的一种游戏规则,比较罕见

续表

术 语	解 释
暗牌局	常见的出局后不翻牌的游戏规则
屠城局	狼人需要击杀所有好人才能获胜的一种游戏规则，比较罕见
屠边局、刀边局	常见的狼人击杀完所有民牌或者所有神牌即可获胜的游戏规则
神边	所有神牌的集合
民边	所有民牌的集合
刀神局、屠神局	狼人在屠边局中选择以刀神的方式来获胜
刀民局、屠民局	狼人在屠边局中选择以刀民的方式来获胜
娱乐局	以娱乐为主要目的的对局，追求娱乐，不太重视输赢
竞技局	以竞技为主要目的的对局，追求高水平博弈，重视输赢
顺风局	局面优势
逆风局	局面劣势
崩盘局、交牌局	局面巨大劣势
天胡开局	巨大优势开局，比如狼人首刀女巫、女巫盲毒猎人
天崩开局	巨大劣势开局，比如悍跳狼自刀不但没有被救还不被信任
交牌	认输
DQ出局	Directly Quit（直接出局），指的是犯规出局
复盘	在游戏结束后对本局游戏进行分析和反思
场外	进行游戏规则允许范围之外的信息获取和信息传递
贴脸	试图通过游戏之外的因素为游戏之内的因素作担保并以此为己方阵营获取不正当的利益
村规	一个地方约定俗成的游戏规则
牌坊	刻意建立起来的个人游戏形象，比如从来不悍跳、从来不自刀等等

续表

术　语	解　释
背锅	承担己方阵营游戏失利的责任
甩锅	把游戏失利的责任丢给别人
分锅大会	在复盘中失利的一方反思错误，分析问题
翻车	发生严重失误
天秀	打得非常好
演员表	每位玩家对应的身份信息
配置、阶位、段位	游戏水平
狼配	狼队的配置
升阶	水平提高
低配、中配、高配、顶配	对玩家游戏水平的一种划分
0~5阶	对玩家游戏水平的一种划分
十阶大神	对弹幕大神的戏称
高端局	玩家水平普遍较高的对局
低端局	玩家水平普遍较低的对局
新手局、萌新局	主要由刚接触游戏的新玩家所组成的对局
生推局	没有预言家和验人信息的对局
新手光环	一般指场上玩家对新手起跳的预言家非常信任
鱼塘、水族馆、海底两万里	对玩家水平普遍很低的对局的戏称
尊重底牌	尊重游戏并认真玩，努力为己方阵营去争取胜利
法官、上帝	游戏主持人
上帝视角	知道场上所有玩家身份的视角
普通视角	不知道场上任何玩家身份的视角
打格式	一般指狼队准备进行复杂的多人配合操作

续表

术　语	解　释
递话	在发言中悄悄传递信息，对场上的某个（些）玩家进行暗示
聊爆	1. 在发言中暴露了自己的身份，一般指狼人 2. 通过发言逼迫了某张狼人牌自爆
爆狼	在发言中暴露了自己是狼人
爆水	在发言中暴露了自己是平民（有时泛指好人）
爆神	打得非常好
认出	同意放逐自己出局
心路历程	在游戏过程中的所思所想和心理变化过程
焦点牌	被大家重点关注的玩家
外置位	焦点牌之外的位置
逻辑流	以分析逻辑为重的一种打法风格
状态流	以分析状态为重的一种打法风格
人性流	以分析人性为重的一种打法风格
位置学	一种结合位置进行分析的方法
抿人、算命、看面相	通过观察表情、反应等状态上的东西来判断玩家的身份
挂相	因为表情而一定程度上暴露了身份
颜杀	通过抿人判断某人是狼人
颜保	通过抿人判断某人是好人
听杀牌	杀人游戏术语，听出来的杀手牌
表情管理	通过管理表情来防止被别人抿出身份
表情起飞	管理不住自己的表情，泄露了自己的身份信息
形象平衡	通过对操作和状态的管理来平衡自己的个人游戏形象
状态基线	正常情况下的状态

续表

术 语	解 释
历史数据库	某位玩家过去游戏风格、打法习惯等信息的集合
人狼统一	好人和狼人状态达到统一
神民统一	神牌和民牌状态达到统一
操作空间	合理操作的集合
对立面	敌对阵营
控场	掌控局势
掌控雷电	对局势形成了强有力的控制
划水	在发言过程中没有说出有价值的内容
过	发言结束时的申明
表水	玩家发言的时候，把自己的逻辑和行为原因表达清楚，尽力说清自己的身份去洗脱嫌疑的行为。
聊干净	通过发言向其他玩家解释清楚自己的身份和行为
带队	带领大家理清局势
心态	心理状态
倒牌	出局
丢水包	玩家在自己发言时，向自己怀疑的对象施加压力的一种行为，通常是在没听到他们发言的时候给出，目的是为了制造矛盾、引出话题。
给压力看弹性	通过发言和操作对其他玩家施加压力，通过来观察对方的反应来判断对方的身份
弹性	受压条件下的反应
吃信息	掌握信息，一般指狼人拥有了好人不应该掌握的信息量
装晕	一般指狼人假装自己看不清局势
拿得起、作得成	有可能
排水	通过排除法缩小狼人的生存空间
拉PK	建议场上玩家从某两位（或多位）玩家里选择放逐对象

续表

术　语	解　释
上 PK 台	1. 被拉进了 PK 2. 白天放逐投票时，两名玩家或两名以上的玩家平票，平票玩家需要进行平票 PK，然后再次进行发言和投票
幸福 X 选一	一般指最后一推好人要从 X 人里推出最后一个狼人，或者最后一刀狼人要从 X 人中刀中最后一个神/民
留遗言	第一晚或者每天白天出局的玩家出局后可以说一段遗言
共边	属于同一阵营
轮次	回合
容错值	允许狼人刀错的次数
抢轮次、追刀	发动技能来为己方阵营赢得更多的回合数
警推在先	如果好人阵营每天白天都不推错人，则好人阵营必胜的局面
狼刀在先	如果狼队每天晚上都不刀错人，则狼人阵营必胜的局面
决赛	最后一轮放逐投票
伪逻辑	伪造的、不成立的逻辑
正逻辑	用正向思维去思考所得出的逻辑
反逻辑	用反向思维去思考所得出的逻辑
三重逻辑	用反向思维再去思考反逻辑所得出的逻辑
逻辑崩盘、逻辑爆炸	逻辑发生了比较大的问题
定义身份	对场上其他玩家身份的认知和判断
管理	让 A 来管理 B：让 A 来判断 B 的身份
打平衡	让对跳同一身份的两张牌一起出局
形势金水	如果我们假设某一位玩家是狼人，则此时狼人已经取胜了，所以该玩家一定是好人

续表

术语	解释
跪式服务	一般指预言家放低姿态来请求其他好人相信他
跪着打	放低姿态进行发言
站着打	很硬气地进行发言，有时也指神牌跳明身份来打
跳到桌子上打	一般指狼队优势局，狼刀在先，狼人非常嚣张地直接在发言环节认狼
单票飞	潜行者通过单独投票发动刺杀 放逐投票时单票投给场上一个认神的玩家声明与他对跳
一死一买单	两个对跳同一身份的玩家，一个被狼人击杀在了夜里，就把另外一个放逐在白天
同刀同验	狼人刀的人和预言家验的人是同一个人
同刀同毒	狼人刀的人和女巫毒的人是同一个人
躲验	试图避免自己被预言家查验身份
验一知多	通过验出一个人的身份来定义场上其他几个人的身份
验尸官	验到了前一晚被狼人击杀而死的玩家的预言家
遗言家	在白天被放逐出局并留遗言的预言家
双药女巫	解药和毒药都尚未使用的女巫
单药女巫、单毒女巫	一般指只剩毒药的女巫，偶尔指只剩解药的女巫
开解药	使用解药
雪碧	解药
可乐	毒药
毒、泼、框、甩毒	使用毒药毒杀
盲毒	指女巫在首夜几乎不知道任何信息的情况下，选择使用毒药毒杀某一名玩家的行为
吃毒	被毒
闷解药	双药女巫被刀不能自救，解药作废
闷毒	女巫被刀当夜没有使用毒药导致毒药浪费

续表

术　语	解　释
自爆吞毒	（有的规则中）被毒的狼人在警上自爆可以使毒药无效
开枪带人	猎人出局后翻牌开枪带走场上某一位玩家
枪徽流	猎人提前声明自己如果倒牌会开枪带走的人
封枪、闷枪	猎人出局时选择不开枪
开枪状态	一般情况下猎人出局后都可以开枪，但是被女巫毒杀的猎人开枪状态是不能开枪
空守	指守卫在夜晚行动时选择不守护任何人的行为
验毒	守卫通过去守女巫声称要毒的人来判断女巫的真假
奶死了、奶穿了、同守同救死	在同一个晚上，守卫夜晚守护的玩家与女巫救起的被狼人杀害的玩家为同一人，这名玩家仍会死亡。
刺、撞、天降正义	骑士翻牌决斗
撞墙	骑士决斗好人，自己倒牌
金水骑士	决斗了好人的骑士
幸运儿	被黑商赋予了技能的玩家
眼镜	黑商所赋予的验人功能
大树	长老
树皮	长老的第一条命
砍树	狼人刀中长老
睡	摄梦人的摄梦、狼美人的魅惑
埋	盗贼局中缺失的那个身份称为被盗贼埋了
混混	混血儿
混	动词，指混血儿选择榜样
老板、爸爸	混血儿或者野孩子所选择的榜样
连	狼美人、丘比特或魅魔选择情侣
链子	情侣

续表

术　语	解　释
黑链子、脏链子	人狼链
单身	没有被连为情侣的玩家
人狼恋	好人和狼人成为情侣
狼狼恋	狼人和狼人成为情侣
好人恋	好人和好人成为情侣
第三方	丘比特和人狼恋所组成的黑情侣阵营、魅魔和她的情侣所组成的魅魔阵营等等
被连死、殉情	狼美人出局时，被狼美人魅惑的玩家会一起出局情侣其中之一出局时，另外一个会殉情
双身份	一种特殊的狼人杀玩法，场上的每位玩家有两张身份牌
皮	双身份玩法中的第一张身份牌
剥皮	出掉两张身份牌中的第一张身份牌
金宝宝	两张身份牌都是平民牌的好人
小女孩	偷看作弊的玩家
开天眼	形容捉人极准，或指偷看
站边明灯	当好人一定站得对边、当狼一定倒钩的玩家，或者当好人一定会站错边、当狼一定冲锋的玩家
树上	观战中

二、狼队夜间战术手势

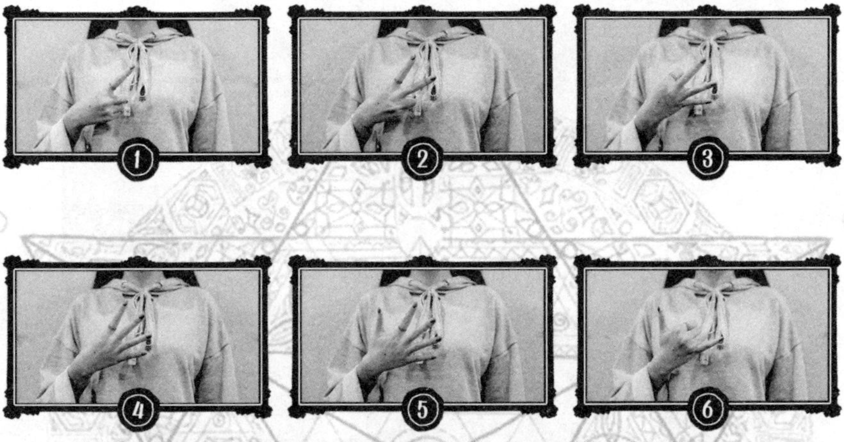

・速查手册・

预言家

女巫 手指作捣药状

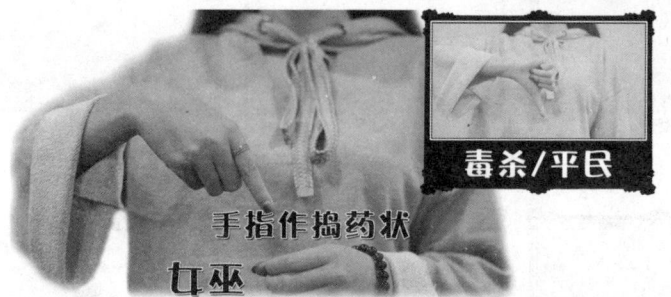

猎人

白痴
食指指着脑袋转圈

守卫

食指紧贴嘴唇

禁言长老

骑士
手握剑状向前刺

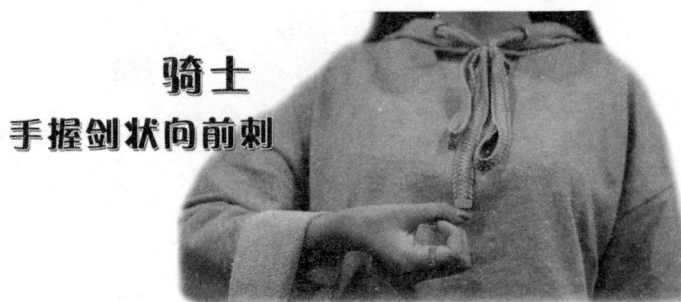

盗贼

丘比特

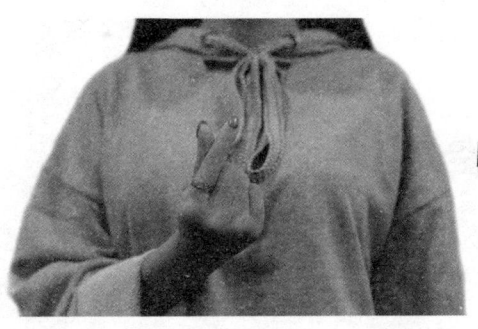

情侣

平民　手掌放平左右移动

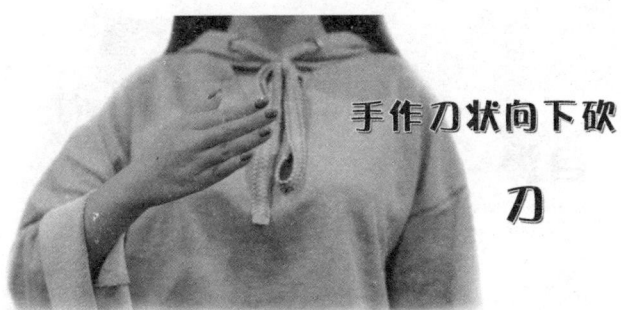

手作刀状向下砍

刀

空刀

自刀
手作刀状抹自己脖子

自爆
五指迅速从并拢到张开

食指向上指　　上警

手放平向下按

不上警/深水

手掌左右挥舞

煽动

倒钩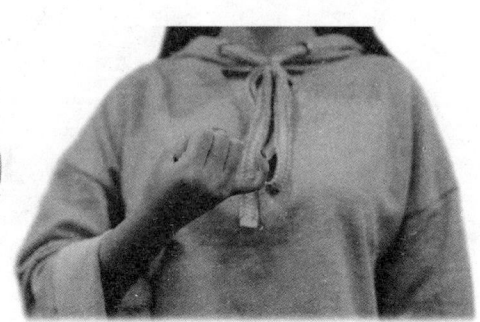

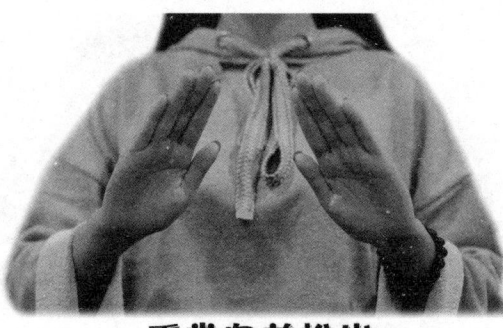
抗推

手掌向前推出

悍跳

在悚狼局中，真预言家的身份一开始就坐实了，所以整个游戏第一天的核心思路与对跳局完全不同，在对跳局中最优先要做的事情是站边，而在悚狼局中要做的则是找深水狼。在不考虑预言家被首刀但女巫没救、女巫被首刀以及女巫首夜盲毒的情况下，根据女巫第一晚是否使用了解药，悚狼局可以分为平安夜开局（十二人一预言家带着一金水加上九个未知身份）和首夜单死开局（十一人一预言家带着一金水加上九个未知身份）两种，由于女巫如果有解药就可以保护预言家多存活一天，因此二者有着一定的区别。

值得一提的一个花板子是，如果是警上末置位的预言家，在发现本局游戏没有狼人悍跳的情况下，可以直接坐实身份，这样操作空间就会变得很大。这时候预言家可以选择花式报验人信息，比如首验查杀了狼人A时，可以给开局就抿出来的好人B发金水，让狼人A在不知道自己被查杀了的情况下暴露出更多的信息，但前提是预言家确保自己的抿人没有出错，不然就要背锅了。类似地，也可以在首验好人A金水以后报"这把我验到B、C、D三张牌里有一张查杀""今天我验出了一张查杀，但是我先不说是谁，四张狼人牌加油好好聊吧"之类的话来给场上的狼人牌更多的压力，使他们的发言产生变形。如果预言家首验了查杀，就算在自己的归票发言之前有狼人自爆吞掉了验人信息，也相当于用一张查杀换了另一张查杀，而如果预言家实际上首验了金水，则相当于用一张没有报的金水换了自爆狼一张查杀。

言归正传，在悚狼局中预言家和首夜金水的任务就是判断第一天应该放逐哪张牌以及决定第二晚的要验的玩家。一般而言，悚狼局中第一天应该优先怀疑的是警上的玩家，尤其是在真预言家发言极其阳光的时候，我们可以去警上真预言家的后置位找狼。这是因为很有可能是警上后置位的悍跳狼判断出自己一定跳不过真预言家，所以临时决定放弃悍跳。当然，悚狼局也有可能是狼队故意选择四狼统统不上警的战术，然后准备以"警上怎么可能没有狼"的逻辑来抗推警上的好人。不过在四狼不上警的战术中，狼队既无法预判也无法控制警上的局势，因此一个发言很一般的预言家也可能会直接当选警长，所以这一战术较少被狼队所使用。至于真相究竟如何就需要场上的玩家根据当局游戏的局势来综合进行判断了。

在女巫首夜救人且银水不是预言家和金水的情况下，女巫应该在第一天就起跳报出银水信息，帮好人排除女巫和银水这两个坑（开局先不盘狼人自刀，要盘银水是自刀狼也得留到最后一两推再盘），让好人在预言家和金水、女巫和银水之外的八张牌中寻找四张狼人牌。在这种情况下狼人牌的生存空间会被极度压制。而对于女巫来说，就算起跳了也不用太担心第二晚被刀，因为狼人第二晚一般都会先刀预言家，如果新手女巫实在没有明确的甩毒对象，也可以把毒药留到第三晚再用。一般而言，悚狼局中较少出现有狼人选择悍跳女巫，这是因为在悚狼局中，狼队第二晚要刀预言家，如果出现了真假女巫对跳，第二晚真女巫把狼女巫毒掉就能够非常轻易地自证身份了。而如果狼队第二晚要刀真女巫，就必须留着真预言家在场上再多验一天的人，这对狼队十分不利。对于狼队来说，在悠狼局中悍跳女巫的主要收益就是找到女巫并保下狼女巫和狼银水不进第一天的抗推位，争取在第一天白天抗推好人。而值得女巫注意的是，如果有狼人在后置位悍跳女巫，女巫在前置位已经发过言了无法起跳去拍他，在放逐投票时女巫就应该投票给悍跳的狼女巫以示对跳，然后在下一晚把他毒死自证身份。不然有可能就会出现第二晚我们毒死了狼女巫却被狼人刀死的情况，以至于场上的好人都误以为是狼人想抢刀女巫闷掉毒药，晚上狼女巫吃刀把我们毒了，最终导致狼女巫所发的假银水狼做成了金刚狼。

其实在悠狼局中，每一张好人牌都被预言家和女巫单向地共享了信息，并且知道自己的身份牌。所以场上其他好人的信息量会比预言家和女巫还大，相反预言家因为并不知道剩余八张牌的身份信息，所以信息量反而还不如这剩余的八张坑位牌中的四张好人牌大。所以在悠狼局中，真正的博弈存在于八张坑位牌中的四张好人牌和四张狼人牌之间，狼人牌想尽力抗推好人又害怕暴露团队，好人牌则在尽力表水的同时寻找着狼人之间互相认识的痕迹。坑位牌中的神牌比如猎人和白痴可以看情况跳明身份排水，出现猎人对跳就出掉其中更像狼人的那一个猎人，出现白痴对跳，需要补刀的话就出掉其中更像狼人的那一个白痴，不需要补刀的话就让预言家验一推一。

很多时候，十二人悠狼局就是四张好人牌和四张狼人牌在八个狼坑里天天PK。如果银水是预言家或者首夜金水，又或者女巫是金水的话就是九个狼坑，在少数情况下，到决赛的时候再盘盘银水是不是狼人自刀就行了。在悠狼局中，狼坑里的好人牌要做的就是表好水和找对狼，然后由预言家和金水、女巫和银水一起进行仲裁决定出掉哪一张牌。对于这四张裁判席上的好人牌来说最主要的工作就是向八张坑位牌施压然后找狼。预言家、金水和女巫要注意拉PK、定内推以及决定最后的出人，被点上PK台的神牌要注意有身份跳身份以免吃推吃毒。整个悠狼局的打法思路就是坑位牌不断地进行PK，用紧凑的排坑节奏来压缩狼队的生存空间，最后所有人听预言家统一归票出人。如果猎人和白痴出在这八张坑位牌里且可以跳身份自证帮忙排水的话，好人阵营很容易获胜（这也从侧面反映出了狼人首刀准的优势，哪怕刀不中女巫，刀中神牌让神牌吃到银水也比让民牌吃银水好）。而狼人一般也不敢乱穿白痴和猎人的衣服，因为狼人需要担心一不小心穿到了金水或者银水的衣服而直接被拍出局，所以前置位起跳的神牌会比后置位起跳的神牌可信度稍高。不过值得一提的是，如果四神裸跳但第一天白天误推了一个平民，狼队将能够直接拍刀平民获胜。

另外值得注意的是，预言家的警徽流一定要尽可能地留给能够验一知多的焦点

牌，留给民及民以下的身份牌，第二夜能否用唯一的一个验人来定义尽可能多的玩家的身份是一场怼狼局的关键点之一。

而在女巫没有使用解药的十一人怼狼局中，女巫第一天主要要做的就是注意尽量表好水、脱离焦点牌、不要暴露身份以免第二晚被闷解药，当然也更加不要在第一天被抗推出局。因为一个可以活两天的预言家只要配置及格，就能有充分的条件在第二天白天的归票发言中（或者再依靠第三夜的警徽流）准确地点齐四狼。另外在预言家自身水平足够的情况下也可以在第一天白天留下假警徽流以提高验人效率。

而狼队第二夜的刀法一般有三种，一是刀预言家消耗掉女巫的解药，二是在外置位找疑似女巫牌赌刀，三是自刀骗药。对于狼队来说，第二晚能否准确地刀中女巫闷掉解药成为了女巫带解药的怼狼局中的胜负手之一。而对于女巫来说，第二晚如何判别这是不是一张自刀骗药的狼人牌主要就是看第二晚被刀的这张牌在第一天白天的发言和行为是否符合"狼人心目中的女巫"。同样，女巫在第二天没有被刀的情况下，如果有信心不跳身份也可以表干净水（比如是预言家的金水），同时有了准确的撒毒目标，女巫也可以在第二晚自信撒毒让狼人以为第二晚赌刀刀中了真女巫，甚至让自刀骗药的狼人骗药失败而死。

而狼坑里的好人牌主要工作依旧是尽力表水并且努力寻找狼人，被首刀的玩家以及前置位发言的玩家应该尽量往后置位丢几个水包或定一下内推，充分丰富一下第一天的剧情，以便拉起对立面，然后再从中寻找出狼人之间认识的痕迹。

其实，没有对跳的怼狼局就相当于一种非常特殊的生推，只不过是预言家和金水高高在上决定放逐对象，而坑位中的好人和狼人则尽力表水以免自己被抗推。怼狼局完全考验预言家和金水的带队能力，对于预言家来说，这是和对跳局非常不同的一种体验（毕竟对跳局预言家是跪着的，怼狼局预言家是站着的）。如果一名狼人杀玩家只会打对跳局而没有足够的怼狼局经验，特别是没有对局选择权的好人牌，很容易因为不熟悉怼狼局的打法而输掉游戏。

第三章　生推局

要聊双爆狼封口战术，首先需要讲的就是自爆吞警徽的规则。在狼人杀游戏中，狼人可以在警上自爆吞掉警徽，不过这一规则在不同的地方有着许多不同的变体，主要分为以下三种：

①第一天警上竞选时有狼人自爆，则本局游戏没有警徽；

②第一天警上竞选时有狼人自爆，则第二天白天天亮后继续进行警长竞选发言，若第二天警上继续有狼人自爆，则本局游戏没有警徽；

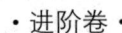

③第一天警上竞选时有狼人自爆，则第二天白天天亮后继续进行警长竞选但是跳过警上发言环节直接进行竞选投票，若第二天警上继续有狼人自爆，则本局游戏没有警徽（狼人杀官方 APP 及大多数比赛所采用的警长竞选规则，同时 APP 中前一晚吃毒的狼人在警上自爆可以使毒药失效，俗称自爆吞毒）。不同的自爆吞警徽规则也会对双爆狼封口战术产生一些不同的影响。

对于第一种规则，狼人可以选择第一天自爆吞掉警徽，然后看女巫首夜是否使用了解药，如果女巫首夜已经使用了解药，则狼人第二晚可以直接刀死预言家，然后进入十人生推局（三狼＋四民＋单毒女巫、猎人、白痴三神）。而如果女巫首夜没有使用解药，则狼人需要在第二晚赌刀女巫或者刀预言家消耗女巫的解药之后，第二天天亮再自爆一只狼人，然后第三晚刀死预言家。以自爆为代价，不给预言家传递出任何信息的机会。

规则①和规则②、③的主要区别在于在单爆狼时预言家能否通过警徽多传递出一个验人信息（哪怕第一天警上没有来得及报出验人结果和警徽流，如果两晚内验出一个金水，则把警徽交给金水即可）。而在双爆狼时，这三种规则不会有太大的区别，唯一的区别就是警上的玩家可以多一个在第二天天亮时退水表明身份的操作（第二天天亮后立刻退水代表其不是预言家，第二天继续留在警上代表其跳预言家）。

另外值得一提的是，一般而言这三种自爆吞警徽的规则还伴随着自爆吞毒规则上的差异。所谓自爆吞毒是指在前一晚被女巫毒杀的狼人如果在警上自爆可以使女巫的毒药无效。大多数双爆吞警徽的规则搭配的都是自爆吞毒的规则。总体而言，双爆吞警徽的规则提高了狼队爆掉警徽、封预言家口的成本，迫使狼队更多地选择悍跳而不是爆刀，但是相应的，自爆吞毒的规则也给狼人提供了通过预判性自爆的操作来免疫毒药的可能，对女巫的毒人操作提出了更高的要求，因此一定程度上提升了狼人的生存能力。在"双爆吞警徽＋自爆吞毒"规则中，有时女巫在第二晚需要越过很可能即将自爆的第二只狼人而去找更加隐蔽的第三只狼人撒毒，这对女巫的捉人提出了更高的要求，也一定程度上提高了双方阵营之间博弈的深度。

言归正传，之前我们说到怂狼局一般发生在真预言家验出金水且狼队不准备悍跳时，而爆狼战术则一般应用于在真预言家验出查杀且狼队不准备悍跳时，被查杀的狼人可以直接在警上自爆。当狼队首刀了预言家，或者狼队能够确定警上一张未发言的牌就是真预言家等情况时，狼队也可以选择警上爆狼封口战术，通过自爆一到两张狼人牌来封锁好人阵营的信息打生推。

为了简洁起见，我们在下文中先按照双爆吞警徽的规则来进行分析，这是因为相对于双爆吞警徽来说，单爆吞警徽的规则更简单，有了对双爆吞警徽的分析，很容易就能还原出单爆吞警徽时的情况。

我们分两种情况进行讨论。第一种情况是女巫第一夜使用了解药，如此第二夜狼人就可以直接刀死预言家。当预言家警徽流里的第一张牌是好人的时候，狼队可以选择不爆第二只狼，而是给预言家警徽让预言家把警徽给自己的金水。这是因为一只狼人自爆闷一个金水信息加一个警徽是稍亏的，且第二天多听一轮发言更加有利于狼人找神，以便第三晚落刀。女巫除非在面杀中抵到了狼人，否则第二晚不会撒毒，如此第二天白天场上就剩下了十个人，即三狼三神四民，其中一个金水带警徽加上一个可能存在的银水（因为银水也有可能是预言家或者金水）。因为第一天没有警徽投票，没有警下发言，没有放逐投票这些可以带来信息量的事件发生，所以好人阵营虽然轮次领先但是信息匮乏，交流严重不足。如果三张狼牌发言水平过关的话，这是对于狼队来说比较有利的开局。此时容错值为 −1，狼队仅用一个轮次的劣势就换取了对好人阵营的信息封锁，这对于狼人来说是完全可以接受的，尤其是在狼人第一夜自刀，银水是狼人的情况下狼队赢面很大。而如果预言家的第一警徽流里是狼人的话，这张狼牌第二天警上有两种选择：一是果断自爆吞掉警徽；二是虽然狼人身份已经暴露，但是可以强行留在场上多听一轮发言找神，找完再自爆。究竟应该如何选择应视狼人此时有没有找到神来决定。其实，狼人要是还没有找到神，即使自己的狼人身份已经暴露也不应该盲目自爆，暴露之后就站在桌子上叫嚣着抵神就行了，如果盲目自爆会导致晚上没有找到神的狼队不知道应该如何落刀。

　　第二种情况是女巫第一夜没有使用解药，预言家可以再多验一晚的人，此时狼队就需要第二天警上再爆一只狼吞掉警徽，第三夜再追刀预言家，封掉预言家的口，让预言家带着第二、三晚的验人信息含恨而终。在这种情况下狼队通过双爆狼封口战术，压制了好人阵营的信息量。虽然狼队往往处于轮次劣势，但是如果好人阵营的玩家没有足够的生推经验的话，缺乏信息的好人团队很容易就会犯错从而让狼队追回轮次。（面杀局中如果能够在次夜刀中女巫更佳。）

　　爆狼封口战术属于打信息压制的一种打法，对于剩下的两到三张狼人牌有着比较高的发言要求。此同时此战术对于狼队的刀法也有要求，除预言家之外的另外一刀如果砍的是平民，一刀神一刀民狼队就会亏掉一个轮次，很伤。对于狼队来说这一刀的最理想结果是闷刀女巫，其次是闷刀白痴，而砍猎人和看平民则是比较差的结果。爆狼封口战术的两大优势在于：一是封住了好人阵营信息量最大的神牌——预言家的口；二是让好人阵营失去了一到两轮交换信息的机会，直接进入中盘生推。实际上，发言越多，信息交流得越充分，好人阵营的赢面也就越大。

　　而这一战术的劣势在于狼队要牺牲一到两只狼人，这将会导致狼队的团队协同作战能力大大下降，而在轮次落后的情况下，生推局中狼人的胜率其实还是会低于常见的对跳局。事实上，双爆狼生推局在预女猎白的板子里并不常见，一般较多出现在有白狼王（白狼王：自爆时可以带走一人。）的进阶板子里，对于有白狼王的板子我们会在之后的章节中进行讨论。一般预女猎白板子中常见的会执行双爆狼战术的原因是：①悍跳狼被真预言家反水立警，狼队被迫转为双爆狼战术；②场上的好人普遍生推经验较少，不太懂得如何进行中盘生推，很容易发生失误，而狼队剩余两狼生存能力高于场上玩家平均水平；③警上前置位玩家的发言不好，为狼队的中盘生推提供了不错的抗推位；④真预言家有不悍跳牌坊且有查杀或者已经在前置位形成悍跳。

其实双爆狼战术的生推局和常规的真假预言家对跳是完全不同的两种游戏模式，一般而言如果好人玩家生推经验足够，则狼人胜率是比常规对跳低的。不过由于这种战术比较罕见，很多新手狼人杀玩家都没有足够的应对生推局的经验，很容易就会因为缺乏经验而发生失误，所以偶尔祭出一用还是狼队一个非常不错的选择。

这里给大家推荐两个练习双爆狼生推局的训练板子，多多练习生推有助于锻炼最为纯粹的发言基本功以及提高对于狼人身份的敏感性。训练板子为二三三（两狼、单毒女巫、猎人、白痴、三民，容错值 −2）和二二四（两狼、单毒女巫、猎人、四民，容错值 −1）。训练板子只需要八名玩家参与，没有警徽，首夜仅用于两名狼人互相确认同伴，确认完毕之后直接睁眼从白天开始进行游戏，随机选取一位玩家开始第一个发言。训练板子一开始不需要法官，之后由第一天白天被放逐出局的玩家担任法官。

其实在八人生推局中，因为身份极少，一般只需要一到两个白天就能身份全明决出胜负了。对于好人阵营来说，最大的一个问题是信息交流过少，在只有一圈发言的情况下前置位几乎没有任何信息，后置位也只能根据前置位的少量信息进行归票，且一旦狼人在后置位跳神归票，前置位的真神没有机会在当天起跳拍悍跳的狼人，很有可能就会在第一天白天被放逐出局。因此对于好人来说，比较考验神牌的带队能力，神牌尤其是猎人和女巫要视情况选择起跳带队。其实在生推局中，好人阵营的战术基本上是不变的，就是第一天（其实是第三天）民牌表水，神牌跳出一到两张来带队，然后第二天（其实是第四天）全员跳明身份裸打。

而对于狼队来说，因为狼牌只剩两张，冲票能力较弱，且轮次落后，所以狼队的压力是很大的。相对于好人而言，狼队的战术选择稍微丰富一些，主要在于是计划刀民获胜还是刀神获胜，以及两张狼牌各自穿什么衣服、如何打配合。其实八人生推局的战术还是比较简单的，各位狼友们在凑不齐人开十二人局的时候不妨八个人一起开一局紧张刺激的生推来练习一下。

角色进阶篇

第一章　女巫

预言家和狼人是狼人杀中的双线结构的两大主角。关于预言家和狼人的打法我们将会在之后的篇章中详细进行论述，本篇中我们将只讲解好人阵营女巫、猎人、白痴和平民这四个角色的玩法以及如何分辨神民心态与狼人心态。

关于女巫牌的许多打法都已经穿插在前后文之中了，本章中让我们先探讨一些与女巫有关的剧情与局面处理。

1. 如何应对狼人悍跳女巫

其实只要收益足够，狼人是完全不怕吃女巫一瓶毒药的，因此在女巫用过解药之后，经常就会有狼人悍跳女巫带节奏。对于狼队来说，一方面狼女巫可以与悍跳狼进行战术配合，而另一方面也可以在一定程度上削弱女巫的带队能力和真银水的可信度。事实上女巫的自证能力并没有那么强，夜里双死哪个吃毒哪个吃刀也是可以辩的。尤其是在高端局中，女巫毒药的命中率本来就很高（70%以上），既然不悍跳女巫也很容易吃毒，那么狼队送一张狼牌出来吃毒来交换狼女巫的操作空间，对于狼队来说也并不亏。

如果狼女巫在真女巫用过毒药之后再悍跳，虽然避免了吃毒的问题，但是真女巫的心路历程是饱满的，第二夜的毒人也一定和她第一天白天的思路是相连贯的，狼女巫要聊出同样饱满的心路历程从而抗推真女巫并没有那么容易，可能需要在第一天就有所铺垫，去做好自己身份，暗认一张神牌，踩自己"要毒的牌"等等。

面对第一天在后置位悍跳的狼女巫，真女巫直接在晚上毒杀狼女巫即可，在极少数情况下也可以选择在放逐投票时单票投狼女巫一票表明身份以免被闷刀。而后置位的真女巫面对前置位的狼女巫还是建议阳光起跳强拍狼女巫，不要给狼女巫任何带节奏的机会，一旦被狼女巫带节奏抗推了好人，又或者是真女巫夜里被闷刀让狼银水做成了金刚狼，则后患无穷。既然狼队诚心诚意地送了一张狼人牌出来，以吃一毒为代价想找到真女巫，那么真女巫跳出来也没什么大不了的，反正女巫本来就是一张可以阳光起跳带队的神牌，作为一张真女巫牌，拼发言也完全没有必要惧怕一张狼女巫。

一般而言还有毒药的女巫是不会像白痴那样怕还没认明身份就被狼人闷刀之后穿走衣服的，毕竟就算狼队刀了真女巫闷掉了毒药，中期跳出来的狼女巫永远变不出一瓶毒药来造成双死，这个时候狼女巫就只能以"狼人故意空刀在脏我"或者"同刀同毒"的逻辑来辩驳。而如果在夜里双死且真女巫倒牌之后，狼人再悍跳女巫，一方面狼女巫的心路历程很难描述得非常饱满，另一方面狼女巫夜里不倒牌也很容

易引起好人的怀疑。

当然在实战中，真女巫有时候也确实会遭遇狼队空刀造成女巫用毒夜只出现单死，自证失败的情况，这也是女巫自证能力其实并没有那么强的一个体现。对于狼队来说故意空刀（-1）而抗推女巫（+2）是有利可图的，算是一种高风险高收益的打法，当然如果抗推真女巫失败，狼队就真的亏大了。既然狼队空刀使女巫自证失败需要付出这么大的代价，那么狼队白天睁眼时内心一定会急切地想要抗推掉真女巫，这个时候真女巫就要靠发言和心态来战胜这些想要抗推自己的狼人牌了。

2. 躲刀

一般而言双药女巫是需要躲刀的，操作也很简单，调整好自己的心态把自己催眠成一张平民牌就可以了。而对于单毒女巫来说，经常是在第一天就阳光起跳带队，只有在少数情况下狼刀在先才需要躲刀。

对于单毒女巫而言，报假银水有很多的收益，躲刀就是其中之一。毕竟真银水也可能是狼自刀，假银水也可以是好人牌，作为女巫完全可以认谁是好身份就保谁。只要女巫抿人的水平足够高，抿错身份的概率低于狼人自刀的概率，那么报假银水是完全可行的一种操作。

以一局实战为例，在某局网杀局中我拿到了一张女巫牌，且是场上普遍认可的真预言家所发的首夜金水，我选择第一天白天就在末置位认了一张女巫牌并报了一个假银水，然后扬言第二夜要去撒毒某一张牌。在狼队的视野里，会怀疑我是一张金水民仗着自己身份足够高在为女巫挡刀，因此第一天白天悍跳狼被放逐之后，第二晚狼队选择了去刀真预言家。因为预判到了这种刀法，第二夜我选择不毒，这样第二天天亮我扬言要毒的牌没有死，我就可以遗憾而不满地指责"女巫为什么不按照我说的去毒人，让我帮你挡一刀"。如此，在狼队的视野里我就是一张报错银水且指毒失败的金水民，想为女巫挡刀。于是我作为一张真女巫牌，在穿脱过了一轮女巫的衣服之后成功隐藏了身份。之后第二天白天我放逐了第二张狼人牌，第三晚我撒毒了第三张狼人牌。当晚狼队因为认定我是一张平民牌，所以选择在外置位赌刀女巫，然后，第三天天亮之后最后一张倒钩狼站起来穿女巫的衣服，被我强拍出局，游戏结束，好人胜利。

3. 带队

一旦真女巫牌身份坐实且对自己的带队能力有自信，那么手上的毒药就是女巫最好的带队武器。当天女巫应该直接接管游戏，带队归票，夜里撒毒，完成自己的使命。而只要自身的带队能力足够强，且对自己的找狼能力有自信，那么带队时就应该打得足够强硬，在当天白天执行独裁，不给狼人任何操作的空间：外置位给疑似狼牌压力让他们表水，表水表得不好的，夜里吃毒；前置位自己打的一张狼人牌，

后置位任何一张想掀票保他的,夜里吃毒;女巫带队归票,说出谁就出谁不许分票,不听归票投到外置位去的,夜里吃毒等。在发言的时候提前就把话说清楚,作为一张高配的带队女巫,打法要足够强硬,带毒威胁,在自己带队的轮次进行独裁。不要给狼队任何操作的机会,就两个字——表水;不要给乱民任何捣乱的机会,就两个字——表水,女巫带队先推一狼再毒一狼再说。

当然,强硬程度与配置成正比,如果女巫自觉配置不够高,带不动队,那么就还是多听听其他玩家的建议吧。

第二章 猎人

猎人主要有两种打法:一是开局就跳明身份带队;二是隐藏身份。

开局带队的猎人主要有两个工作:一是第一天带队分辨真假预言家,之后带队找隐狼;二是每一个晚上都要想好如果夜里吃刀自己要开枪带走谁。

对于好人阵营来说,如果第一天出现了预言家和猎人双对跳的情况,优先解决两个猎人的问题,也就是说原本第一天白天一般是两个预言家(或其查杀)的轮次,但是如果出现猎人对跳,第一天就变成了两个猎人的轮次了,两个预言家的轮次后延一天。这是因为如果出错了预言家,好人阵营亏两个轮次,而且预言家被放逐后不像猎人一样可以翻牌,好人阵营还是不能完全分清真假预言家。而即使出错了猎人,真猎人也可以翻牌开枪带走假猎人,好人阵营只亏一个轮次,且还可以听两个预言家都再报一轮验人信息,显然是先解决两个猎人对跳的问题更利于好人阵营。

所以一般而言,面对第一天就起跳的猎人,狼队很少会站起来与其对跳的,真猎人可以迅速坐实自己的好人身份然后带队。当然之后的事情就要看猎人的带队能力了。一个带队能力强的猎人,警上起跳开始指挥安排神牌起跳顺序,带队推人,安排女巫夜里毒人,三天出掉四狼也不是什么不可能的事。

作为一张猎人牌,要随时做好被狼人击杀的准备,考虑好自己如果提前倒牌应该开枪带走谁;狼队敢提前刀掉猎人,是不是自己原本怀疑的玩家其实是一张好人牌甚至是一张神牌;还是狼队在和自己打反逻辑赌心态。这些都是猎人牌晚上应该提前考虑好的。一般而言,猎人的带人顺序为:悍跳的狼猎人、其他铁狼牌、疑似狼人牌、开枪排水。另外作为一张猎人牌也可以和狼队赌心态,每天白天向狼队宣称自己被刀就带走谁,一方面是给这张被瞄准的牌压力,另一方面是让狼队分心思考自己说的是不是真话,如果找不到白痴或者女巫是否应该先把猎人刀了?这种打法称之为枪徽流,由南枪掌门李锦发明。

藏身份的猎人有一种玩法就是控制自己的发言水平,既不能太好也不能太差。

这是因为狼队在布局时，会拉拢发言好的好人，而把发言差的好人打进狼坑留着抗推，如果警推在先局势对于好人阵营比较有利，猎人就可以阳光起跳把自己从狼坑里排出来，让狼队少了一个抗推位。因为之前猎人的发言只能算一般，狼队大概率会攻击猎人想拿猎人作抗推。如果有其他玩家在攻击猎人，猎人应该先客观分析一下这是一张打人有理有据的好人牌还是一张杀心重想找抗推位的狼人牌，当有狼人打算拿猎人作为抗推时，猎人就可以强势起跳反击，阐述自己的心路历程之后把想抗推自己的狼人拍出局。比如："昨天，A、B、C三张牌踩我，现在我以一个猎人的身份起跳，请你们三位把自己的身份聊清楚，聊得清楚留下你，聊不清楚我死后找你们开枪。"这其实就相当于一招拖刀计，前期故意聊得差一些来勾引狼人在布局时把自己当作抗推位，到了游戏中期直接跳身份反打从而破坏狼人的抗推计划，然后观察其他玩家的反应。当猎人起身反打时，打猎人的好人牌反应是自然的，可能会低头认错也可能会继续埋怨，但是狼人因为抗推计划被破坏了，心就容易乱，或者仓皇悍跳猎人但是无法说出饱满的心路历程，或者心虚认错在表水的过程中被查出破绽。所以说藏身份的猎人牌在能力足够的情况下可以选择控制自己发言的力度，保持自己在抗推边缘的位置，让自己既接近抗推又能不上PK台，尽量做到躲推、躲毒、躲最后一刀。如果无法完全做到，则躲毒、躲推比躲刀更重要，上了PK台看准局势跳明身份，以防被推、被毒。

到了游戏中后期，当发现有人穿自己猎人的衣服时，猎人应该先考虑此时是狼刀在先还是警推在先，考虑他是穿衣挡刀还是狼人悍跳。如果是场上的铁好人所起跳的猎人，那么他是在挡刀不用去管他。如果是狼人悍跳的猎人，如果警推在先就站起来和他PK将其拍死，如果狼刀在先就要站在平民的角度去分析和攻击他，甚至有时为了躲刀可以佯装平民认可他猎人的身份，先带队出掉他的狼同伴等到夜里狼队刀偏了之后警推反先，真猎人再站起来跳明猎人的身份讲述心路历程将悍跳猎人的狼人放逐。

值得注意的一点是，当场上警推在先且仅剩最后一神一狼时，有时狼人会选择悍跳猎人，此时就是猎人和狼人生死PK的最终决赛了。为此，猎人有时需要提前留好伏笔，以便在最终PK之时把心路历程聊得更加饱满。

第三章　白痴

其实需要补刀的白痴和不需要补刀的白痴有很大的区别，我们通过列表的方法分别列举了猎人、需要补刀的白痴、不需要补刀的白痴和没有任何特殊能力仅占一个神位的白板神在吃刀、被推和吃毒三种情况下的结果，见表2。

表 2　各神在不同情况下的结果

	吃刀	被推（刀神局）	吃毒
猎人	可以开枪抢轮次（-1/0/+1），且可以翻牌自证	被推（+2），翻牌开枪带走狼人（-1），共 +1	吃毒（+1），无法自证
需要补刀的白痴	无法抢轮次，无法自证	被推（+1），翻牌自证	吃毒（+1），无法自证
不需要补刀的白痴	无法抢轮次，无法自证	被推（+2），翻牌自证	吃毒（+1），无法自证
白板	无法抢轮次，无法自证	被推（+2），无法自证	吃毒（+1），无法自证

注：因为基本上猎人被抗推只会出现在有悍跳狼查杀猎人或者是有狼人悍跳猎人的情况下，所以我们默认猎人被抗推之后一定可以带走一张狼人牌。

由表 2 可知，在吃刀的情况下，猎人相对于白痴的优势在于可以翻牌自证，不怕被狼人刀掉然后穿走衣服，且猎人可以开枪抢轮次。在被抗推的情况下，猎人和需要补刀的白痴被抗推都是亏一个轮次，不需要补刀的白痴和白板神被抗推都是亏两个轮次，不需要补刀的白痴相对于白板唯一的优势在于被抗推时可以翻牌自证。在吃毒时，这四者没有任何区别。由此我们得出以上四神的强弱顺序为：猎人＞需要补刀的白痴＞不需要补刀的白痴＞白板。

白痴其实就相当于一个弱化版的猎人，所以白痴的整体打法也和猎人类似。

相对于猎人，白痴是很少第一天就起来带队的。毕竟猎人起跳了也不会吃刀，而白痴一旦起跳就必然吃刀，尤其是在高端局里狼队普遍不喜欢刀预言家，这时候跳明身份的白痴就会成为狼队一个非常好的刀位选择。

因为白痴是最容易晚上吃闷刀被狼人穿走衣服的神牌了，所以白痴牌要尽量把自己当成一个平民来打，以便隐藏身份。当然如果实在做不到控制发言状态的话，那么就跳明身份老老实实打，以免吃闷刀被狼人穿走衣服。猎人的"拖刀计"其实白痴也能用，但是因为白痴没有枪，所以对于中后期反打时的发言就有了更高的要求，一旦白痴发言不好，狼人牌完全可以在后置位悍跳一张白痴牌出来把真白痴强拍出局。

猎人为其他神（偶尔为平民）挡刀可以主动开枪追刀，而白痴牌除非是神多民少，白痴为民挡刀，否则是没有什么挡刀的操作的，白痴牌是一张需要被其他好人保护的牌，而不是一张需要去帮别人挡刀的牌。在紧张刺激对局中，预言家、女巫、猎人都会相继起跳带队，而此时白痴就是神牌的最后一道防线。在白痴牌没有被怀疑时可以混迹在村民之中把自己伪装成一个平民，在无数原本狼刀在先的局里，狼队

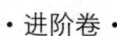

都是因为找不到白痴结果夜里刀偏失去了优势。

很多新手白痴牌喜欢警上跳预言家且不退水捣乱，白痴牌其实是没有这样的操作空间的。要知道白痴是最不应该把自己打成焦点牌的一张神牌，因为自身自证能力弱，且又是狼队最难找的一神，所以白痴牌应该低调地混在民堆里隐藏身份。而白痴上警民跳就会把自己做成一张焦点牌，要么被抗推使得好人阵营亏掉轮次，要么坐上焦点位方便了狼人抿出自己的神民身份，无论如何都是很亏的。

第四章　平民

很多人觉得狼人杀是狼人和神民之间的对抗，玩平民没有功能也最没意思。但是在我眼中，这就像兵是国际象棋中的灵魂一样，平民才是好人阵营中最重要的角色，任何一局的输赢都和平民息息相关。我始终认为，平民是狼人杀中最难玩好的角色，也是这个游戏中真正最有趣的角色。

1. 表水

狼人杀中每张牌、每个位置都有自己的职责，都有自己独特的乐趣，很多玩家都觉得平民这个身份很无聊，但是我觉得平民玩起来还是很有意思的。对于平民来说，同样有着自己的职责和乐趣。虽说平民牌没有任何功能，但是要玩好一张平民牌真的很不容易，要站对边，要找对狼，要不乱操作来给其他好人怎家思考量，要把握好与神牌配合的分寸，要有很强的表水能力来让其他玩家认可自己的好身份等。

平民牌的第一个也是最主要的工作就是表水，作为一张无法自证的平民牌，不要在还没有聊清楚自己的身份时就想着起身去全场打狼。如果连自己的身份都尚未被其他好人认可，就算第一天就能点出四狼，别人听不进去也不会有什么用，只会被狼队反扑强打出局，更不用说如果盘歪了狼坑打到神牌，很容易就会被神牌反拍、被狼队抗推。既然一个白天最多只能推一个人，那么一张尚未被场上玩家认可好身份的平民牌一天也最好只打两个位置，最多再点几个怀疑的位置给他们一点压力，观察他们的反应。

对于民牌来说一定是先表水，再找狼，最后才想着挡刀，要挡刀也是建立在对自己的操作空间和狼队心理有了正确的认识之后，先表干净了水，做好了自己身份的情况下再去挡刀。一方面狼队并不傻，很多自以为在秀操作的民牌挡刀在狼队的视野里完全就是在搞笑。另一方面，如果平民还没表干净自己的水，真神也不会容忍外置位一个未知身份的牌穿他的衣服。相信很多玩家都遇到过那种自以为自己水平很高，其实压根不懂操作空间这一概念的平民，这些平民乱穿真神衣服结果被真神拍出去之后，还振振有词地说："我帮你挡刀你居然还要出我，你是不是傻。"

要知道那些自以为脱离了新手阶段的玩家想装高端最喜欢做的两个操作一个是乱诈身份，另一个就是乱挡刀，光看挡刀这个操作的精细程度，基本就能像配置鉴定器一样精确地分辨出真高配和想装高配的新手了。作为一个好人，有的时候就算一个平民被全场玩家都认好身份也别乱穿神的衣服挡刀，因为这会压制真神牌的操作空间，举例而言一个被众人怀疑的猎人上了抗推位，如果前置位没有平民乱跳猎人挡刀，真猎人只需要跳明身份即可躲推，但是要是前面有身份作好的平民跳了一个猎人想挡刀，那可就好心办坏事了，真猎人很可能会因此被抗推出局。挡刀其实是一种很精巧的高端操作，很多时候，许多自以为高配的新手玩家总是喜欢秀操作挡刀，但是他们这样拙劣的操作往往是弊大于利，只骗到了好人却骗不到狼人。其实很多时候都没有必要去做一些扰乱视野的花操作，"重剑无锋，大巧不工"，展现实力真正应该靠的是内在的功力而非外在花哨的技巧。

从某种意义上来说，狼人杀的白天就是一个生存游戏，好人表水表得好，生存下来了，狼人就出局了；狼人发言足够好生存下来了，好人就出局了。神牌聊得不好尚且还可以跳明身份自保，而对于最容易被抗推的平民牌，表水这项基本功一定要练好。归根结底，表水才是一张民牌首先要做的事情，只要平民每次都把自己的心路历程聊清楚，不断为好人阵营做事，即使平民没有被验也完全可以做好自己的身份，帮好人排掉一个狼坑位从而压缩狼队的生存空间。要知道表水的最高境界就是不断地做好事，辅助带队的好人牌找齐四狼，四狼找齐了，剩下的八个人就全都是好人牌了，平民自己的身份自然也就做好了。

虽然只是拿到一张平民牌，但是平民的行为与整个好人阵营的胜负息息相关，平民牌配置越高，表水越干净，狼队的生存空间就越小，好人阵营的胜率也就越高。可以说平民虽然没有任何特殊技能，但是却是狼人杀中最值得我们去琢磨和练习的一个角色。如果说真预言家和悍跳狼是一体两面的关系，把真预言家的发言基本功练好了，预言家该有的心态琢磨清楚了，玩悍跳狼时的水平自然会有所提升，那么平民和隐狼同样是另一种一体两面，平民表水水平上去了，玩深水狼时的生存能力自然也会有所提升。

2. 投票

作为一张民牌，如果有了一定的理由相信某一张牌是真预言家，那么就应该在说清楚自己的逻辑之后，勇敢站边自己心目中的预言家。真预言家因为没有团队所以需要好人的支撑，如果场上每一个平民都因为害怕失误而不敢投票，狼团队一定会冲票获胜。要知道，对于一张没有技能的民牌来说，发言和投票是平民唯一的能力，也是平民最神圣的权利，每一局游戏平民都应该尽可能地去分析场上的局势，分辨真假预言家，寻找狼人的位置。作为一张没有任何信息的民牌，即使站错边也没有什么可怕的，谁都有站错边的时候，即使水平再高的玩家也不能保证自己的判断是万无一失的，站错边之后站回来就可以了，大不了在输了复盘的时候仔细反思一下自己哪里犯了错，然后下一局继续努力就是了。

当然，如果新手经过了认真的思考也还是分不清真假预言家，这是因为水平有限，那么也没有关系，弃票就行。第二天把自己的疑惑说出来，听听其他玩家怎么说即可。平民确实判断不清楚时就应当不投票，千万不要没有理由地随便投一票，这样的话第二天聊不清站边理由，很容易就会被其他好人误以为是冲票的狼人。

3. 挡刀

在讲解挡刀操作之前，我首先想说，作为一张平民牌不应该认为自己拿了民牌，这局游戏就不用承担什么责任了，一脸无所事事状，这么做的后果就是让狼队的捏人高手一秒钟就捏穿了平民的底牌。要知道，狼队找神并不是只有直接去寻找神牌这么一种方式，逆向排水也一样是找神的一种方式。尽可能地帮神挡刀本身就是一张民牌的责任，而要做到这一点，先不要去谈什么各种秀操作的挡刀方式，先做到玩民牌的时候也像玩其他身份时一样认认真真地尊重游戏、积极游戏。除了狼人、好人的状态要统一之外，我们玩神和玩民的状态也应该统一。如果我们因为神民状态不统一而被狼队捏穿，不但玩神的时候自己会被快速捏杀，玩民的时候也会连累到和我们同一个阵营的神牌。要知道在狼队的视野里，神牌和民牌本就是一起混在八个坑里的，要是民牌的水都排干了，神牌又该藏到哪里去呢？

其实真正要挡刀，首先要对操作空间有着明确的认识，一张民牌如果在自己的身份还无法被场上的其他好人定义的情况下认神挡刀，很容易就会被真神跳出来拍死，换一种情况，一个被坐实的真预言家验出的金水民，就可以用各种姿势认神挡刀，这就是操作空间大小的区别。当然，金水民的挡刀狼人一般是不信的，所以真正有价值的挡刀应该是由一张介于未定义身份和铁好人之间的民牌来进行操作，常见是由一张场上普遍认其好身份的民牌来进行。这就需要民牌有着充足的换位思考能力和游戏经验来估算自己被场上其他玩家，尤其是神牌本人认可的程度。

当然，另外一种挡刀方法就是在末置位认一张神牌，骗取狼队的信任，只要平民顺利在当晚吃刀，狼刀自然会让真神反应过来这是平民在挡刀。当然这同样是一个非常困难的操作，需要平民对狼队的布局和心理有着充分的认识才能顺利地在当晚吃刀自证，不然的话如果平民夜里没有吃刀，很容易就会被当成是跳出来找神和煽动的狼人牌而被真神在下一个白天拍出局。其实，作为一张平民牌，为女巫、猎人、白痴挡刀都是可以的（为女巫挡刀报错银水也没事，只要我们建立起玩真女巫也经常报假银水的形象就行了），可以根据局势进行选择，同时一张真神牌的心路历程应该是饱满而连贯的，作为民牌要是打算挡刀的话，也应该提前有所准备、有所铺垫（比

如第一天暗跳一下作铺垫），尽可能地把戏份做足，否则一张突兀地认出来的神牌很容易就会被狼队识破这其实是一张民牌一时兴起想挡刀。另外挡刀也要注意时机，搞清楚狼队的刀人轮次，就比如在第一夜女巫没有使用解药的情况下，狼队第二夜的刀人轮次显然应该先去找双药女巫刀，这时候要是平民第一天认了一张白痴牌想要挡刀，那几乎就是不可能挡到刀的。作为一张挡刀民牌，最好的挡刀方式就是认神之后立即死在夜里，所以搞清楚狼队的刀人轮次就显得尤为关键了。

另外，作为一张挡刀民牌，其实明跳身份认神挡刀是一种比较少见的挡刀操作。一方面是因为如果起跳得很突兀，在一个完全没必要认神的位置莫名其妙地认了一张神牌，很容易就会被狼队识破平民的挡刀意图；另一方面，认神挡刀对于平民自己之前的发言要求很高，只有一张表水充分，身份作好的民牌才有足够的操作空间来穿神衣服挡刀。相反地，暗挡刀就是一种更加精细的挡刀操作了，对操作空间的要求也不是很高。下面举几个暗挡刀的例子：①如果前置位我们抿出来的一张狼人牌认了一张神牌，我们在后置位发言要强硬地攻击这张认神的狼人。一般这种认神的狼人牌都是狼刀在先时跳出来找神的，在狼队的视野里看到有人在后置位强打他，很可能就会把这张牌当成是那张真神牌。当然，要进行这个操作的话首先要求有足够的定身份能力，要是认错了人强打了真神那就很尴尬了。与之类似的还有场上金水铁好人的民牌如果抿出前置位有狼人悍跳神牌，可以直接认自己是这张神牌，用铁好人的身份强拍这张悍跳狼出局，这种情况下也可以有效挡到刀，当然抿得准依旧是前提条件。②一不小心地稍稍"聊爆"，暴露出自己有身份，这样的话在狼队的视野里就会把挡刀民认成疑似神牌了。当然这么做首先就要求平民有能力控制自己的发言状态，做到看似不小心地爆神，这种操作算是靠演技反制抿人的一种吧。③当平民被其他玩家踩的时候，可以刻意拉高自己的发言状态，营造出一副底气十足的样子，伪装成神牌有恃无恐的状态。这种操作同样是靠演技来反制抿人，对于演技有着比较高的要求。④搞清楚神牌应有的状态，在摸平民时故意演出神牌的挂相来欺骗状态流玩家。

第五章　神民心态与狼人找神思路

对于狼人来说，一个很重要的工作就是分辨神牌与民牌，如何找神，就成为了狼队的必修课。下面我们就介绍一些找神的思路。

从操作上讲最直接的找神方法就是跳神找神，不过这么做的问题就在于如果是在狼刀在先的局里，所有好人的默认操作都应该是藏身份，狼人跳神找神很容易就会被好人意识到这是狼人在找神。对此狼人的一个对策就是：虽然现在实际上是狼刀在先，但是跳神的狼可以去编一个警推在先的故事，比如实际上第一天推掉的是

真预言家，警推落后，但是跳神的狼人可以说第一天被推掉的是悍跳狼，误导其他好人认为现在警推领先，以此为理由跳身份找神。如果是面杀局，在狼刀在先的局里，跳神找神的狼还可以做的是强势认神给压力之后强抿一波身份，通过观察其他玩家的反应来找到真神，然后直接自爆刀神。（其他好人一般会下意识地进行先分辨，而神民本人则会因为吃了信息而有所不同。）

而相对间接和有技巧性一点的方法则是给压力。其实和好人给压力找狼一样，狼队施压同样也是为了测试场上好人玩家的弹性。神牌一般是惜命而更加抗拒被抗推的（猎人有时除外），利用神牌这种害怕被抗推的心理，狼队可以通过不断给各个位置的好人牌施加压力来逼迫其中的神牌跳身份自保，而给了很大的压力依旧没有认身份的好人牌则大概率可以认为是跳不出身份的平民牌。另外踩银水战术其实也是一种给压力的方法，只不过这是狼队通过踩银水来间接地给女巫施加压力逼迫女巫跳身份保银水。

最后我们要讲的一种找神思路就是看心态。所谓心态，即心理状态，人的心理活动的各种现象都是以心理状态的方式存在的。心理状态是个体在一定情境下各种心理活动的复合表现，任何一种心理状态都既有各种心理过程的成分，又有个性差异的色彩。而心理状态往往与情境相关，在很大程度上受到情境影响。在狼人杀中，心态是大于逻辑的，因为逻辑有正反，狼人能打逆向思维，好人也会盘错逻辑，所以说要打正反逻辑很容易。但是心态不一样，对于一个没有经过严格训练的普通玩家来说，要完美掩盖住自己的心态几乎是不可能的。

下面我们分别来看一下神牌和民牌的心态，实际上找神需要正向分析和逆向排水同时进行。

所谓能力越大责任越大，相对于没有特殊能力的民牌来说，神牌具有唯一性且都有着自己的特殊能力，所以说神牌会具有以下几个特点：

（1）神牌因为底牌压制，随时可以拍身份自证，所以更加自信和有底气，操作空间也更大。神牌一般不太愿意花费太多的时间来表水，而会更加大胆地进行发言和操作（有一种"信不信我现在就掏出枪来怼你"感觉）。因为神牌知道自己哪怕打得太激进或者因为聊得不太好被怀疑了也可以随时拍身份自证，全场唯一的特殊身份就是神牌的底气和自信来源，这一点在猎人/带毒女巫身上尤为明显。而民牌的危机感则会更加强烈一些不能拍身份的他们，会花费更加多的时间和精力用于解释和表水（比如"唉，该怎么办呢，我再给你解释一遍吧"的这种感觉）。当然，这些特点都是相对的，需要结合玩家的性格特色进行修正，就比如有些打法彪悍的玩家不管底牌是什么都自带枪牌特性。

（2）能力越大责任越大，有着特殊能力的神牌内心总是希望自己的能力能够发

挥出价值，女巫会想着该把毒药泼给谁，猎人会考虑死了的话开枪带谁，守卫也会去思考狼人晚上究竟会落刀到哪个位置。所以说相对而言，肩负着更加重要的责任的神牌会更加关注场上的局势发展，很难完全放松下来。

（3）预女猎白局里，双药女巫害怕被抿杀闷掉解药，女巫、白痴怕被狼人闷刀穿走衣服，在这种心理压力之下神牌总是很难完全放松下来。同时作为神牌，除了猎人之外总会比民牌更加惜命且更加抗拒被抗推在白天，而这一点也正是之前所说的给压力找神法所依据的。

（4）神牌天生比民牌有多一些的信息量，而在游戏中有一些神牌能得到更多的信息，比如女巫能得到银水信息和双死夜的刀法信息，守卫可以得到铜水信息和验毒信息（被守护的玩家死在了夜里就说明是被女巫毒死的）。这些神牌有着比民牌更多的信息，思路上自然也就会有所不同。

找神的另外一种方法就是逆向排水，平民都找到了，那么剩下的自然就是神民了。民牌具有以下特点：

（1）民牌有四张，不具有唯一性，无法像神牌一样可以靠拍身份自证。对于民牌来说如果聊得不好/行为不好被怀疑了，只能靠发言表水一点一点地把自己的身份再重新聊好，这就使得民牌会把发言的重心放在表水上，不敢进行太过出格的操作。

（2）民牌没有任何技能，功能只有发言和投票，所以民牌不需要像狼人一样想着怎么操作，怎么演戏怎么抿神，也不需要像神牌一样想着怎么使用技能，也就是说民牌是"最闲"的一张牌。每个人在一段时间内能思考的东西都是有限的，所以一般来说如果某一位玩家思路清奇，在浪费时间去思考一些明显与场上主线剧情无关的事情，那么这很有可能是一张"无聊"的民牌。

（3）游戏水平稍高的民牌会想着帮神牌挡刀，但是如果演技不足的话，他们这种做作而突兀的挡刀操作，在狼队眼里就像是在脸上写着"我是来挡刀的"一样。

（4）一般而言，民牌的信息量是场上最少的，容易纠结，另外民牌很多时候容易有一种"我一张平民就跟着神牌走了，输了也是神牌背锅"的心理。平民很多时候更希望由场上的神牌跳出来带队。所以说一张看上去没有信息，不敢主动带队，希望看场上其他好人牌跳出来带队的牌大概率是一张民牌。

以上就是最原始的神/民心态了，高手会对这些原始心态进行掩饰和伪装，但是也依旧会露出一些马脚可供捕捉。

第六章　狼人心态与好人找狼思路

上一章分析了神牌和民牌的心态，这一章我们再来分析下狼人的心态，通过分析心态来寻找狼人是狼人杀中找狼的一种重要方式。

狼人杀作为一个阵营对抗游戏，每一张身份牌最核心的心态就是取胜。狼人牌的基础心态就是取胜，而狼人牌的取胜条件是杀死所有神牌或所有民牌，由此延伸出狼人牌的心态就是分辨神/民和抗推好人。因此狼人常有的心态包括以下几种：

（1）好人一般只需要分辨出其他玩家是属于好人阵营还是狼人阵营就可以了，而狼人会对其他玩家的具体身份感兴趣，也就是所谓的"好人该找狼，狼才会找神"。

（2）好人想的是找到狼人放逐，而狼人想的是抗推好人牌，也就是说好人的心态是在分辨和寻找，而狼人则会不自觉地流露出杀意。一张好人牌的思路一般是"我通过收集了这些证据，通过这些逻辑，分析怀疑你是一张狼人牌，我要出你"，而狼人的一般思路是"我准备拿你作抗推，所以我开始收集你的漏洞或编造一些伪逻辑来攻击你"，前者是先有因后有果，后者是先有果后有因，仔细分辨发言能听出心态上是有不同的。

（3）大多数新手玩家摸狼之后一般会产生一些心虚和紧张的心态，这种心态会在玩家的表情和发言中体现出来，也就是所谓的"你全身上下每一寸皮肤都在大声告诉我们：你在说谎"，常会出现划水跟风、没话找话等平时摸好人牌时不会出现的反应，被场上其他玩家怀疑后过于心虚表水和被踩后反应过激都是不正常的，另外在压力下狼人会表现出更多的自我安抚动作来缓解内心的压力。

我们还能通过以下几种方法来寻找狼人：

（1）暴露信息量，知道得太多；故意装晕，知道得太少。有时在听发言时我们能听到一些暴露了信息量的聊爆式发言，因为狼牌是认识全场玩家身份好坏且知道狼队的夜里刀法情况的，所以有的时候狼人会在不加分析的情况下，潜意识里就默认某一张牌的身份好坏或者默认夜里双死时谁吃刀谁吃毒。因为好人是没有信息的，一切结论都需要通过分析才能得出，所以一般来说这种潜意识里的默认就是狼牌有信息的体现。有时狼人为了掩饰自己的信息量会装晕，但是知道的信息太少，不符合这位玩家正常的分析能力，同样也是有问题的。

（2）好人的逻辑是连贯的，狼人的思路容易产生突兀的跳跃，这也就是所谓的视野出现断层。

（3）在狼人占优的局里，好人个个面色凝重，只有狼人才会表情轻松得意。在好人优势的局里，好人状态轻松，狼人可以假装放松但是很难调整好心态，一边内心里进行高强度的思考考虑如何翻盘，一边表面上做到完全放松。

（4）其实狼人状态是有一个上下限的。上限在于，一张狼人牌可以发言发得足够好，让其他玩家都觉得"这应该是一张好人牌"，但是几乎不可能演成让其他玩家都觉得"这绝对是一张好人牌"。这就是狼人发言状态的上限，高过这个上限的属于"天降金水"，一定是一张好人牌。而下限在于，狼人毕竟还是吃信息的，不管盘正逻辑还是反逻辑都是顺着逻辑链走的，而当一个人自信满满地说出一堆稀奇古怪、与场上逻辑完全不符的发言时，这一定是一张好人牌了。只有一张好人牌才有可能想法天马行空，想到一些非常奇怪的地方。这是狼人发言状态的下限，低过这个下限的，一定是一张好人牌，这也就是所谓的"狼到极致就不是狼了"，物极必反，否极泰来，一张狼牌得到了那么多的信息，是聊不出这么清奇的思路的。

（5）一般而言，狼人发言比好人难。从思考量的角度来说，狼人需要考虑的问题更多，组织发言的时候还需要在内心里做一个视角切换，摒弃掉自己所拥有的信息量。好人只要用全部的精力来专心找狼就行了。而对于狼人来说一部分精力要用于考虑战术配合和抿神，剩下的精力要再回过头来模拟自己是好人时的思路，总会有所偏差。在游戏的过程中，我们可以结合场上其他玩家的个性习惯以及游戏水平为他们各自建立一个数据库，多局游戏过后，我们就能为每一位玩家建立发言状态基线和思考能力基线，通过对比历史数据库来一定程度上判别场上其他玩家的身份了。

（6）"心中无狼便是狼"。场上有四张狼人牌，这是恒定的，好人的视角和思路也一定是想去找狼，只有狼人才会不想着找狼而是四处发好人卡去拉票等。

（7）狼队友之间刻意建立的对立面是会有瑕疵的。一方面从状态上来讲可能会显得有些做作，而另一方面从逻辑上讲可能会是不成立的，比如发言里明着打他是一张狼人牌，暗地里又接纳了对方的观点。

（8）狼人每一步的行动都有他们的目的。举例来说，一张狼人牌一般不会在认了一张女巫牌之后既不站边也不煽动，白白送出来给真女巫毒，所以说认了女巫之后无其他操作的大概率是真女巫。即除了本身就是以深水为目的的深水狼之外，一张牌如果其行为不符合狼队任何战术战略目的的话，一般是一张好人牌。

（9）我们说过悍跳狼拉票发言思路一定要清晰，拉哪几张牌打哪几张牌都要提前有所布局。不过相应的对于好人来说，如果配置够高已经看穿了这是一张悍跳狼人牌的话，就可以去从悍跳狼的发言逆推悍跳狼的拉票布局思路，再借着这一布局思路逆推出场上其他玩家的身份。

（10）因为狼人有团队能够统一冲票，所以靠近末置位的狼人总是不由自主地会向狼队友递话来统一票型。

（11）从视野上讲大多数狼人编造伪逻辑的能力以及精力分配不足以支持他们编造出非常饱满的好人视野。表现出来的就是狼人的视野延伸性差，缺乏深度，易出现断层。

首夜篇

·进阶卷·

第一章　首夜刀法分析

还记得决策树中的首夜局势演变图吗？在本章中我们将会讨论狼队首刀到各种身份牌时的情况，包括女巫使用了解药和女巫没有使用解药这两种演变方向。我们之所以讨论首夜刀法，主要目的不是要让狼人以此为参考去决定首夜应该如何下刀，而是希望探究狼队首刀到了不同的身份牌、刀死了或者没刀死将会对游戏带来哪些不同的影响。

除非是竞技性很强的面杀局，狼队会追求首刀女巫，否则一般在普通的网杀或者面杀娱乐局中，狼队对于首刀对象的选择是相对随意的，无非是自刀和外置位刀两种。（至于所谓的网杀首刀位置学则纯属无稽之谈，这类谣言和伪科学的心理学成因我们会在稍后的狼神篇中进行分析，而究其本质则是因为部分狼人杀玩家对于数学基础知识的匮乏。）其实在高端面杀局中，大多数对局的首夜不是平安夜就是双死，极少会出现女巫第一天不开解药也不开毒药而造成的单死现象。其中双死大概率是女巫被首刀被迫撒毒，小概率是女巫开局颜杀了狼人所以直接盲毒。高端面杀局中的女巫倾向于第一天就开解药是因为高端局中的狼人抵神能力都非常地强，女巫第一晚留解药的话，第二晚很容易就会被闷掉解药。而且高端面杀局中的狼人不但首刀女巫命中率极高，首刀神牌的概率同样非常之高，一旦第一晚预言家或者白痴死了而女巫没救，第二晚女巫又直接被刀，对于好人阵营来说是相当不利的。一般而言高端局中的单死都是女巫觉得被首刀的玩家是一张民及民以下的牌，且很有可能是狼人自刀才没有救的。（在高端竞技局中，狼队首刀女巫的命中率高达30%，在"预女猎白"板子的比赛中，狼队能否首刀到女巫是全场比赛的第一个胜负手。）当然，在网杀和很多的中低端局中，第一晚女巫不开药出现单死的情况也不少，因此我们同样需要一一对其进行分析。

首先，我们很容易地就能发现狼人如果首刀中女巫，收益最大，因为女巫掌握了好人阵营两大抢轮次的利器——解药和毒药，首刀女巫可以直接闷掉女巫的解药并且让女巫毒药只能在缺乏信息的情况下盲毒，毒中狼人的概率降低。无论是女巫不毒，还是毒中平民，对于狼人来说都是非常优势的开局，而如果女巫毒中了其他神牌，则好人阵营基本就可以直接交牌了，狼人阵营开局速胜。即使女巫盲毒中了狼人，对于狼队来说，没有了解药和毒药的威慑，即使落后一刀也依旧是一个还不错的开局。而且有的时候，就算被首刀了的女巫盲毒中了狼人，被女巫盲毒了的狼人也可以在第一天警上预判性自爆，吞掉毒药。

狼队首刀除女巫之外的任何一张牌都很有可能演变为平安夜开局，这也是一种相对而言最为常见的开局形式。其中狼人自刀骗药做成了银水狼会产生一系列的战术演变，我们会在之后的章节中对于首夜的自刀战术进行具体的分析。如果是白痴或者猎人拿到了银水，则不会对狼人的打法产生太大的影响，一般情况下除非要打阴阳倒钩，否则狼队不与银水对跳神职即可。而如果是平民拿到了银水，则会增加狼队把银水民打进狼坑的难度，可能会使得狼队少一个抗推位，对于狼队来说比较不利。（也是因此，即使狼队首刀不中女巫，也最好首刀到猎人或者白痴，让神拿到银水总比让民拿到银水要好。）如果说其他好人拿到银水，还不会在一开始就对狼队的战术产生影响的话，那么最有可能在一开局就对狼队造成困扰的就是银水预言家了。银水预言家会给悍跳狼的悍跳增加非常大的难度，要么悍跳狼需要去盘真预言家是自刀，或者去盘女巫是冲锋狼，真女巫在前置位没有办法起跳的逻辑，要么狼队就需要再悍跳一张狼女巫出来，形成女巫、预言家双对跳的局面。当然，在银水预言家的局中，狼队的优势在于狼队可以非常容易地找到女巫，能力足够强的悍跳狼甚至可以顶着银水将真预言家抗推出局。

如果第一晚刀死了真预言家，对于狼队来说其实是一个比较优势的开局，狼队要做的就是在第一天白天找到双药女巫并在第二晚刀掉。如果有悍跳狼的话，则悍跳狼一方面要试图把真预言家盘成自刀，一方面也要用"预言家"的身份来强抿女巫以及和狼队友互做身份。

如果第一晚刀死了猎人，则要看猎人的枪法如何了。如果猎人不开枪或者带走了一张民牌的话，那么对于狼队来说属于一个小优势开局；如果猎人带走了预言家或者其他神牌的话，则狼队开局就将建立比较大的优势，狼刀在先，后面的主要工作就是抿双药女巫和白痴了。但是如果猎人带走了狼人，则狼队将会陷入一定程度上的劣势。

如果第一晚刀死了白痴，对于狼队来说将是一个比较优势的开局，甚至有时比首刀死预言家优势更大。这是因为白痴和预言家一样占据了一个神位，但是白痴是需要狼队去找的，而预言家是已经自己跳出来了的。如果首刀了预言家，狼队要去找的是女巫、猎人和白痴三神，而首刀了白痴，狼队只要去找女巫和猎人两神就行了。而且，白痴的出局也不会对悍跳狼的悍跳产生影响，悍跳狼依旧可以在白天试图抗推真预言家。

如果第一晚刀死了一个民，则对于狼队来说会有些轻微的不利。这是因为就算狼队第二晚刀了双药女巫闷掉了解药，第一刀刀民第二刀刀神也相当于刀歪了一刀，容错值 −1，这和解药本身的功能容错值 −1 并没有太大的区别。狼队会减少一个抗推位，但是人数占比从 1/3 提升到了 4/11，冲票能力有稍许加强。

综上所述，狼队首刀不同的身份牌、刀死了还是被救了都会各自演变出不同的开局。关于这些开局，我们将会在稍后的章节中进行更加详细的分析。其中每一种开局的特点都是狼人杀进阶玩家所需要充分熟悉的。

第二章　狼人首刀思路

在不考虑自刀的情况下，狼人首刀可以考虑的对象是：

（1）挂相杀。与预言家可以找摸牌状态不好的牌去验一样，狼人也可以选择摸牌状态不同寻常，同时又不在自己狼队里的牌去落刀，这样的话更加容易首刀中神牌。挂相杀是面杀中最为主要的首刀理由，面杀高手的首刀女巫命中率可以达到30%甚至更高。

（2）夹杀。指首刀两张狼牌之间的一张好人牌，这样带来的好处就是有时能够让两张狼牌的位置连在一起，使得狼队的发言更加紧凑，方便有时候进行连续的掰票或者互踩做身份等战术配合。（当然夹杀的意义其实不大，面杀还是应该以首刀女巫为重，哪里最像女巫就往哪里落刀，不必考虑太多位置上的事情。）

（3）跳刀。跳刀指杀狼人身边间隔的第二个好人，让第一天被杀的玩家身边没有狼人。当场上的好人发现狼队喜欢夹杀的时候，可以用跳刀打一个反逻辑，污蔑被首刀玩家身边的两张好人牌的身份。

（4）杀高配。指选择首刀场上一张不在狼队内的高配好人玩家，如果女巫未救可以让好人阵营的整体分析能力下降，使得狼队更难被识破。同时高配玩家有自刀史，银水可信度会比较低，狼队可以去污蔑高配玩家是自刀狼。不过为了场上高配玩家的游戏体验以及全场游戏的质量考虑，首刀高配并不是值得提倡的一种刀法，另外有时高配玩家拿了银水提供好的身份也很可能会迅速掌控全场。

第三章　狼人夜间格式

1. 狼队首夜需要交流的内容

对于狼队来说，在首夜就要进行沟通，并确定本局游戏的战术打法，如果是在网杀局中狼队可以直接通过语音来进行交流，在面杀局中狼队则需要通过战术手势来进行沟通，关于战术手势的内容可以参见速查手册中的狼队夜间战术手势部分。

作为狼人，一定要记住四张狼人牌是一个团队，要有分工合作，从全局出发进行战术布局。一方面有的时候狼队要打出比较复杂的格式来烘托悍跳狼的身份，而另一方面有时候也需要牺牲掉一两张狼人牌来做好剩下队友的身份。

一般而言首夜狼队需要沟通的内容包括以下几点：

（1）本局游戏是打对跳局、怂狼局还是生推局。

（2）哪几张牌像神，其中哪张牌最像女巫，首夜应该刀谁。

（3）如果要悍跳，安排谁去悍跳，悍跳狼准备怎么报验人信息。

（4）其他三张狼人牌应该执行怎样的战术来配合悍跳狼。

（5）哪几张狼人牌上警发言，哪几张狼人牌在警下投票。

（6）上警的狼人牌要进行怎样的配合来互做身份。

狼人阵营最大的优势就是狼人的团队性，狼人会有一个总的战术布局，每个狼人在这个战术布局中都应该有着自己的任务，然后在白天的执行中根据情况及时进行适当的调整，在夜间一起开会进行沟通。从战术角度上讲，诸如狼查杀狼、阴阳倒钩等战术可以在开局时就进行布置，在第一天白天有序执行就可以了。而从格式角度上讲，狼人首夜的夜间格式主要涉及的是警上格式，毕竟警上的剧情还是相对可控的，狼人配合起来也比较方便，而到了警下剧情变数很多，需要场上的四张狼人牌根据情况灵活应变。

2. 狼队关于警上警下的布局

我们要明确的是，狼队作为狼人杀中利用信息优势布局和试图控场的一方，非常重要的一点就是要对局势有着尽可能强的掌控力，而警上警下安排的狼人的数量，就分别代表了狼队对于警上和警下的掌控力。警上的掌控力在于剧情，也就是说，越多狼人上警，警上狼队的视野也就越清晰，也越有可能通过警上行为互做身份以及打煽动。所以，上警的狼人越多，警上的剧情就越有可能在狼队的掌控之中。而警下的控制力在于投票，警下有越多的狼人可以投票，那么投票的结果就越有可能在狼队的掌控之中。如何安排狼队四狼在警上警下的分布就相当于如何分配狼队对于警上和警下的掌控力度。

一种比较常见的分配是警上警下各两狼，警上一张狼人牌进行悍跳，一张补位狼牌则看情况选择做身份、给压力抿神、后置位补位悍跳或者帮悍跳狼打煽动等操作。警下两张狼牌则根据夜里的战术安排以及白天警上的剧情灵活地选择是给悍跳狼队友冲票、弃票还是倒冲投给真预言家。

第四章　狼人自刀战术

稍后我们会借助博弈论知识详尽地阐述女巫解药与狼人自刀之间的博弈。而在这一章中，让我们先来考察一下狼队的首夜自刀战术。首夜自刀属于狼队的一种特殊战术，一般分为两种，一种是深水狼自刀，一种是悍跳狼自刀。

1. 深水狼自刀

我们首先来介绍深水狼自刀。深水狼自刀也就是所谓的"自刀不上警"打法（当然其实深水狼也可以上警）。在自刀不上警战术中，狼队期望的是自刀狼能够被女巫救下做成一只银水金刚狼，自刀的狼人甚至经常伪装到底，从一开始就选择站边真预言家去打倒钩，在前期通过牺牲狼队友来搅乱局势，吸引好人的注意力，凭借银水身份和从一开局就站对边的良好行为来把自己做成一张没有办法被放逐的金刚狼，争取在游戏中后期抗推好人，为狼队实现逆转。

一般而言，深水自刀狼会留在警下以避免成为焦点牌，比较适合由发言阳光、风格稳健而不高调的玩家担任，历史游戏形象较好者更佳。（自己形象不好的话可以去刀队友。）自刀战术需要结合场上女巫的首救率以及玩家们对银水的信任度来综合考虑。而这一战术的风险则在于女巫可能首夜不使用解药，这样的话狼队就会直接陷入容错值（-2）的劣势开局之中，并且由于自刀狼没有悍跳预言家，因此死后能够为狼队所做的贡献也比较少。另外，其实在目前的大多数对局中，女巫会选择使用较高的首救率和较低的银水信赖度来应对自刀战术，也就是说，女巫一般而言会开药解救，但是女巫以及场上的其他玩家都还是会对银水保持一定程度的怀疑，如果银水狼聊得不好，甚至有可能在被识破了身份之后又被女巫毒杀。

顺带再提一个更加脏的操作技巧，这是一个我在某场狼人杀比赛中临场想出来的打法。当时用出来以后效果非常不错。自刀狼可以故意挂相（但是不能主动聊爆）来引诱状态流的好人玩家踩自己，这样就相当于让好人玩家帮狼队来踩银水找女巫，在女巫的视野里，这些强行用状态来踩银水的玩家大有可能是故意踩银水来找女巫的狼人牌，他们可能就会被女巫毒杀。而等到女巫起跳发了自刀狼银水之后，自刀狼就可以站起来反打这些踩自己的好人牌了。

之前所说的深水狼自刀，都是在说倒钩打法，其实自刀狼也并不是不可以选择冲锋，如果自刀狼冲锋的话，因为身披银水，会让悍跳狼的团队比较干净，搭配狼队友的阴阳倒钩女巫战术效果更佳。

不过话说回来，如果自刀狼不幸地没有被救起，那么在这样的情况下自刀狼能够从以下几个方面为狼队带来收益从而进行弥补：

（1）好人们并不会把第一晚死去的自刀狼盘进狼坑，也就是说在这种情况下预言家可能会盘不齐狼坑，或者把好人打进狼坑。

（2）自刀狼可能恰巧会被真预言家查杀，从而使得狼队可以以此抗推真预言家。

（3）自刀狼可以在出局的时候认一张神牌走，从而压制该神牌的操作空间，比如白痴、守卫，这也算是帮狼队挽回一些劣势吧。

（4）因为大多数情况下首夜单死倒牌的都是好人，因此自刀狼在说遗言时可以选

择帮自己的悍跳狼队友强势拉票。

（5）当然自刀狼也可以认一张神牌走，然后阴阳倒钩真预言家，这样在那张神牌的视野里，可能就会觉得这是自刀狼在帮悍跳狼（其实是真预言家）队友号票。

与自刀悍跳不同，悍跳狼自刀没被救也有很大的机会可以顺势抗推真预言家，风险相对较小，而深水狼自刀一旦没有被救，很难为狼队挽回足够的劣势，因此属于风险相对较大的一种自刀战术。

接下来就让我们来聊聊悍跳狼自刀战术。

2. 悍跳狼自刀

我们首先分析自刀被救的情况。其实在自刀被救的情况下，悍跳狼的悍跳基本和平时一般情况下的悍跳并没有什么区别，而相对于平时悍跳的优势在于悍跳狼是女巫的银水，一方面更有可能博取女巫的信任，而另一方面也方便了狼队从站边中寻找吃了信息的女巫。当然这两个优势也并不是一直成立的，一般经验丰富的女巫救人归救人，但即使银水跳了预言家也不会轻易就相信。甚至女巫也有可能在白天就识破了悍跳狼的自刀战术，从而反向站边真预言家隐藏身份。在这种情况下，狼队如果安排阴阳倒钩与自刀悍跳战术搭配打一套组合拳，悍跳狼将会更加容易博取到女巫的信任。

而自刀没被救的悍跳狼其整个操作思路都是与首夜被刀死的预言家相似的，核心思路无非就是争取到好人的信任，将真预言家或悍跳狼放逐出局。关于这一方面的内容，可以参考后文中的预言家被首刀而死时的操作分析。值得一提的是，在首夜和首日，真预言家和悍跳狼一换一的情况下，这种开局对于狼队来说，其实是稍稍有利的，这是因为此时狼队已经掭了一个白天的身份了，如果这样第二晚还是刀不中双药女巫，就属于是狼队一个比较大的失误了。总体而言，自刀悍跳要承担的风险就是悍跳狼不但没有被救还得不到好人的信任，而收益则在于能够提升好人尤其是女巫心目中悍跳狼的可信度；就算自刀没被救，在白天抗推了真预言家对于狼队来说也是一个不错的开局。

在实战中我们比较建议自刀狼悍跳的时候发金水，选择发金水是因为：①发金水可以直接在第一天去抗推真预言家，而发查杀的话就要"有查杀先出查杀"，好人阵营除了真假两个预言家之外，还会多一个查杀牌来作为逻辑基点。给好人阵营越多的逻辑基点，狼队的战术就越有可能会暴露。一旦悍跳狼查杀到了猎人、白痴甚至是救了自刀狼的女巫（农夫与蛇的故事正在上演），又或者是被查杀的好人牌状态极好，那么悍跳狼的自刀战术很有可能就会暴露。也就是说，自刀悍跳发查杀会使得局势变得更加复杂，要有狼队的掌控。②可以发狼队友一张金水，就算悍跳狼自刀而死，也有可能能够保下一张金刚狼。③悍跳狼也可以冒着更大的风险去给好人

发一张金水，这么做的话，一方面真预言家可能会觉得金水是悍跳狼的狼队友而把这张好人牌打入狼坑；另一方面好人金水也可能会觉得不可能会有狼人自刀来给一个好人发金水，所以站边悍跳狼。因此，如果自刀狼悍跳要给好人发金水的话，应该尽量发给大概率是神的位置，以便挑起神牌之间的矛盾以及给狼队留下足够的抗推位。

自刀战术属于狼队一种比较特殊的战术，它是一把双刃剑，运用得好可以为狼队争取到可观的优势，而运用不好则可能会让狼队陷入非常不利的境地。因此，自刀战术需要狼队有比较强的战术素养才得以有效实施。在高端面杀局中，狼人的自刀率其实并不是非常高，这是由以下三个原因导致的：一是狼队的首刀女巫率很高，并以能够首刀到女巫为荣，在能够追求首刀女巫的情况下，狼队没有必要去自刀；二是因为面杀局中的玩家更加相信的是自己的抿人，区区一个银水并不能增加太多的可信度；三是有的时候女巫判断被首刀的玩家其状态不太像是一张神牌时可能会选择不救。

第五章 预言家首验思路

在游戏的第一个夜晚，预言家首验可以考虑的验人有：①身边牌。验身边牌的好处就在于如果验出来是一张金水，在拿到警徽后预言家可以让金水在末置位发言帮忙总结信息。而如果验出来是一张查杀，则可以在拿到警徽后让他第一个发言以免他在后置位强势穿起神的衣服。②首刀保护牌或者因为其他原因本局不太可能吃首刀的牌。这是为了防止狼人刀中预言家所验的人，导致同刀同验浪费验人信息（女巫没救的话，预言家就成了验尸官；救了的话，金水银水叠加成了"金银花露水"也是一种浪费）。③有带队能力的牌。这样的话如果验出是金水，死后可以让金水带队，就算验出是查杀也可以早早把这张牌拉上焦点牌，防止他在游戏后期带队煽动。④挂相牌。如果希望开局就验出一张查杀的预言家可以去验在摸牌阶段状态就像狼的玩家，这样验出查杀的概率很高。不过如果开局就抿出某张牌大概率是狼人的话，可以直接先把这张牌默认为狼人来打，开局给点压力试试弹性，确认一下是不是狼人就行了，而不用浪费一个验人机会去确认。⑤上警率高的玩家。如果验出来是一张金水牌的话，金水牌如果在警上后置位发言，预言家在前置位给后置位金水牌发金水，能够提升自己的可信度。因为狼人担心往警后发金水发中真预言家被真预言家反水立警，所以一般不太敢往警后发金水。⑥不太会悍跳的玩家。如果验出一张查杀牌结果查杀牌起跳了，相当于预言家少了一天的验人信息，验不太会悍跳的玩家会减少这种不利的可能。⑦东钩派玩家。有一类玩家非常善于倒钩，江湖人称"东钩派"，不论是倒钩真预言家做身份，还是阴阳倒钩、旋风倒钩、螺旋花式倒钩，他们都能玩得炉火纯青。面对这类玩家，预言家不妨直接定义其身份。⑧不熟悉的人。熟人因为了解所以比较好判断身份，不熟悉的玩家因为预言家没有他们的历史数据库，所以判断他们的身份没有像判断熟人那么准确，所以可以考虑直接验掉。

另外不建议首验的牌有以下几种：①高配不倒钩牌。有一类高配牌站边能力极强，很少站错边，而在当狼人的时候又因为自身煽动能力极强而更喜欢打冲锋。对于这样的玩家，其实预言家在前期是不用浪费一验的，可以直接根据"我是真预言家，而你作为一张高配牌如果没站边我，那么你大概率就是冲锋狼。"以这样的思路去定义这类的高配牌的身份（俗称配置绑架）。②容易吃首刀的牌。以防同刀同验浪费验人机会。③废金水牌。预言家验出金水是希望金水能够帮忙一起带队和分析局势的，而有一类玩家一接到金水就喜欢乱玩，又或者本身没有什么带队能力，也就是所谓的废金水。这样的牌让他们自生自灭就好了，首验了也不会对局势有什么帮助，是没有被首验的价值的。④好人、狼人状态差别较大的牌。这样的玩家人狼状态没有统一，很容易就会被抿出身份，可以靠抿解决的问题没有必要去验。⑤反水怪。接到金水一言不合就反水的玩家，一旦真预言家被金水反水，压力就会直线上升。

总的来说，预言家的首验思路主要是两点：一是信息最大化，去验能够带来最大信息量的牌；二是考虑被验对象如果是金水牌的话能够为局势带来多少帮助。去验是金水能够给预言家带来最大帮助的牌。

第六章　预言家首验分析

我们首先来看这么一个例子，假设现在有三张未知身份牌，我们知道其中有两张好人牌和一张狼人牌，那么要验几次才能获悉这三个人的身份好坏？我们很容易就能发现如果验出查杀的话，那么剩下两张牌自然都是好人牌，验一次人即可确定三张牌的身份。但是如果第一次验出的是金水的话，还是无法确定剩下两张牌里哪张是好人，哪张是狼人，因此还需要再多验一次才能得知。我们很容易就会发现，从信息增量最大化的角度考虑，预言家尽可能地争取去验出未知身份中数量较少的那一种身份是信息收益比较高的选择。

游戏一开始对于预言家来说有十一个未知身份，其中有四张狼人牌，七张好人牌。狼人是场上数量较少的一种身份，因此从信息增量最大化的角度考虑，预言家应该尽量追求验出查杀。预言家如果首验验出查杀的话，只要不是正好验到了悍跳狼，那么预言家开局就能够知道查杀狼和悍跳狼两张狼人牌，获取到非常巨大的信息量。

总的来说，大多数情况下场上的未知身份中总是好人多于狼人，预言家应该尽

·进阶卷·

量追求去验出查杀。除非通过为夜里倒牌、女巫和银水、猎人和白痴、状态和逻辑等因素判断出未知身份中狼人多于好人,那么预言家才应该朝着更有可能出好人的方向去验。另外一种比较值得注意的情况是,当出现验掉一张焦点牌就可以定义掉其他几张牌的身份,达到验一知多的效果时,预言家应该优先去验焦点牌。

下面我们来分析一下预言家首夜验出金水或查杀各自的利弊以及打法的区别。

预言家首验金水的话,如果金水正好在警上后置位,真预言家往警后发金水能够抬高自己的身份,更加容易拿到警徽。而且在验出金水的情况下,预言家也可以让金水帮忙分析局势和修改警徽流,自己死后也可以让金水带队。如果预言家不是本场玩家里的高配,一般建议预言家去首验水平比自己高的玩家,这样如果验出是金水的话,不但不容易被反水,高配金水所能帮到预言家的地方也会有很多。当然,首验金水也是有弊端的,一方面是金水的力度稍弱于查杀(确实预言家验出金水的概率比查杀更大,但是要对比的应该是悍跳狼起跳时发金水的概率),而另一方面,金水反水的力度是很大的,一旦自己的金水站错了边,其他好人也很容易就会顺势跟着金水一起站边悍跳狼。("金水反水,金水背锅"这样的从众心态。)

如果预言家首验出了金水,那么警徽流可以考虑往焦点牌里验,这样可以尽量定义更多的未知身份,缩小狼队后期抗推好人牌的空间。其实在预女猎白十二人标准局中,狼坑是非常紧凑的,一般第一天就可以定义半数以上的身份了,只要预言家通过警徽流把最后几个身份模糊的玩家确认一下,剩下的狼坑就很好排了。

对于预言家来说,第二验是非常重要的,验出一个好人只知道了这一个人是好人或者是验出一只狼人只知道了这一个人是狼人,这些对于第二验来说都是失败的验人,好的验人起码要做到验一知三,给出一个验人就能定义三个人的身份,这样才能算是一个真正成功的验人。

顺带提一下预言家的金水是神还是民各自有什么区别。

由于神牌具有唯一性,需要时可以拍身份自证,所以金水是民更加有利于减少狼队的抗推位,缩减狼人的生存空间。而如果金水是神的话,作为金水就不需要聊自己的身份了,这会有利于这张神牌藏住自己的身份。

而真预言家如果首验到查杀的话,被查杀的狼人加上悍跳狼,对于真预言家来说一下子就找出了两张狼人牌,视野一下子就会变得非常清晰,而且查杀的力度是比较大的,可以给好人阵营多一个逻辑基点(即A、B对跳预言家,A查杀C。A状态好像真预言家＝C出局;B状态不好像悍跳狼＝C出局;C状态不好像狼人＝C出局)。即使被查杀的狼人就是悍跳狼,只要真预言家在警上前置位查杀到悍跳狼,依旧可以在对跳中占得先机。当然相应的缺点就是在小概率情况下,被查杀的狼人会在前置位先起跳,这样的话真预言家在后置位报前置位的悍跳狼一张查杀力度就比较小

了。而且在验出查杀的情况下，就算第一天白天放逐了查杀，第二晚如果悍跳狼还想再通过辩论试图抗推掉预言家的话，就还是不会刀预言家，这时预言家还可以再多验一晚的人。当然，预言家验出查杀的弊端就在于直接给了被查杀的狼人打冲锋的理由，同时其他两张狼人牌较正常情况也会打得更加悍一些，更加有可能会和狼队友一起冲票。

如果第一晚就验出了查杀，之后真预言家的验人方向就非常地简单了，那就是尽可能地往狼人概率大的方向去验。在第一天已经找到悍跳狼和查杀狼的情况下，第二晚只要能够再验出一张狼人，狼队就会处于几乎完全暴露的状态中，这对于好人玩家判断局势会非常地有利。

第七章　女巫首夜是否应该使用解药

这一章我们先说结论——女巫牌应该根据游戏环境和个人风格保持一个相对稳定的首救率，在面杀中还需要结合摸牌时对被首刀玩家的身份判断以及该玩家的历史自刀率来综合进行考虑。

下面我们来展开分析，首先我们列一张表（表3）来展现女巫是否使用解药与狼人是否自刀对容错的影响。

表3　不同情况下容错值变化

容错值	女巫首夜使用解药	女巫首夜不使用解药
狼人自刀	-1	-2
狼人刀中好人	-1	0

对于女巫来说，只要使用解药，不论是狼人自刀还是刀中好人，容错值都会稳定地变为-1，可以开局就为好人阵营抢得先手，属于一种比较稳妥的做法。而如果女巫不使用解药的话，大概率会是容错值保持为（0），好人阵营被刀死一张牌，女巫保留解药进入第一天白天。其中，如果被首刀的是预言家或者白痴，则略微不利于好人阵营；如果被首刀的是平民，则略微有利于好人阵营；如果是猎人被首刀，则要看猎人的枪法了，局势可能会演变出从好人阵营占据中等程度的优势（带走狼人）到好人阵营直接交牌（带走女巫）等一系列的情况。另外有小概率情况是狼人自刀，容错值变为（-2），好人阵营直接在开局时就拥有了中等程度的优势。我们会发现在首夜无论女巫是用还是不用解药，对于好人阵营来说都是可以选择的打法。使用解药的话就是最常见的平安夜开局，相对稳妥，而不使用解药的话局势将会变得比较复杂，可能会产生很多种不同的结果。

为了更好地理解"首夜女巫用解药/不用解药与狼人自刀/不自刀",以及之后进阶板子中还会出现的"第二夜守卫守/不守预言家与狼人刀/不刀预言家"等博弈,下面我们进入长尾的博弈论小课堂,初步了解一些关于博弈论的基础知识。如果有狼友对博弈论感兴趣,可以自学作进一步的了解,而如果理解上有困难的话也可以跳过博弈论的部分直接看结论。首先我们从纳什平衡开始讲。

纳什平衡是博弈论中非常重要的一个概念,以后还会经常地使用到。所谓纳什平衡是一种策略组合,使得同一时间内每个参与人的策略是对其他参与人策略的最优反应。简单来说就是当一个平衡达成时,没有任何一方可以独自行动而增加收益。

如果概念太抽象的话,那我们就举一个例子吧。现在有 A 和 B 两个小朋友一起分 100 颗糖果,他们每个人都想分到尽可能多的糖果,老师规定让 A 把这 100 颗糖果分成两份,由 B 先选走其中一份,A 拿走剩下那一份。因为 A 知道如果把糖果分成数目不等的两份,比如 60 颗和 40 颗,B 一定会选走数目较大的那一份,也就是 60 颗,这样 A 就只能拿到 40 颗糖了,所以 A 会把糖果分成 50 颗和 50 颗,而此时对于 B 来说选走任意一份糖果都没有任何区别,所以最后形成的纳什平衡就是 A 把糖果分成相同的两份,A、B 各拿走 50 颗糖果。此时两份糖果都是 50 颗,B 单独改变决策选另一份糖果也无法让自己分到更多的糖果,A 如果重新分配两份糖果的数量只会让自己拿到更少的糖果,A、B 这两个决策参与者都无法独自改变策略而增加收益,此时的情况便处于纳什平衡。

纳什平衡可以分成两类:纯策略纳什平衡和混合策略纳什平衡。想要知道何谓纯策略纳什平衡和混合策略纳什平衡,我们首先就要了解什么是纯策略和混合策略。

简单而言,参与者只作出一个选择并始终坚持这个选择,是纯策略。而参与者使他的策略随机化,对每项选择都制定一个概率,按照概率来作出选择,是混合策略。举一个例子,"石头剪刀布",如果一个人选择只出石头,那么他在玩的就是纯策略,而如果一个人选择以各三分之一的概率随机地出石头、剪刀和布,那么他在玩的就是混合策略。

并不是每个博弈都像分糖果一样会有纯策略纳什平衡,比如"石头剪刀布"就不存在纯策略纳什平衡的博弈。任何一次猜拳,当双方都知道了对方出的是什么之后,至少有一方能够通过改变自己的策略来获得更大的收益,比如 A 和 B 猜拳,A 出石头,B 出剪刀,B 就会想要改成出布,A、B 都出石头的时候,A、B 都想改出布。不过,"石头剪刀布"虽然不存在纯策略纳什平衡,但是却存在着混合策略纳什平衡。在重复的多次博弈中,"石头剪刀布"的混合策略纳什平衡就是三分之一的概率出石头,三分之一的概率出剪刀和三分之一的概率出布。

博弈论小课堂讲完了,我们回到"首夜女巫用解药/不用解药与狼人自刀/不自刀"

的博弈中来。

在解药与自刀的博弈中，在点（自刀，救）女巫选择不救是更加优势的策略，改变策略能够使容错从（-1）变成（-2）并节省下一瓶解药；在点（自刀，不救）狼人选择不自刀是更加优势的策略，改变策略能够使容错从（-2）变成（0）；在点（不自刀，救）狼人选择自刀是更加优势的策略，虽然容错都是（-1），但是能做成银水狼博取好人的信任；在点（不自刀，不救）女巫改变策略选择救可以发挥出解药的作用，将容错从（0）变成（-1），在无法获悉被刀的是神还是民的情况下，一般而言这是更加优势的策略。

通过博弈论的分析，我们就会发现，虽然在解药与自刀的博弈中不存在纯策略纳什平衡，但是却存在着混合策略纳什平衡，也就是在长期博弈中，女巫会在首夜根据游戏环境保持一个稳定的首救率，根据首救率随机地决定救不救人，而狼人在首夜根据游戏环境保持一个稳定的自刀率。

通过实际观察我们也会发现，在持续的多局狼人杀博弈中，如果狼人发现场子里的女巫首救率特别高，就会更多地选择首夜自刀策略，而当女巫发现场子里狼人自刀率升高时，就会降低自己的首救率。最终在女巫与狼人的重复博弈中，双方都会各自形成一个相对稳定的首救率和自刀率，实现混合策略纳什平衡。

在网杀的大数据中，上述混合策略纳什平衡在重复的大量对局中得到了非常好的体现。而在面杀中，因为玩家可以在摸牌阶段报身份，所以情况就会变得更加复杂，需要考虑更多的因素。这个时候对于女巫来说，非常重要的一点就是摸牌阶段对于被首刀玩家的身份定义。首先，被首刀的玩家在摸牌时的挂相是怎么样的，他的挂相是否有理由被狼队当作是一张女巫牌，如果有的话，则好人面很高，如果没有的话，则需要考虑一下是不是有可能狼队在打自刀战术了。其次，网杀中经常是每局游戏会随机遇到不同的玩家，玩家流动性极强，而在面杀中，经常是同一群人一直在一起玩，这个时候就可以根据场上玩家的历史数据库，看看这个场子里的平均自刀率高不高以及这位玩家自身的自刀率高不高。

另外，之前我们已经初步探讨过，第一晚被刀的玩家是民还是神，会对女巫产生比较大的影响。

如果被首刀的是一张平民牌，则女巫不救也无妨，这是因为从轮次上讲，即使女巫第二晚被刀解药被闷，狼队前两刀第一刀是民第二刀是神，也就相当于浪费了一刀，容错值 -1。这与女巫的解药其本身的功能，即抵消一个狼刀使得容错值 -1 并没有什么太大的区别。对于场上的局势来说，唯一的区别就是少了一个平民，其好处是排了一个水，缩减了狼队的生存空间，而坏处有二，一是稍微增加了狼队的冲票能力；二是如果狼队之后抗推一民，其容错收益将会从（+1）变成（+2）。如果女巫

第一晚没有开解药,其可能的收益是如果第一天成功藏住了身份,第二晚没有被狼人刀到,则将为好人阵营取得一定的优势。

而要是被首刀的是一张神牌,比如预言家和白痴,如果女巫没救,则女巫将会陷入比较被动的局面,一旦女巫第二晚被刀则解药就相当于完全被浪费了,狼队前两刀第一刀是神第二刀还是神,因此并没有亏刀。如果第一晚被刀的是猎人的话,那就要看猎人的枪法了。

因此,在面杀局中,女巫需要对被首刀玩家的身份有一个初步的判定,如果挀他是民及民以下的身份,就可以考虑不救,这样如果他是自刀狼的话,好人阵营就会获得很大的优势,即使他仅是民的话影响也不大。但如果挀他有可能是一张神牌的话,那么还是救一下吧。

这些其实已经离普通狼人杀玩家的世界很遥远了。实际上,网杀局中完全没有这么多摸牌时身份判断上的事情,而在普通的面杀局中也很难有玩家真正能够做到凭借挀人信息和这套方法论来作出决策,以此为己方阵营争取优势。

好了,那么接下来,言归正传,让我们从普通对局的角度来具体地思考一下女巫首夜开药和女巫首夜不开药对于好人阵营而言各自有什么利弊吧。

女巫首夜用解药的优势在于:①因为女巫不能自救,这使得带着解药的女巫必须更加谨慎以免被狼人挀出身份闷掉解药。而使用过解药的女巫则相当于打开了自己身上的枷锁,在必要时可以跳明身份起来带队,操作明显会变得更加灵活。在预言家第一天跳出来为好人阵营带队之后,单毒女巫是第二个可以在第一天就跳出来带队的神牌,起跳之后女巫可以直接报出银水协助排水,理清局势。在有一定判断的情况下单毒女巫要敢于站边,带队投票甚至是带毒威胁出掉自己心目中的悍跳狼。②女巫可以在第一天就获取额外的银水信息,银水有着独特的作用,有效利用银水可以拓宽女巫的操作空间。一个银水信息虽然比不上一个验人信息,但是有时候操作得好反而可以带来更大的收益。③中低配女巫在参加高端面杀局时,尤其应该在第一天直接使用解药,这是因为中低配女巫在高端局中没有被首刀已经是侥幸,如果首夜没有使用解药,这瓶解药就几乎用不出来了。④其实被首刀的玩家游戏体验是比较差的,经常只能看个警上剧情,然后发表了遗言就要等上可能半个小时到一个小时的时间才能开始下一把,首救可以照顾一下其他玩家的游戏体验。

而女巫首夜用解药的劣势在于:①如果场子里女巫的首救率过高的话,一方面狼人更可能会自刀骗药,另一方面也会有狼人敢于警上就悍跳女巫,报平安夜给自己增加可信度。②女巫没有解药留着救预言家了,狼队爆刀预言家打生推的成本会变低。③没有解药会让预言家少报一晚的验人信息。当然,在高端面杀局中这一点并不算太重要,原因有二,一是高端局中的逻辑原点不单单是预言家,好人玩家仅听

发言、看面相找狼的能力都非常地强，并不是很需要依靠预言家来验；二是高端局中的狼人杀就是一轮杀，一推定胜负，只要第一天误推了一个好人（除了猎人以及需要补刀的白痴外），狼刀反先，狼队报齐所有身份就可以拍刀获胜。

女巫首夜不用解药的优势在于：①像之前所论述的那样，如果狼队第一晚误刀了一张平民牌，则女巫就不需要担心自己第二晚被闷解药而导致好人阵营亏轮次了。相反如果女巫成功藏住了身份，则有可能为好人阵营抢到一定程度的优势。②在狼人自刀骗药时，不使用解药会让狼人自刀而死，狼队将会立即陷入容错值（-2）的劣势之中。③预言家越到后期，验人越有针对性，价值也就越大，保预言家多验一天可以有效防止好人阵营在游戏中后期推错人。其实预言家的验人信息是否有价值主要还是要看真预言家能否坐实以及真预言家的验人水平，要是真预言家第一天就被抗推出局的话，所谓的留解药救预言家也就没有了意义。④留解药能够给狼队的悍跳带来更大的压力，一旦悍跳狼没有跳赢真预言家，狼队就必须在第二夜赌刀女巫，并试图在第二天继续抗推真预言家。要是狼队抗推不掉真预言家又赌刀不中女巫的话基本上就会直接崩盘。⑤第一晚不用解药的话，女巫就可以直接盲毒掉开局时报出来的狼人了。当然，这么做的前提是女巫能够毒对狼人且确定被首刀的是一个民及民以下的身份。

女巫首夜不用解药的劣势在于：①女巫的两瓶药不能在同一晚使用，因此至少需要两晚才能将两瓶药都使用掉。因为正常情况是先用解药后用毒药，如果女巫带着双药进入第一天的话，毒药会显得有延迟而不够灵活。就比如有时女巫在第一天白天发现了一只狼人，而第二晚需要先用解药救人，就无法毒杀狼人，结果第二天白天该狼人自爆了，女巫就会错失一次毒杀狼人的机会。②预言家可能会在第一天就被刀中，只能报出一个验人信息，这不但与原本所期望的三个验人信息相去甚远，而且女巫还有可能在第二晚吃刀导致解药被浪费。③双药女巫很容易就会在第二晚吃刀，被闷掉解药。如果被首刀的是白痴或者预言家，又或者是被首刀的猎人开枪没有带到狼人的话，好人阵营将会陷入劣势。④第一晚如果被刀的是猎人，同样可能会因为猎人错误的一枪而使得局势陷入不利。作为好人阵营最核心的一张神牌，女巫应该尽可能地将局势掌握在自己的手上，加上双药女巫第一天操作空间本来就小于单毒女巫，女巫第一晚不使用解药会增加局势对于女巫而言的不可控程度。⑤即使女巫第一晚怕被骗药而不用解药，第二晚同样还是要担心狼人会自刀骗药，其实狼人真的要骗药让他骗到了也无所谓，女巫对于银水依旧保持一些警惕就行了。在目前游戏节奏越来越紧凑的环境下，第一晚不用药的女巫对于抢轮次来说实在是太慢了。甚至可能在决胜的关键时刻虽然毒中了最后一狼，却因为"狼刀在先，毒药在后"的判定而让狼队取胜，而且游戏越到后期，女巫的生存空间也就越小，对

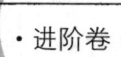

·进阶卷·

于大多数对局来说，女巫还不如第一晚用掉解药之后直接阳光起跳带队。

通过之前的分析，我们看到首夜女巫解药使用与否都各有利弊，具体在某一局游戏中是否应该在首夜使用解药需要结合很多信息具体进行分析，比如被首刀玩家的历史自刀率、整个大环境里的狼人自刀率、被首刀的玩家有没有吃首刀的理由、被首刀的玩家摸牌时的状态、女巫个人的游戏习惯与风格等。虽然这里不能给出一个确定的最优结论，但是有一点是肯定的，就是每一位玩家都应该有一个稳定的首救率，不能永远首夜救人或者永远首夜不救人，这种习惯本身就是一种会透露给狼人的信息，就比如一位喜欢永远不首救的女巫在一个习惯首救的场子里，很容易就被狼人根据第一天不是平安夜这一信息判断出女巫的身份。具体的首救率应该如何选择还需要结合游戏环境来综合进行考虑，建议新手玩家一开始先保持90%左右的首救率，再根据游戏环境进行进一步的调整。

狼人杀中的各种概率，比如自刀率、首救率、上警率、悍跳率等，还有好人与狼人、平民与神民之间状态的调整，都是为了在长期博弈中做到形象的平衡，其背后的道理和德州扑克中的范围平衡有着异曲同工之妙。之所以要平衡我们的形象，是因为在游戏中场上的其他玩家会根据我们的历史数据库对我们进行分析，如果我们没有在对局中通过平衡我们自己的形象来进行防御，暴露了我们打法中的规律，场上的其他玩家很容易就会注意到，并利用其中的破绽来判断我们的身份。举例而言，比如说只有拿到预言家才上警的玩家一旦上警一眼就会被看穿预言家的身份。

当然，形象的平衡只有在高端局中才更有意义。如果场上的其他玩家还没有能力注意到我们的习惯并建立起关于我们的历史数据库，又或者是没有能力通过历史数据库来判断我们的身份，则面对这些玩家时，形象的平衡就没有那么重要了，这种时候去平衡形象的那些操作也很可能都是对牛弹琴。更加深入的关于形象平衡的分析，我们会在之后的狼神卷中再做介绍。

第八章　女巫被首刀应该怎么办

之前我们已经说过，女巫被首刀对于好人阵营来说是一个劣势开局，而当女巫被刀时，女巫首先要考虑的就是用不用毒，如果不用毒，对于好人阵营来说就是中等程度的劣势开局。因为狼刀在先，狼人即使不悍跳也可以在第二天就刀死真预言家，这对于好人来说非常不利。但是如果盲毒的话，毒中平民或者其他神牌都会使局势陷入更加不利的地步乃至直接崩盘。

首先，我建议网杀中的女巫，以及面杀中捉人能力还没有达到一定水平的新手女巫不要盲毒，纯赌概率的盲毒其期望收益为负，这并不是一个明智的选择。

那么如果女巫要用毒的话，应该怎样选择目标呢？

（1）其实每一局面杀从摸牌时游戏就已经开始了，甚至可以说一局面杀从摸牌、看牌到闭眼，游戏已经完成了三分之一，因此每一位狼人杀玩家都要养成在摸牌阶段就开始挀人的好习惯。

（2）女巫可以优先毒杀在摸牌时就在挀自己身份的玩家、善于挀人喜欢主刀的玩家、坐在有利于观察自己表情位置上的玩家，因为更有可能是他们挀出了自己的女巫身份并进行了指刀。

（3）以下是饮料大神在视频中所传授的女巫找狼秘技：由于女巫是在狼人行动之后睁眼，所以在女巫睁眼之后可以去观察场上那些动作不自然的玩家，他们可能就是刚刚闭眼还没来得及摆好一个自然的姿势，只能用一个奇怪的姿势僵持的狼人。同时，如果还记得其他玩家入夜时的姿势的话，可以把入夜时的姿势与他们现在的姿势作对比，其中动作有较大变化的很可能就是狼人，比如说拿面具姿势变了的玩家，优先毒杀。当然，这些夜里看到的信息仅可以用于女巫自己作判断，是不能在发言中提及的，否则就算是聊场外。

如果女巫被首刀了，因为遗言时就可以以死自证，所以女巫可以在警上进行一些激进的操作来诈信息，比如女巫可以选择强势起跳预言家并表示绝不退水来混淆狼队的视线。一方面悍跳狼可能会觉得首刀了真预言家而选择不跳，而另一方面也可以以此来试探警上其他玩家的身份，来看看他们的视野是否像是吃了刀型的狼人视野。而且如果女巫留在警上不退水，还可以看票型，就算女巫抢到了警徽，死后也还是可以交还给真预言家的，只要最后遗言的时候把自己的这个操作以及相应的心路历程聊清楚就行了。

类似这样的操作还有很多，可以根据情况而定。而这一切无非都是因为女巫知道自己可以在公布死讯的时候立刻自证身份，所以可以在警上随意操作，哪怕在警上认狼都没关系。除了被首刀的女巫之外其他任何牌因为怕到了警下聊不清楚自己，都是没有办法这么玩的。所以被首刀的女巫可以说算是在警上操作空间最大的一张牌了，能够凭借一些激进操作来发挥一下自身的剩余价值，尽可能多地诈出一些信息，来为好人阵营做最后的一点贡献。

警长篇

· 进阶卷 ·

第一章　双线结构

在"入门卷"中，我们就曾经讲到过，狼人杀中有着两条核心主线——预言家和悍跳狼。其中预言家是好人阵营天生的领袖，也是全场好人逻辑的基点，而悍跳狼则是狼队中的头狼，也是全场游戏的布局者。可以说，预言家和悍跳狼是最能够体现狼人杀功底的两张牌，二者相结合就组合成了一局狼人杀中的双线结构。预言家和悍跳狼，永远是对跳局中第一天的两位主角，而二者谁能取得更多好人的信任也将直接关系到整局游戏的胜负。在之后的《警长篇》《首日篇》和《放逐篇》中，我们都将会以狼人杀中的双线结构作为核心，由此展开从预言家、狼队和其他好人三个视角来进行讨论。

预言家能够为好人阵营带来信息，但是本身抢不到轮次。信息和轮次是狼人杀中的两大核心概念，二者的关系很像是围棋中外势和实地的关系。然而，就像外势终究要转换为实地一样，狼人杀中的信息最终也要能够为己方阵营带来轮次上的优势。在新手越多的局里，预言家的价值也就越高，这是因为对于新手来说预言家是几乎唯一能够确定的信息源（新手局很少有狼人会悍跳），这也是为什么我们会看到在新手局中会有很多第一天不跳的预言家，以及只把解药留给预言家的女巫。而在高端局中预言家的价值就没有那么重要了，这是因为熟悉生推的高手都有能力从其他很多渠道获取信息，预言家的验人信息只是众多信息源之一，并没有什么大不了的。

在之后的章节中，我们将会多次提到预言家和悍跳狼其实是一体两面的关系，悍跳狼只有拥有了足够的真预言家经验，才能够模仿出足够真实的真预言家的心态和视野，而真预言家只有足够了解悍跳狼以及狼队的战术，才能够更加清晰地洞察狼队的战术布局。在真假预言家对跳的过程中，对于真预言家来说，其优势是真实，预言家要做的就是洞悉身份背后的真相，并用真相来说服场上的其他玩家。而对于悍跳狼来说，其优势是灵活，悍跳狼所需要做的是编造出一个足以取信于人的故事，从而可以见机行事灵活地决定战术。

其实在真正的顶配局中，由于好人玩家与狼人玩家对于场上玩家的身份判断都非常地快速而精准，因此顶配局中的狼人杀其实就是"一轮杀"，也就是说只需要玩第一天，一推定胜负。在最常见的平安夜开局中，第一天狼队只要成功抗推掉了一张好人牌（除了猎人和需要补刀的白痴之外），狼刀就在先了，此时场上的容错值是（+1），只要狼队刀法准确，就算女巫毒对了狼人，好人阵营也没有足够的轮次在狼队刀完边之前放逐出所有的狼人了。对于狼队来说，第一天抗推了预言家就是连拍三刀神（女巫、白痴、猎人）结束游戏，第一天抗推了平民，就是连拍三刀民结束

游戏。

可以说第一天的真假预言家对跳是整局狼人杀中好人阵营与狼队最为激烈的一次交锋。因此，我们的进阶卷也会将主要的精力放在讨论第一天的对抗之中，希望各位玩家读完之后能够对双线结构有更加清晰的认识。

第二章 警上人数与结构

一局狼人杀游戏中，警上警下人数的不同也会对这局游戏的逻辑产生一些非常重要的影响。我们可以将一局狼人杀中的十二位玩家直接分割成警上和警下两边，之后以人数较少的这一边作为出发点去找狼，然后以此为逻辑基点再去推敲另一边玩家的身份。一般而言，我们可以先按照经验去预估对跳局中警上、警下狼人的数量，比如警上 2～4 人时警上狼人与警下狼人的比例大概率为 1∶3，警上 5～7 人时大概率为 2∶2，警上 8～10 人时大概率为 3∶1，先以这个预估作为原点出发在警上、警下找狼，之后再视情况进行修正。这种思维方式之所以有效是因为在开局时以好人的视角要在十二个玩家中直接找到四个狼人是比较困难的，所以我们需要选择一个范围更小的切入点（当然，我们知道自己是一个好人，所以其实是在十一个人里面找四狼）。

举例而言，现在警上 6 人、警下 6 人，我们先根据经验预估警上、警下大概率各有两张狼人牌，之后警上出现了一对对跳的真假预言家，那么排除掉这两张牌，我们就能推测出警上剩下的四张牌里大概率还有一张狼人牌。于是，我们就将"从十二个人里面找四狼"这一相对复杂的问题切割成了三个比较简单的子问题（分治法）："从两个人里面找一狼"（真假预言家）、"从四个人里面找一狼"（警上剩下的四个人）和"从六个人里面找两狼"（警下）。当我们对问题进行了分治之后，局势也就清晰和简单了很多，这就是通过警上的人数和结构来找狼的方法。当然，这只是一种分析问题的思维方式，在实战中还需要对具体问题作具体分析，视情况作调整，四狼上警的战术也并不是没有。

下面，我们再具体地看看三种不同情况下的找狼思路。

（1）2～4 人上警：此时大概率是一狼上警，小概率是两狼上警，因此在出现了真假两个预言家对跳之后，警上剩下的玩家大概率就都是好人了。在警上我们除了要分辨真假两个预言家之外，如果还有其他玩家，我们还需要做的就是去考察警上另外的人与真假两个预言家之间有没有认识的痕迹，如果说某一个玩家与真假两个预言家都明显不认识的话，就可以把这个玩家确定为好人了。在定义完了警上玩家的身份之后，我们要做的就是去观察警下的投票来寻找警下三狼的队形了。

（2）5~7人上警：此时大概率是两狼上警，在警上我们主要要做的除了分辨真假两个预言家之外，就是要去寻找另外3~5人中剩下的那一个狼人，在定义完了警上的两狼之后，再去通过认识的痕迹来寻找警下的两狼就比较容易了。

（3）8~10人上警：此时大概率是三狼上警，在警上我们依旧首先要去分辨真假两个预言家，不过之后我们就要将目光移向警下，在警下的2~4人中去寻找警下的那一张狼人牌。此时警下这唯一的一张狼人牌大概率是会冲票给悍跳狼的，在确定了悍跳狼和警下的冲锋狼之后，我们再把目光移回警上去寻找警上剩下的两张狼人牌就比较容易了。

第三章　预言家的警徽流

狼人杀中除了第一晚死亡的玩家有遗言之外，其他在夜晚死亡的玩家都没有遗言，这就导致了在夜晚倒牌的预言家无法报出当晚的验人信息。借助警徽可以在出局后移交的特性，狼人杀玩家们不断总结，催生出了警徽流玩法，通过预言家上警争取警徽，让拿到警徽的预言家在夜里倒牌后可以通过警徽的移交再多报出一个验人信息。

1. 警徽流1.0

警徽流1.0指预言家在白天就声明晚上要验的对象为A，夜里倒牌后，如果验出A是一个好人就把警徽交给A，如果验出A是一个狼人就把警徽交给其他玩家或者撕掉。

然而警徽流1.0的弊端就在于如果第二晚预言家被留有解药的女巫救起（或者狼人决定先刀女巫），第二天白天狼人可以直接自爆，不给预言家发言的机会去报第二晚的验人结果和留第三晚的警徽流（不过有警徽的预言家可以通过发言顺序来在发言前就报出验人结果），这样的话预言家第三晚的验人信息就无法被准确地传达出来了。因此狼人杀玩家们设计了改进版的警徽流2.0。

2. 警徽流2.0（最常用版本）

在警徽流2.0中，预言家需要在第一天白天就声明之后第二晚的验人对象B和第三晚的验人对象C。如果第二天白天有狼人自爆并在第三晚刀死预言家，预言家需要通过传递警徽的方式来告诉其他玩家第二晚和第三晚的验人信息，一共有四种可能：

（1）B是好人，C是狼人，警徽给B；

（2）B是狼人，C是好人，警徽给C；

（3）B是好人，C是好人，警徽撕掉或者给第一晚的金水A；

（4）B是狼人，C是狼人，警徽给除A、B、C之外外置位的其他玩家。

当然这只是警徽流 2.0 中最常见的一种形式，也是在不加声明的情况下默认的警徽流形式。其实，预言家也可以自己设定其他形式的警徽流 2.0，比如"（3）B 是好人，C 是好人，警徽交给外置位的女生；（4）B 是狼人，C 是狼人，警徽交给外置位的男生"等等，只要能够区分 4 种不同情况就可以了。不过，如果预言家要使用非常规版本的警徽流 2.0 的话，必须在白天的发言阶段就提前向场上的其他玩家声明。

需要注意的一点是警徽流 2.0 的意义在于防止狼人自爆封口，如果 B 在第二个晚上倒牌了，又或者是 B 作为狼人在第二天直接自爆了的情况下，警徽流 2.0 就默认变回警徽流 1.0，也就是第三晚验出 C 是好人就给 C，验出 C 是狼人就给外置位或者撕警徽。

3. 警徽流 3.0

当预言家第二晚验过 B 之后，如果 C 在第二天白天自爆，由于本来第三晚要验的对象自爆了，预言家第三晚的验人信息就无法传递给场上的好人了。警徽 2.0 对此无能为力。为了预防此类情况的发生，预言家可以在第二晚的验人对象 B 和第三晚的验人对象 C 之外再增加一个备验对象 D。当第二晚无法验 B 的时候，默认第二晚验 C 第三晚验 D，当第三晚无法验 C 的时候，默认第二晚验 B 第三晚验 D。警徽流 3.0 还有另外的两个好处：①如果警徽流中的 B 或者 C 悍跳了，可以自动顺延到 D；②本来就算女巫在第二晚怀疑 C 是狼人，也可能会担心破坏了预言家的警徽流而不敢直接甩毒给 C，而当预言家留下三个警徽流之后，如果女巫毒掉了 C，预言家也可以自动顺延去验 D，这就方便了女巫更加自由地用毒。

4. 警徽流的修改

一般默认只有预言家本人有权力修改预言家的警徽流，而其他玩家只能在发言中给出建议而无权修改。不过预言家本人可以在发言时授权场上其他的玩家（比如自己的金水、场上的明神等），允许他们帮助自己修改警徽流。这样以后的警徽流就以预言家本人以及得到了预言家授权的玩家所留下的最新的一次警徽流为准。

5. 奇偶警徽流（罕见）

如果预言家当晚要验的对象是一张好人牌，狼人有的时候会选择去刀预言家当晚要验的金水，造成同刀同验，这相当于废除掉了预言家的一个验人信息。为了避免这种情况的发生，在有些时候预言家可以选择使用奇偶警徽流。

所谓奇偶警徽流就是："我今晚会去验一个奇数号的玩家，如果这个人是好人，我就把警徽传给他，如果这个人是狼人，我就给他右 / 左手边偶数号的玩家。"这样就可以避免狼人提前知道预言家当晚的验人对象，从而选择去刀金水。

6. 判定警徽流（实用）

预言家在放逐投票前提前声明"我的警徽流留的是 B、C。但是如果 B 今天投票投给X，我就暂认B是一个好身份，这样的话我就把警徽流改成C、D"。这种警徽流的优点就是比较灵活，可以根据B的投票结果来判定警徽流的对象。甚至有的时候，预言家就算看出B是一张狼人，也可以这么发言来诱骗他坚定倒钩，俗称拉狼票。有的时候，就是一票定生死，一张优秀的真预言家牌不但要学会博得好人的信任，拉到好人的票，同样需要给深水狼施压，拉取狼票。

第四章 预言家的标准发言结构

预言家发言的标准结构指一个预言家在警上竞选环节最基本应该聊的东西，这属于基本功的范畴。其包括：①第一晚的验人信息以及首验这个人的理由；②第一警徽流的对象、第二警徽流的对象、备验对象以及相应的理由；③讲述自己拿到预言家牌之后的心路历程并对场上的局势进行初步的分析；④如果在前置位，可以给后置位可能会起跳的悍跳狼施压，如果在后置位，应该攻击前置位悍跳狼的发言；⑤为自己拉票。

对于①，应该如何去选择首验对象，我们在之前的首验思路中已经分析过了。对于真预言家来说，晚上确实是睁眼验了人的，为什么要验这个人也一定是经历过思考的，所以说真预言家对于验人环节一定是印象深刻、深有体会的。虽然说悍跳狼也可以在脑海中模拟这个过程，但是悍跳狼的模拟毕竟只能靠想象，而且悍跳狼需要根据狼队的战术安排来报验人，因此比较难把验人的心路历程以及相应的验人逻辑都说得非常饱满。

②是预言家发言中非常重要的一点，一个预言家的警徽流及其相应的验人逻辑合理与否直接决定了他的可信度。因为对于狼人来说，悍跳狼的警徽流与狼队的布局有关，也就是说悍跳狼的警徽流里掺杂了狼人的视角，可能就会有瑕疵。而真预言家则不同，真预言家的警徽流应该是全心全意地从好人的视角出发来为好人阵营定义场上玩家身份的。所以真预言家一定要留好自己的警徽流并且说清楚理由。当前置位预言家起跳的时候，警徽流不能留到警上的后置位（或者就得留成警徽流3.0），这是因为警上的后置位可能会有准备悍跳的狼人，一旦将警徽流留到悍跳狼的身上，对于预言家来说，相当于直接废掉了一个警徽流，前置位发言的预言家应该尽量将警徽流留给警上发言不太好的玩家或者是警下的玩家。需要注意的一点是，一旦某一张牌认了神牌，那么预言家是不应该去验他的，因为神牌是可以自证身份的，预言家去验神就相当于浪费了一个验人机会。即使这是一张狼人悍跳的神牌，也自然会有真的神牌来拍他，与预言家无关。预言家如果在后置位，可以把第一警徽流留给悍跳狼的金水，一方面悍跳狼可能会给队友发金水，而另一方面如果验出了双金

水，那么这张双金水牌就是一个铁好人身份，在预言家没有特别想要验的牌时可以往警下留警徽流来拉票。如果前置位的悍跳狼发的是一个查杀，预言家的第一警徽流不应该去验这个查杀，虽然狼队有可能会玩狼查杀狼的套路，但是这是一个小概率事件，在警上先不要去考虑这种小概率事件。总体而言，一个预言家的警徽流思路应该是尽可能地去增加好人阵营的信息量，去验能验一知多的焦点牌、发言不好的牌（是狼的话就出掉，是好人的话就保护他不被狼队抗推）、站边悍跳狼的疑似煽动狼等。预言家的验人逻辑一定要清晰，这样才能博取好人的信任。预言家在警上所留的警徽流是建立在信息比较少的情况下的，如果拿到了警徽到了警下一定要根据票型、站队、发言等因素重新更改并说明原因。当然，一个没有拿到警徽的预言家在警下是可以不报第二晚的验人对象的，因为对于一个没有拿到警徽的预言家来说，警徽流也就没有了意义夜里可以根据情况灵活选验。

其实③这个环节主要是为了让其他好人能够更好地认清自己才是真预言家，因为心路历程可以充分地展现真预言家的心态和视角，其真实而饱满的情绪也是悍跳狼比较难模仿的。对于分析场上局势来说，因为悍跳狼是有信息的，他天生就知道谁是好人谁是狼人，他需要根据战术布局来作出调整，因此悍跳狼在分析局势时可能就会暴露狼人视角，而真预言家是没有那么多信息并渴望获得更多信息的，因此就可以用纯粹的真预言家视角来进行分析。

对于④，前置位发言的预言家可以对后置位进行施压，比如面杀中可以用挂相来给压力，类似地可以说："后置位 X 号这张牌呢，之前摸牌的时候看面相就是很尴尬，表情是这个样子（表演一番并稍作解释），对吧，可能这把就摸了一张狼牌。如果说警上狼队是派你起来悍跳呢，我这张预言家牌在这边就劝劝你，还是不要起跳了。（验出金水）我今天验出的是一张金水，正愁找不到人出，缺一个狼人送出来给我打呢。（验出查杀）因为今天呢，也不是你的轮次，今天我们先要送这张 Y 号上路，你要是不起跳呢，我可以和你做个交易，给你一个抢救的机会，把你留进第一警徽流里（此时要记得增加一个备验对象）。"而后置位的预言家则可以对前置位悍跳狼的发言进行攻击，同时作为预言家也需要对警上的一些身份牌进行初步的定义，比如前置位的焦点牌、悍跳狼的金水、前置位站边/攻击悍跳狼的玩家、与悍跳狼有互动的玩家等等。

对于⑤，作为真预言家应该是渴求警徽的，希望能够拿到警徽通过警徽流多报一个验人信息，并且取得好人们的信任从而放逐悍跳狼。所以最后预言家可以与警下对话并为自己拉拉票，这同样是展现自己预言家心态的一种方式。

·进阶卷·

第五章　悍跳狼的核心思路

悍跳狼是一个对玩家能力要求非常高的角色，对于悍跳狼来说至少需要在大脑里设置两个分区，并且要保证能够在两个分区中做灵活的切换。其中一个分区用来模拟真预言家的视角，而另外一个分区则用来思考狼队的布局。对于悍跳狼来说，大多数的爆狼发言都是没有正确区分这两个分区，在预言家视角里不慎掺入了狼人视角的结果。

在第一个分区中，悍跳狼需要屏蔽掉所有的已知信息，充分代入到真预言家的心态和视角来进行思考，甚至需要作自我催眠，让自己忘记狼人的身份，从潜意识里就相信自己就是真预言家，在每天夜里都要想象自己真的得到了一个验人信息。只有这样悍跳狼才能够用比真预言家更真实的姿态去起跳和发言。标准的预言家发言谁都会，但是这样的模板发言是没有灵魂的发言，只有完完全全代入到预言家的视角，去编造出栩栩如生的细节才能真正打动到别人。

在这里我列举一些新手悍跳常见的视角上的问题。比如没有提前想象自己晚上真的验了某一个玩家，导致在报验人结果的时候会停顿甚至报错数字，比如没有提前编造出一个合理的验人理由，又或者是发了好人一张金水结果后来聊着聊着就忘记了自己所发的金水。这些显然就是没有将自身充分代入真预言家视角的结果。对于悍跳狼来说，发言一定要自信而有底气，时刻从真预言家的心态和视角去发言，合理地给出自己的心路历程和验人逻辑，发言要果断，不要紧张，不要显得犹豫。悍跳狼其实知道全场玩家的身份好坏，这是真预言家所不应该知道的信息，因此悍跳狼一定要注意屏蔽掉这些信息，以免暴露了自己知道的信息太多。就比如前置位有一张查杀了狼队友的真预言家牌和一张发错了查杀的好人牌，悍跳狼在处理的时候一定要一视同仁。因为真预言家没有那么多信息，无法完全区分民跳诈身份和悍跳狼，只有在狼人的视角里，发错了查杀的好人和真预言家是可以被区分开的，这个时候悍跳狼就一定要注意不要暴露出自己有信息的事实。另外，其实对于悍跳狼来说，警上发言时的警徽流完全可以像真预言家一样，不用去考虑什么战术。战术用的警徽流完全可以在拿到警徽之后在警下再作修改。

而第二个分区则是从狼人的视角出发来进行思考的，白天抗推谁、晚上刀谁、怎么和狼队友互做身份、需要给哪几张牌压力来逼他们跳身份、可以拉哪几张好人的票、把哪几个位置盘进狼坑、是否有必要给狼队友递话传递战术安排等等。也就是站在布局者的角度来思考狼队的战术布局。关于这一部分内容，我们将会在稍后分析狼队战术时展开讨论。

我个人的风格是在悍跳的时候就专心去悍跳，把 80% 以上的精力投入到模拟预言家的视角去思考问题，而把找神和主刀这样的工作交给自己的另外三张狼队友去完成。

第六章　悍跳狼发好人金水

狼人悍跳发金水最常见的理由就是希望减少对立面、拉金水票以及避免查杀到猎人、白痴、女巫等神牌可能造成的危机，这是一种比较稳妥的悍跳方法。而且发了金水的悍跳狼第一天就可以直接冲票真预言家，只要悍跳成功就可以直接将真预言家放逐出局。

1. 发好人金水

一般而言，因为悍跳狼给好人发金水的操作难度较低，不需要其他狼队友配合，第一天发生失误的可能性较小，所以一般建议新手狼悍跳的时候先从给好人发金水开始练起。

发好人金水又可以分为发警前金水、警后金水和警下金水。

警前金水其实可信度较低，尤其是发给警前认神的玩家，或者是发言明显偏好的玩家。但是其中有一种情况需要我们着重进行讨论，那就是给警前跳预言家的玩家发金水，甚至是给警前查杀自己的玩家发金水，这是一种可以做高自己预言家面的方法。对于悍跳狼来说可以是前置位民跳发错了身份，也可以是根据其发言状态判断出这是民跳。当然，如果是因为民跳发错了身份的话，这一逻辑也可能会在悍跳狼暴露之后身份被其他好人牌盘到，以此获取到更多的信息。而要是前置位跳预言家的玩家报对了身份，甚至直接查杀中了悍跳狼的话，往前置位"预言家"发金水就是一种高风险高收益的打法了，需要我们有着足够的经验和抿人功底来判断他是民跳诈身份还是真预言家了。

而前置位的悍跳狼往警后发金水是冒着被反水立警的风险的。假设悍跳狼后置位好人牌的数量为 x，这 x 张好人牌中有一张真预言家牌，所以悍跳狼所要冒的被反水立警的风险概率就是 $1/x$。而这么赌，收益就在于，悍跳狼往警后发金水能够做高自己预言家的面，让好人更相信自己，所以在越认可往警后发金水更可能是真预言家的局里，往警后发金水收益越大。更有甚者，一种最极端情况是，警上后置位剩下 A、B、C 三个人，第一个发言的悍跳狼 A 赌运气往警后发一张金水，如果发中非预言家的好人，就能够极大地做高自己的身份。即使真预言家要盘，也只能认为是双狼上警打配合，第一张狼牌给警后第二张狼牌发金水做高自己的预言家面，结果把一张好人牌盘进了狼坑。如果悍跳狼运气不好发中了真预言家其实也没有什么大不了的，可以自爆吞信息，假设是 A 发 B 金水发中了真预言家，只要真预言家经验不足，没有第一时间报出验人结果和警徽流，而是开始先嘲笑悍跳狼发金水发到了真预言家。在判断出 B 是真的预言家后，悍跳狼完全可以在 B 报出验人结果和警徽流之前在警上自爆，第二夜刀死真预言家闷掉验人结果。而如果悍跳狼把金水发给 C，在 B 发完言且不认预言家以后，悍跳狼自知要被反水立警了，也可以直接自爆刀 C，不给 C 发言的机会。值得一提的是，在高端面杀局中警后金水的力度其实并不是很大，原因是因为在面杀局中悍跳狼其实可以通过玩家的上警状态来判别谁做得成预言家（面杀里找个上警状态明显不像是会起跳预言家的好人去发个金水还不容易？），因此在面杀局中警后金水的力度也就变小了。另外再讲一个很特别的套路：比如警上后置位 A、B、C、D 四张牌，其中 A、B、C 是狼人，前置位没有起跳预言家的，那么在狼队眼里 D 一定是真预言家了。此时 A 悍跳故意给 D 发金水，在 C 发完言之后 D 一张嘴 A 就自爆，这样就做高了 B、C 两张狼人牌的身份。

发警下好人金水最主要的目的就是拉到这张好人玩家的警徽投票，可以试图把这张金水牌拉进自己的团队。但是问题在于，如果悍跳狼发言不好，金水反水带队要出悍跳狼，会直接导致悍跳失败。另外值得注意的一点是，悍跳狼要是发金水的话可以尽量给女巫、猎人和白痴这样的疑似神牌的位置发金水（可以用"我觉得你摸牌时的表情像是吃身份"这样的理由），发金水给神相对于给民可以给狼队留下更多的抗推位。

第一天报出好人金水的悍跳狼尽量在第二天给队友一个好身份或者给好人一个查杀继续抢轮次。一般发出好人金水且能活到第二天白天的悍跳狼，优势情况是第一天抗推了真预言家，这时候可以考虑再发给站边真预言家的好人牌一个查杀，认他是"站边悍跳狼的冲锋狼"。劣势情况是真预言家第一天出掉了他的查杀，此时可以发摇摆位好人一张金水拉一票或者发站边真预言家的好人牌一张查杀。甚至可以发倒钩狼一张查杀互做一下身份。当然这一切还是要根据局势进行判断，主要要考虑的是场上玩家的站边、配置和思考深度，双方团队的票数、隐狼的站队分布、游戏后期抗推位的分布以及女巫牌的站队情况等等。灵活应变具体分析，有的时候打正逻辑还是反逻辑，甚至三重逻辑、四重逻辑无法确定，关键在于估计场上好人牌更会愿意相信哪一层逻辑，然后去利用这种反其道而行之就可以了。

第七章　悍跳狼发狼人金水

悍跳狼给狼同伴发金水一定要选择发言阳光的同伴，因为一旦金水狼聊爆，给他发金水的悍跳狼同样也可能会暴露。因此金水狼一定要注意自己的发言，以免因为自己发言不好招致怀疑，拉低悍跳狼的身份。

其实给好人发金水和给狼队友发金水之间一个很重要的差别就是在于盘狼坑。给好人发金水的话，就要从六个好人和三个狼队友里给真预言家凑出三个狼坑，给狼队友发金水的话，就是从七个好人和两个狼队友里给真预言家凑出三个狼坑。如果场上的玩家普遍不会挤狼坑还无妨，但是在会挤狼坑的高配局里二者还是有一些区别的，这种区别需要通过实战去感受。

而悍跳狼发给狼队友金水的收益则在于保下了一个队友，只要悍跳狼身份做好，金水狼的身份自然也就不会被怀疑。而给狼队友发金水还可以给狼队友一个站边自己的理由。在发队友金水的局里，如果金水狼要冲锋的话，狼队应该打得更加悍一些。这是因为真预言家大概率会把第一警徽流留到悍跳狼发的金水位，给狼队友发金水相当于为真预言家找狼指引了方向，一旦让真预言家第二晚又验出这是一张查杀牌并告诉好人，狼队就暴露得差不多了，所以此时狼队应该少打倒钩，第一天就以团队优势冲票真预言家，不给他第二晚再验人的机会。其实哪怕是全队暴露四狼裸冲，只要冲出去了真预言家之后刀法不出现偏差，狼刀也是够的。

当然另外还有一种打法就是金水狼直接倒钩真预言家，反水带队出掉悍跳狼队友以此做好自己的身份。很多时候真预言家会认反水带队的金水狼是一个好身份，选择改警徽流到其他的位置上去。狼队这么做的收益在于做好了金水狼的身份，而风险则在于如果真预言家不改警徽流，则金水狼的身份就会变得很尴尬。

第八章　悍跳狼发好人查杀

悍跳狼给好人发查杀属于一种比较悍的打法，往往有以下几种方式：

（1）往警后丢查杀。一方面是只要丢中真预言家就能做高自己的预言家面，另一方面即使悍跳出现问题也可以装成是诈身份而退水，让补位狼再起跳。

（2）查杀首刀对象。这是一种找女巫的开局，也是一种风险很大的开局。一旦女巫首夜没开解药，悍跳狼要去盘这是狼人自刀不悍跳是比较困难的，甚至可能首刀的是猎人，被猎人直接一枪带走，或者首刀的是女巫，被对方立刻用双死自证。而如果女巫使用了解药，则悍跳狼此举基本上可以比较容易地找到女巫，而之后悍跳狼要考虑的就是该做完狼队友的身份之后自爆，还是顶着银水悍到底的问题了。

（3）警下查杀。警下查杀能够做高悍跳狼预言家的面，更加容易骗取其他好人的信任但是风险在于要是被查杀的好人警下发言足够好或者在前置位拍出了一个神身份，悍跳狼的压力就会变得非常大。

（4）查杀抿出来的民牌。因此如果悍跳狼能靠抿人分辨出神牌和民牌的话，可以考虑尽量往民牌的位置丢查杀。

悍跳给好人丢查杀会让一个好人开局就认清局势，站边真预言家，同时如果这个好人发言状态特别阳光或者拍出神的身份的话，可能就会导致悍跳狼起跳失败。因此，悍跳丢查杀是一种难度和风险都高的行为。至于悍跳狼查杀到神牌应该怎么办，我们在之后的章节中将在作介绍。

总的来说，悍跳报查杀力度比较大，一般更加容易骗取好人牌的信任，也可以给狼队友一个比较合理的理由来站边悍跳狼。当然这么做的风险就在于如果被查杀的玩家恰巧是神牌，尤其是白痴和猎人，则要么悍跳狼被直接拍出局，要么白痴猎人翻牌自证，真预言家身份直接坐实。同时，如果被查杀的好人牌发言非常阳光，让其他好人难以认他是一张狼人牌，那么悍跳狼也容易直接被拍出局。（A、B对跳预言家，A查杀C。A状态不好像狼＝A出局；B状态好像预言家＝A出局；C状态好像好人＝A出局；B和C不像是认识的＝A出局。）

一般而言，如果前置位预言家发了一张警前或者警下金水，后置位悍跳狼可以考虑发一张力度更大的查杀来增加验人可信度。另外当真预言家发了一张大力度的警后金水的时候，悍跳狼也可以对着真预言家的金水发一张查杀去盘他们是两狼上警打配合，从而降低真预言家警后金水的力度。

第九章　悍跳狼发狼人查杀

狼查杀狼是一种比较罕见的打法，属于三大知名脏套路之一（另外两个是自刀和阴阳倒钩）。因为这对于狼团队而言，收益是比较低的，至少好人方第一天白天站边真预言家会出掉悍跳狼或者被真预言家查杀的狼人，站边悍跳狼会出掉被悍跳狼查杀的狼队友，也就是说第一天出局的一定是一张狼人牌，抢不到轮次。所以狼查杀狼其实是一种互做身份的战术，追求的是骗女巫毒杀好人，或者是在第二天发力抗推好人。考虑到很多玩家想玩花板子，但是其实又对于狼查杀狼这种战术不熟悉，下面详细介绍一下。

狼查杀狼有两种变种：①第一种是卖掉悍跳狼，做好三张隐狼牌身份。在这种变种中除了被查杀的狼人牌要站边真预言家，其他两张隐狼牌一般也会站边真预言家，形成三狼倒钩的开局。悍跳狼的警上警下发言都要足够好，这样才能骗取更多好人牌的信任，让他们站边悍跳狼。最终第一天的结局一般是在三张隐狼牌的倒冲下，悍跳狼以较小劣势被投出局，之后的一点是布局的关键，即此时悍跳狼的遗言一定要降低自己的发言质量，甚至故意聊爆一些，然后出局。这其实对悍跳狼的发言要求非常高，要控制在一个刚刚好的尺度，能够被好人牌发现悍跳狼聊得不好但是又不能被好人牌看出来是故意聊爆做队友身份。这样第二天以后的局面就会是大家都比较相信真预言家的身份，而此时此刻，通过悍跳狼的牺牲，一方面做好了被查杀的狼队友以及两张倒钩狼的身份，另一方面将所有站边悍跳狼的好人统统打进了抗推位。最终通过三张隐狼牌的好身份，和抗推位中的好人牌的不利位置，压迫抗推位中的神牌跳身份自保并且诱使抗推位里的好人牌互相攻击，使得狼队在游戏中后期主导局势。②第二种是牺牲被查杀的狼人，做好悍跳狼的身份。在这一种情况中，被查杀的狼人的警下发言要保持比较一般的水平，以防悍跳狼真的被投出去。被查杀的狼人一定不能演技浮夸到直接自爆，而是应该在警下正常发言，大多时候还可以认一张神牌来打阴阳倒钩，诱使真神站边悍跳狼。演技一定要自然，这样才能让预言家在第二天晚上吃毒或者第二天白天抗推。

　　具体执行哪一种变种可以根据警上警下发言的局势而定，我们会发现在狼查杀狼的布局中被查杀的狼人和悍跳狼就像是天平的两端，通过发言来操控局面互做身份。而其他隐狼的站边理由也一定要编造得清晰合理，不要暴露出来自己是为了作身份而站队的目的。所以说狼查杀狼的布局是一种对狼队整体发言要求都特别高的布局方式。在狼人杀中，发言能力的高级体现形式就在于能够控制自己发言的质量，想聊好就聊好，想聊爆就聊爆。而实际上，这样的布局一般是高配狼队在玩花，但如果有这么多张发言能力卓越的狼牌，想赢大可以打得简单些，依靠悍跳狼的完美发言，以及其他狼牌的煽动发言抗推真预言家而获胜。

第十章　隐狼的核心思路

　　一般我们将悍跳狼之外的狼人称为隐狼，这里的隐狼与身份牌中的隐狼不是一个意思。

　　如果说悍跳狼是狼队战术的布局者和导演，那么隐狼就是狼队战术的执行者和演员。在游戏开局，是悍跳狼主导狼队，隐狼牌应该根据情况配合悍跳狼，并在游戏中期悍跳狼倒牌后继续执行狼队的战术。

　　在对跳局中警上的补位狼主要有三件工作。一是打格式做身份，其具体的实现方式有很多，比如可以前置位起跳预言家往后丢查杀，即使查杀中了真预言家，悍跳狼队友起跳以后也选择退水。很多时候好人会认为如果第一张狼人牌起跳查杀到真预言家了，第二张狼人牌完全没有必要再在后置位起跳，这样就能营造出补位狼不认识悍跳狼的假象，做高补位狼的身份。二是补位起跳，在原定的悍跳狼悍跳失败或者放弃悍跳的时候补位起跳。三是打煽动，后置位补位狼在看到前置位真预言家和悍跳狼队友都跳完之后，如果悍跳狼发言确实好于真预言家，可以直接在警上支撑一下悍跳狼。

　　隐狼牌要对场上舆论导向有着清晰的认识，根据悍跳狼的发言好坏以及场上好

人牌的站边情况，再加之狼队的战术安排，决定如何进行操作。如果悍跳狼发言好于真预言家，那么狼队完全有理由打得强势一点，争取在第一天白天抗推真预言家。此时可以有一到两张隐狼牌悍起来打，在警下的发言中直接有理有据地站队悍跳狼，通过各种合理的伪逻辑来支撑悍跳狼，并攻击真预言家的发言缺陷。不过此时还是应该有一到两张隐狼牌去站边真预言家，一方面平衡双方团队大小，一方面给予悍跳狼一个充足的理由在第二夜去"验"这张隐狼，给倒钩狼队友发一张好人牌或者狼查杀狼做身份。如果说悍跳狼发言不如真预言家或者两者相当，那么隐狼牌则可以根据局势进行发言和投票，必要时甚至可以全员倒钩站边真预言家，然后拿站错边的好人牌作为未来的抗推位。

对于隐狼牌来说比较重要的一点就是站边逻辑，无论是选择煽动冲锋还是倒钩，因为狼人一开始就知道谁是真预言家，这对于狼人来说站边只是一种战术选择。但是隐狼牌一定要编造出足够合理的伪逻辑来包装这种选择，让它看似是好人牌深思熟虑后作出的判断一样。不然如果站边逻辑不清晰，仅仅是"为了站边而站边"的话，很容易就会被好人玩家发现是一张隐狼牌。

另外，因为悍跳狼的大部分精力都放在了代入到真预言家视角思考以及狼队中期的战术布局上了，且悍跳狼一般总是会死在隐狼前面，所以在中后期进行主刀的隐狼牌应该承担起抿神的职责花费一定精力来找神，保证狼队不会在游戏中后期因为刀法失误而错失胜利。

第十一章　好人上警

1. 好人牌上警

对于大多数好人来说，一局狼人杀首先需要考虑的是要不要上警，上警又应该做些什么。下面我们来一一进行讨论。

好人上警的好处在于：①当只有少数人上警的情况下，狼队可以轻松找出真预言家，甚至可以在预言家发言之前直接在警上自爆，让预言家说不出任何话就在第二晚倒牌。②假设警上只有预言家和悍跳狼两个人，那么其实他俩都没有什么可以多聊的，报验人结果、留警徽流也就完了。而更多的人上警可以丰富警上的剧情，增加警上环境的复杂度。相对丰富的警上剧情可以有利于预言家聊出更多的内容，更好地展现出自己真预言家的心态和视野，也就有利于好人们分辨真假预言家。③狼人杀这个游戏中好人之间沟通得越充分，狼人越无处遁形。上警可以多发一轮言，有利于进行信息沟通。

所以我们认为好人玩家需要有一些人上警，并在投票前退水，在加强沟通的同时丰富警上的剧情并混淆狼人视线。好人上警主要有三个目的：①给压力找狼。向场上的其他玩家施压可以有助于我们判断他们的身份好坏，这是因为狼人在压力之下更加容易因为紧张而出现发言变形。无论是通过往后置位发查杀诈身份还是用其他方式施压，其目的都是为了给其他玩家压力，希望通过观察他们抗压条件下的发言来判断他们的身份，也就是我们常说的"看看弹性如何"。好人就像是弹簧，在被压下去之后会自己弹起来，而狼人的弹性往往就不那么好了，在受压条件下，狼人的心态就会受到影响，其辩驳也会变得比较苍白无力（所谓"没有灵魂的发言"）。②丰富警上剧情。如果警上没有什么剧情发生，那么无论是真预言家还是悍跳狼都没有什么谈资，只能按照标准格式进行发言，警下玩家也就比较难作出判断。只有好人上警带动一下剧情，才能够让其他好人通过观察真假两个预言家的视野来判断谁更加符合一个真预言家的心态。③分析局势。后置位的好人可以在真假两个预言家都发完言之后对二者的发言进行分析，帮助其他玩家理清警上的局势。

那么好人玩家究竟应该如何决定要不要上警呢？我们认为好人如果上了警，就必须要尽量保证自己能在警上进行一些有利于好人阵营的操作，比如施压、表水、合理分析局势等。上警的好处在于可以多发一轮言、多进行一些操作，而留在警下的好处则在于稀释了警下狼人的密度，可以提高真预言家拿到警徽的概率。我们认为好人应该根据自己的风格保持一个相对稳定的上警率，上警率的选择也同样关系到了游戏中对于形象的平衡。如果有一位玩家当好人时都不上警，突然有一把上警了，那么狼人很容易就能判断出这大概率是一张预言家牌。而如果有一位玩家每把都上警，其所带来的问题是狼队会判断出他是真预言家的概率不如其他上警率低的牌，也就是说上警率过高或者过低都会给狼人一些额外的信息。所以一般建议玩家根据所在场子的风气以及个人的游戏风格，来保持一个相对稳定的上警率。当然，上警率的选择也需要结合个人能力和风格来进行考虑，就比如有的玩家自身发言能力特别强，只要上警发言就能够给好人阵营带来很大的作用，那么只要警上发言带来的优势可以平衡掉给狼人额外信息的劣势，玩家是可以保持百分之一百的上警率的。

2. 神牌上警

下面让我们来具体分析一下神牌上警的问题。神牌由于自身的唯一性和自证能力，因此操作空间大于平民。神牌上警的好处在于：①只要找狼能力过关，神牌给压力时可以更加激进以榨取到更多的身份信息，而面对狼人的反噬，神牌由于底牌压制，需要时警下也可以大胆拍出身份就地反打。②神牌的操作空间足够大，因此可以在警上进行很多特别的操作。举例而言，歪哥拿到神牌时经常使用的一个操作就是钓鱼执法，也就是说在分辨出了悍跳狼之后在警上假意站边悍跳狼，诱骗警下的狼人为悍跳狼冲票，而到了警下就拍出身份站回真预言家的边，开始清算被诱骗了的狼人。

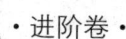

当然，神牌在警下投票也是有好处的：①警上的玩家更加容易成为焦点牌，神牌藏在警下可以减少自己被狼人抵出身份的可能性。②神牌在警下投票时如果被质疑为是某一个预言家的团队，必要时也可以通过跳身份的方式来洗脱嫌疑，有利于其他好人分辨真假预言家。③有一个梗叫作"警下两张牌，一张是女巫"。对于女巫来说，警下的另外一张牌是可以考虑直接毒掉的一张牌，毒中狼人的概率非常之高（70%甚至更高），毕竟四狼上警还是比较少见的。举这个例子是为了说明在极多人上警的局里，警下只有两三个人，因此焦点牌反而在警下，警下的神牌一方面可以观察警下其他玩家的站边（里面大概率有狼人，而且其大概率会冲锋以帮助悍跳狼拿到警徽）来分辨真假预言家，另一方面也可以视情况拍身份强打警下抵出来的狼人。

当然作为一个狼人杀玩家，玩神牌时的上警率一定要和玩平民时的上警率统一（玩狼人时也是一样的），以便平衡自己的形象。

3. 退水流

下面，我们来说说退水流。所谓退水流就是警上的好人通过退水操作来表明自己的站边，其中最简单的一种退水流就是"我站边第一个预言家就退水，站边第二个预言家就不退水"，当然我个人其实比较喜欢 Nolan 小哥哥的退水流："我站边第二个预言家就在他发言结束之后退水，我站边第一个预言家就在第二个预言家发言聊爆的时候退水，要是我分不清就不退水。当然，我不可能分不清。"之所以更加喜欢这种退水流是因为 Nolan 的退水流更加具有压迫性也更加霸气。毕竟退水操作是预女猎白板子中好人阵营唯一一个可以在其他玩家发言时合乎规则地对其进行打断和响应的操作，在水平足够时能利用起来。比如 Nolan 的退水流就可以通过退水操作来给悍跳狼的发言进行施压，这声"退水"在面杀中喊出来尤为有效。

第十二章 民跳诈身份

1. 什么是民跳诈身份

民跳预言家诈身份是一种常见的警上诈身份的方式，其主要目的是为了丰富警上剧情并且观察被诈玩家一起其他玩家的反应。一开始狼人杀玩家们上警发查杀诈身份主要有两个目的：①观察被诈玩家被查杀后的反应如何，比如有新手狼被查杀之后弹性就很差，会非常地惊慌，那么这就是一张被诈出来的狼人牌。②观察后置位其他玩家发言时的视角，比如狼人是有信息的，如果民跳的预言家发错了查杀，狼人立即就会判断出这不是真预言家，如果后置位的狼人没有在发言中做好掩饰，信息量就会在无意识之中表现出来。

不同的民跳方式其退水的可被接受程度也不同，从高到低依次为：往警后发查

杀＞往警前、警下发查杀＞往警前、警下发金水＞往警后发金水。

（1）往警后发查杀是一定可以退水的一种形式，因为这是狼人杀中最惯用的诈身份方式，可以通过观察被诈玩家的反应和发言来初步定义他的身份。

（2）往警前和警下发查杀被接纳的程度就会小于往警后发查杀，因为被查杀的玩家是不能发言的，这种诈身份的方式只能在面杀中观察被诈玩家的面相以及后置位玩家的发言。

（3）往警前和警下发金水的被接纳程度更小，因为发金水比较难诈出身份的，而且悍跳狼也经常会给警下发金水。

（4）往警后发金水，这是一种基本上无法退水的起跳形式。因为悍跳狼如果往警后发金水博力度，发到非预言家的玩家可以直接做高自己的预言家面，而如果发中了真预言家，悍跳狼就必须直线出局，好人是不能给被反水立警的悍跳狼退水的空间的。所以对于民跳预言家来说，往警后发金水是一件收益远小于危害的行为，而给警后发金水也成了唯一一种几乎绝对无法退水的起跳形式，几乎只有高端局中的猎人有这个操作空间去这么打。

当然可退水的程度还要结合起跳预言家发言的饱满程度来判断。预言家的标准发言越全面，争夺警徽的企图心越强，起跳的状态越完整而饱满，就越难退水。而对于如何分辨起跳的预言家是诈身份还是真预言家或狼人悍跳，也同样是看发言的饱满程度以及验人的可退水程度而定。当然，对于狼队而言就更加容易判断了，报了错误的验人信息预言家，基本上就是民跳了。

当然在顶配局中大家都不再拘泥于形式上的逻辑，都相信"心态大于逻辑"，所以这种逻辑上比较难接受的诈身份方法也会有好人去使用。

2. 如何评价民跳诈身份

很多中配狼人杀玩家都特别喜欢民跳预言家诈身份。为什么说是中配玩家特别喜欢的呢？这是因为对于新手玩家来说，刚刚接触狼人杀，很多东西还不了解、不熟悉，因此不敢随意进行各种操作，而等到游戏经验渐渐丰富，入了狼人杀的门之后，中配玩家为了体现自己的水平，就经常喜欢进行各种花哨的操作，其中就比如诈身份。至于高配玩家，并不是说他们就不会诈身份或者不会玩花哨的操作了，而是高配玩家每一步的操作都有其非常明确的目的性，不会单纯地为了炫技而操作，可以说是返璞归真了。对于高配玩家来说大道至简，能靠正统的逻辑和抿人解决的问题，很多时候就没有必要再花费精力去玩那些小花招了。更何况，高端局里过招的总归都是精通狼人杀的玩家，大多数人都会表情管理，也有能力从心态和发言结构上区分真正的起跳发言和民跳诈身份的发言，诈身份操作所能发挥的用处是很小的。

在高端一点的局里是很难有狼人会就这么被诈出来的，上警民跳主要还是起到一个丰富警上剧情和误导狼人的作用。举一个例子，前置位诈身份的好人查杀中了中置位准备起跳的悍跳狼且发言特别逼真，然后中置位的悍跳狼误以为前置位的好人是真的预言家，为了增加力度就往后置位发了一个金水，结果后置位的真预言家反水立警，前置位诈身份的好人退水，中置位被反水立警的悍跳狼直线出局，这就是一次成功的民跳。我们会发现民跳要混淆到狼人的视线的话，最重要的两点：一是不能太随意，让狼人很容易就判断出这不是真预言家；二是要尽量通过捂人报对查杀，这样才能误导到狼人。

事实上，我们并不鼓励好人上警乱跳预言家，原因很简单：①民跳预言家发言阳光且报出的警徽流、验人信息与悍跳狼、真预言家的警徽流、验人信息混合在一起会极大地增加好人们的记忆难度。②警上诈身份会把自己做成一张焦点牌，如果警下不能很好地聊干净自己，可能就会在游戏中期被抗推出局。甚至悍跳狼可以在看到真预言家验出的是金水之后直接选择放弃起跳，这样的话诈身份的民跳预言家就会变成最容易被抗推的一个位置。③一旦民跳发到了好人查杀或者狼人金水，那么对于狼人来说一眼就能看出这是在诈身份。这样的话就导致民跳只会误导到好人而误导不到狼人，除非有新手狼聊爆暴露了信息量，否则这次民跳就是没有任何收益的。④过多的民跳也会给前置位的悍跳狼更大的操作空间，让悍跳狼在需要时可以选择假装是民跳诈身份然后退水，之后让后置位的补位狼重新起跳。

所以，我们并不主张太多的民跳操作，好人上警除了民跳预言家诈身份之外同样还有着很多其他给后置压力的方式，比如说在面杀中用颜杀来给压力，又或者是在中置位直接说"过"，不给下一个玩家足够的发言准备时间都是可行的给压力的方案。

3. 如何分辨真跳和民跳

最后，我们再聊一聊该怎么分辨真正的起跳发言和会退水的诈身份发言。这两者主要是从心态和发言结构上区分的。真正的起跳发言是饱满而完整的，其潜意识之中就会透露出对警徽的渴求，其中很大一部分的发言精力都会投入到希望得到众人的信任之中去，发言者的整个状态是偏重于展现自我的。而诈身份的发言则完全不同，诈身份的玩家因为知道自己一定会退水，所以对于警徽没有渴求度，而且诈身份的发言其结构会明显偏重于诈，也就是说诈身份的发言会给人一种虎头蛇尾的感觉，在报查杀的时候发言者为了演得逼真一些会说得比较饱满，而到了留警徽流的时候就会显得比较草率和随意。这同样是因为诈身份的玩家自知自己过一会儿就会退水，所以潜意识里也就不想在警徽流上投入太大的精力了。另外，正因为诈身份的玩家其核心目的在于诈，所以在发言时，诈身份的玩家会投入非常多的精力去观察场上其他玩家的反应，这同样也与注重于展现自我的真预言家/悍跳狼发言完全不同。也就是说，真预言家/悍跳狼发言其心态是希望获取别人的信任，而诈身份发言的心态则是希望诈出一些信息,这是两者心理动机上的不同。真预言家/悍跳发言其结构是完整而平衡的,而诈身份发言的结构是头重脚轻的,这是两者发言结构上的不同。从这个经典的例子中也可以初窥一下狼人杀中的心态这一概念了,正因为狼人杀是人与人之间进行的游戏,所以在这个游戏中学会把握人心、人性也就尤为地重要。顺带一提,多学习应用心理学对于玩好狼人杀还是非常有帮助的。

第十三章　反水立警与验人信息可信度

1. 反水立警

反水立警是警长竞选中一个非常重要的概念。所谓反水立警是指 A、B 两张牌对跳预言家,A 起跳预言家给 B 发了一张金水,B 起跳预言家反水,那么只要 B 不退水,A 就必然是一张狼人牌,B 就一定是一张真预言家牌。这是因为从逻辑上讲两张对跳预言家且都不退水的牌里一定是一个悍跳狼和一个真预言家。假设 A 是真预言家,B 就是 A 的金水,那么 A、B 就都是好人,但 B 如果是一张非预言家的好人牌则不会不退水,所以这种假设显然不成立。结果只能是 B 是一张真预言家牌,A 是悍跳发金水不幸发到了真预言家的悍跳狼。所以只要遇到反水立警,立刻就能轻易地分辨真假预言家。

2. 验人信息可信度判断

先不论预言家的发言,我们单单看预言家所报的验人信息,其中有几种可信度比较高的验人信息:

(1) 前置位起跳预言家往警后发金水。悍跳狼因为担心发中真预言家而被反水立警,因此不太敢往警后发金水。其中,警后人数越少,警后金水的力度也就越大,面杀局中抿人水平越高,警后金水的力度也就越小。

(2) 往警下发查杀。往警下发查杀,被查杀的玩家一定会直接投票给对跳的预言家,相当于在警长竞选中一开始就直接落后一票。悍跳狼比较希望能够抢到警徽,破坏预言家的警徽流,而且悍跳狼发查杀的风险也会高于发金水,所以悍跳狼比较少往警下发查杀。其中,警下人数越少,警下查杀的力度也就越大。

(3) 前置位起跳的预言家发中了后置位起跳的预言家查杀。这是因为悍跳狼在警后人数较多的情况下,往警后发查杀直接发中真预言家的概率是比较小的,更有可能是真预言家查杀中了狼人,被查杀的狼人被迫原地起跳。其中,警后人数越多,查杀到后置位预言家的力度也就越大。面杀局中抿人水平越高,查杀到后置位预言家的力度也就越小。

(4) 接查杀后反丢金水。前置位起跳预言家给后置位发查杀,后置位被查杀后反手起跳预言家给前置位发金水,见表 4。

表4　接查杀后反丢金水情况表

前置位\后置位	悍跳狼	真预言家
诈身份的好人	悍跳狼识破了这是一个诈身份的好人	前置位诈身份的好人确实就是真预言家的首夜金水
诈身份的狼人	两狼上警打配合	
真预言家	悍跳狼强行让自己被反水立警，原地爆炸直线出局	

在这种情况下，我们会看到，除非是两狼上警打配合，又或者是悍跳狼识破了前置位给他发查杀的是一个诈身份的好人，否则被查杀后反丢金水的预言家可信度很高。其中，如果在更加靠前的位置已经有无法退水的预言家发言了，被查杀后反丢金水的力度会减小，因为悍跳狼识破诈身份会变得更容易。面杀局中抿人水平越高，被查杀后反丢金水的力度也就越小。

（5）往警上前置位认神的玩家发查杀。狼人看到神牌是很难鼓起勇气发一张查杀强行去撞钢板的。

（6）发双金水。后置位的预言家给前置位预言家的金水又发了一张金水，让他做成了双金水铁好人身份。双金水玩家的配置越高，后置位发双金水的力度也就越大。

同样，也有着几种可信度稍低的验人信息：

（1）后置位预言家给前置位预言家发查杀。真预言家恰好验中悍跳狼且正好在警上后置位发言的概率是比较小的。

（2）往警下发金水。一方面是因为悍跳狼发金水的概率比较高，另一方面也是因为有拉警下票的嫌疑。

（3）给被首刀的玩家发金水。真预言家发金水发中刀口的概率还是比较低的，而对于悍跳狼来说，给刀口发金水让金银水重叠方便了狼队盘狼坑和找抗推位。

第十四章　上古时代的"强神防对跳"

在早先的游戏风气中，经常会有玩家在警上认强神（猎人或女巫）防对跳，而好人也经常喜欢把警徽给强神。这是由两个原因导致的：一是早先狼人杀玩家的游戏理念相对落后，没有认识到警徽流的重要性；二是此前警长票算作2票，而现在的标准局中警长票算作1.5票。

给强神警徽只是重复博弈中一种比较不稳定的游戏习惯。因为如果大家都喜欢把警徽给强神，只要一张狼人悍跳，一张狼跳强神，预言家就一定走不了警徽流，警徽还是有可能到狼人手中。随着狼人杀玩家水平的提升和游戏理念的进步，强神防对跳早已落后于时代。不过我们还是可以借此机会来分析一下狼人杀游戏中第一天白天的投票，并以此为例子说明警长票从 2.0 票改为 1.5 票对于游戏的影响。

1. 第一天平安夜，场上 8 好人 4 狼，好人拿警徽

警长持 1.5 票，共计 12.5 票。我们假设狼队冲票好人，好人归票狼人，那么就是 8.5 票对 4 票，一个好人站错边为 7.5 票对 5 票，两个好人站错边为 6.5 票对 6 票。也就是说在这种局势下最多允许两个好人站错边或者四个好人弃票。

警长持 2 票，共计 13 票。我们假设狼队冲票好人，好人归票狼人，那么就是 9 票对 4 票，一个好人站错边为 8 票对 5 票，两个好人站错边为 7 票对 6 票。也就是说在这种局势下最多允许两个好人站错边或者四个好人弃票。

2. 第一天平安夜，场上 8 好人 4 狼，狼人拿警徽

警长持 1.5 票，共计 12.5 票。我们假设狼队冲票好人，好人归票狼人，那么就是 8 票对 4.5 票，一个好人站错边为 7 票对 5.5 票，两个好人站错边为 6 票对 6.5 票。也就是说在这种局势下最多允许一个好人站错边或者三个好人弃票。

警长持 2 票，共计 13 票。我们假设狼队冲票好人，好人归票狼人，那么就是 8 票对 5 票，一个好人站错边为 7 票对 6 票，两个好人站错边为 6 票对 7 票。也就是说在这种局势下最多允许一个好人站错边或者两个好人弃票。

3. 第一天死了一个好人，场上 7 好人 4 狼，好人拿警徽

警长持 1.5 票，共计 11.5 票。我们假设狼队冲票好人，好人归票狼人，那么就是 7.5 票对 4 票，一个好人站错边为 6.5 票对 5 票，两个好人站错边为 5.5 票对 6 票。也就是说在这种局势下最多允许一个好人站错边或者三个好人弃票。

警长持 2 票，共计 12 票。我们假设狼队冲票好人，好人归票狼人，那么就是 8 票对 4 票，一个好人站错边为 7 票对 5 票，两个好人站错边为 6 票对 6 票。也就是说在这种局势下最多允许一个好人站错边或者三个好人弃票。

4. 第一天死了一个好人，场上 11 人 4 狼，狼人拿警徽

警长持 1.5 票，共计 11.5 票。我们假设狼队冲票好人，好人归票狼人，那么就是 7 票对 4.5 票，一个好人站错边为 6 票对 5.5 票，两个好人站错边为 6 票对 6.5 票。也就是说在这种局势下最多允许一个好人站错边或者两个好人弃票。

警长持 2 票，共 12 票。我们假设狼队冲票好人，好人归票狼人，那么就是 7 票对 5 票，一个好人站错边为 6 票对 6 票，两个好人站错边为 5 票对 7 票。也就是说在这种局势下最多允许零个好人站错边或者两个好人弃票。

总结上述内容的表 5 如下：

表 5　不同局势下警长票数对好人、狼人阵营的影响

警长票/警徽归属	好人	狼人
1.5 票	好人还是不能松懈	好人依旧有足够的犯错空间
2 票	好人能够得到较大的犯错空间	好人必须少犯错

也就是说在警长持 1.5 票的时候，警长的这 0.5 票几乎无足轻重，很少有因为这 0.5 票成为一场游戏的胜负手，预言家拿到警徽主要是为了走警徽流，狼人拿到警徽好人也不用担心有什么太大的劣势。但是当警长持两票时，警长票已经会对局势产生比较大的影响，当警徽在好人手上的时候，好人的犯错空间明显提升，当警徽在狼人手上的时候，好人几乎不能犯错。也就是说，当警长持 1.5 票的时候警徽主要起到警徽流的作用，属于信息价值，而当警长持 2 票时，警长票很可能会影响白天公投的结果，而具有了轮次价值。因此，在警长票为 1.5 票时，警徽必须给预言家。而当警长票为 2 票时，警徽可以考虑给跳明身份的猎人或者单药女巫。

第十五章　警上被查杀怎么办

首先如果是一张好人牌在警上被前置位的玩家跳预言家查杀，一般警上是不需要跳明身份的，因为警上也可能是好人在诈身份，即使前置位真的是一张悍跳狼牌，在我们拍出神身份以后他也可以佯装是诈身份而从容退水，又或者是在诈出了我们的身份信息之后直接自爆，然后在第二晚刀掉预言家，这样的话就拉不出狼人团队了。

当我们在警上被查杀时，这里给大家一段申屠式回应发言作为参考："前置位这张 X 号牌刚刚跳了个预言家查杀了我，那么在我看清自己是一张好人牌的情况下呢，你这张牌不妨就先退下去，就不要给真预言家添乱了，现在退水我先暂认你一个好身份，反正今天也不是你的轮次。那么现在要是你警上不退水，非要我警下拍个身份出来打你，到时候和现在就是两种情况了。你刚刚发言 XXXX，那么总归做不成一张真预言家牌了，现在硬要刚着不退水，回头白天被大家一起出掉，场面也很难看，你说对吧？要是你是一张好人牌呢，这时候就应该退水了，如果你是一张悍跳狼牌呢，我这里也建议你就这么退下去，你这次跳得已经很失败了，不妨换后置位狼队友起来重新补跳一次……"

而如果是真预言家被查杀，起来的发言一定要强硬，要一身正气。首先如果前置位查杀我们的玩家是好人就让他立刻退水，不要扰乱局势。之后还是按照标准的预言家模板发言。标准发言结束之后再给前置位查杀我们的玩家一次机会，如果他还没有退水，直接将其认定为狼，攻击其发言漏洞，并且分析警上的狼队结构。

如果前置位悍跳狼可以直接查杀到真预言家，说明警上狼人可能比较多，这时候真预言家应该提醒下玩家们警上多狼，表示等会可能会有煽动狼出来为悍跳狼打煽动，而警下应该是好人比较多，希望警下的好人们认清局势，为自己上票，不要被悍跳狼和煽动狼欺骗。

当然隐狼牌和悍跳狼牌在警上被查杀之后的发言其实与好人牌被查杀的发言是一模一样的，只不过对于狼人牌来说，如果是自己被查杀了，首先要注意管理好自

己的表情以免露出破绽，其次要努力地分辨查杀自己的玩家是诈身份的好人还是真预言家，最后警上被查杀的狼人要考虑是自己应该原地起跳掩护队友身份，还是让警上的补位狼队友起跳，增加悍跳可信度。

第十六章　警上如何判断预言家的真假

其实狼人杀中的大多数身份判断都具有综合性，需要结合抿人、逻辑、心态、视野、结构等诸多因素来进行整体判断，在此我们仅仅罗列一些分辨真假预言家值得参考和注意的要素：

（1）发言逻辑。主要是看预言家发言的逻辑是否合理，比如首验逻辑是否成立、警徽流的合理性、对场上其他玩家的身份定义是否合理等，这在之前分析预言家发言时已经初步讨论过了。值得注意的是，在分析发言逻辑好坏的时候一定要考虑到玩家的实际水平。举例而言，比如可能某一个新手预言家的警徽流实际上留得是不太好的，但是只要这张新手预言家讲出了他这么留的道理，并且以他的视野、水平来看这些道理确实是成立的，那么我们也应该认为这样的警徽流是合理的。

（2）状态判断。如果是熟人局的话可以将这张牌的状态与他以往当真预言家以及悍跳狼的时候的个人历史数据库进行对比，再结合现场氛围进行修正，观察他现在的状态更接近过去拿真预言家时还是悍跳时的发言状态。如果是路人局的话可以初步分析两张牌的水平和性格，在经过修正之后，结合自己以往的游戏经验进行分析，判断他们谁更接近综合数据库中真预言家应有的形象。

（3）验人力度。这在之前的验人信息可信度判断一章中已经有初步的分析，单从验人信息可信度上讲，有一些验人信息是更加具有力度的。

（4）抿人。悍跳经验不够充足的悍跳狼会在发言的过程中感到心虚、紧张，而这些心理都会对他的发言产生影响，出现发言卡顿、语气禁止、没话找话、莫名的反复等现象。一个人的情绪以及部分心理活动常会不由自主地反应在外在的表情或者行为上。对于抿人更加深入的分析我们将会在之后的狼神卷中进行讲解。

（5）视角。悍跳狼需要经常在预言家和狼队的双重视角中来回切换，而这两种视角是完全不同的。有很多悍跳狼经验不足，无法真正代入到真预言家的视角来分析问题，又有很多视角切换还不够熟练的悍跳狼有可能就会在发言中不小心暴露出了自己狼队的视角，这也就是常说的"这张牌视角不对"。

（6）换位思考。在对一张牌有所了解了之后，就可以把自己代入到这张牌的性格和水平之中，设想如果我们自己是这位玩家且拿到了一张真预言家牌，我们会如何进行发言，如何进行操作。再将自己的思考结论与这张牌实际进行的发言和操作来

进行对比,就能在一定程度上看清这张牌是否是真预言家了。

(7)查杀。如果某个预言家报了一张查杀牌,那么我们就在两个预言家之外又多了一个逻辑基点。如果查杀牌身份更像好人,则会显著地拉低发他查杀的那个预言家的预言家面,如果查杀牌身份更像狼人,就会稍稍拉高发他查杀的那个预言家的预言家面(但不排除有狼查杀狼的可能)。

第十七章　警长竞选票型

对于投票阶段票型的分析是狼人杀中非常重要的一环,比如对于最简单的正逻辑来说,如果两个预言家发言差不多,难以分辨,但是其中一个预言家明显得了更多的票当选警长,那么就有理由怀疑是隐狼给自己的悍跳狼同伴冲票了。

首先我们鼓励警下的好人在对警上两个预言家有所分辨的情况下都尽可能地投票,因为警下玩家不像警上玩家那样可以通过发言来主导剧情,警下玩家最重要的事就是投票。一般而言,警下大概率有狼人,好人投票越多,狼队对于警长竞选结果的控制力也就越弱。同时警下好人还有着一个非常重要的任务就是在第一天白天的发言阶段尽可能清晰地说明自己投票给某一位预言家的理由,以此作为自己心路历程的一部分。

值得注意的是,警长投票的票型可以是假的,狼队可能根据战术安排打冲锋或者打倒钩。发言差不多时,拿到警徽的预言家也可能是真预言家遇到了狼队在打多狼倒钩的套路。所以根据票型和团队大小来判断真假预言家,即所谓的"票型不会骗人"其实并不那么准确,尤其是在高端局,狼队的战术更加丰富而且思路清晰,很容易就能执行出各种各样的战术格式来进行配合。

其实对于狼人来说,警徽是无法直接带来轮次优势的,悍跳狼拿警徽的收益主要是破坏预言家的警徽流,让预言家少报一个验人信息以及让自己占据归票位发言,而那0.5票的优势其实并没有那么容易争得轮次。所以事实上警徽对于狼人来说并不是那么重要,如果说能够在警长竞选里打一些战术配合,就算让真预言家拿到了警徽,第一天只要能够抗推真预言家也是没有任何问题的。所以说警徽投票不直接影响轮次,对于狼人来说不是那么重要,真正重要的是第一天白天的放逐投票。

对于狼团队来说,如果第一天悍跳狼的发言一定程度上好于真预言家,就不要再一起给悍跳狼冲票了,不然悍跳狼高票当选反而容易引起好人的怀疑。相反这时候可以考虑给真预言家冲票,让发言明显偏好的悍跳狼最终落选或者仅以微弱优势当选,这样的话站队悍跳狼的好人一定会认为真预言家是有团队的,于是继续站边悍跳狼。就算在游戏中后期悍跳狼暴露,这些好人也全部都是狼队的抗推位。

在警长投票中,有几张比较特殊的牌值得关注。一是预言家的金水,如果预言家

A的金水投票给了A就代表先接了这碗金水，如果反水投给预言家B，金水的投票也不会计入预言家B的团队。二是预言家A警徽流里的第一张牌C如果投票给了预言家B，警下C需要有更加充分的理由讲清楚自己为什么投票给B，如果一般的警下玩家觉得预言家A和预言家B发言三七开就可以投票给预言家B的话，预言家A警徽流里的第一张牌至少要觉得预言家A和预言家B发言是二八开才能投票给预言家B。

之前我们说过，建议警下好人要在对两个预言家能有所分辨的情况下投票并说清楚投票理由，虽然票型有可能是假的，但是"投票并说明理由"这件事的目的，主要不是去看团队的大小，而是去找出"不正常站边"的玩家。每一个玩家都应该在警下说清楚自己站边的理由，好人是可以站错边的，但只要他的理由表述清晰，是符合他的视角和能力的，那么他就大概率是一张好人牌。而狼人牌选择站边的动机不是和好人一样想找出真的预言家，而是根据战术安排，为了站边而站边。狼队早就知道谁是真预言家了，他们只需要根据战术安排来站边就行了，也就是说好人站边的理由是"觉得哪个预言家更像是真的，先有站边理由后选择站边"，狼人站边的理由是"根据战术安排选择站边，先选择站边后找理由"，好人真实的站边理由是说得清楚的，而狼人真实的站边理由是不能说出口的，所以狼人必须寻找一些伪逻辑作为自己站边的理由。而这样"为了站边而站边，先站边后找理由"的发言是会露出破绽的，因为这与这张牌是好人牌的时候遇到这样的局面会作出的反应和该有的心路历程可能会有所不同，由此就可以发现吃信息的痕迹。当然女巫要是救了其中一张预言家牌又或者是救了被查杀的牌也同样是得到了额外的信息，不过女巫可以跳出身份来自证，而狼人就没有办法了。其实哪怕是高配玩家，只要吃了信息，也免不了有一些"先有站边后找理由"的问题，只不过高阶玩家可以看穿低阶玩家，反过来就不行而已。

在若干个站边和投票中，双方预言家都是有团队的。真预言家的团队里可能有站对边的好人和倒钩狼，悍跳狼的团队里可能也有站错边的好人和冲锋狼，当然划水狼也可能和看不清楚局势的好人一起站在中立的位置。

而好人要做的就是尽可能地剔除双方团队中不吃信息的好人牌，找到"为了站边而站边"的疑似狼人牌，再根据疑似狼人牌的发言和投票还原狼队的战术思路，最后逆推出谁是真预言家。可以剔除的玩家有以下几种：①第一天夜里倒牌的剔除；②认神自证身份的剔除；③站边理由清晰，充分符合其视角和阶位的剔除；④因为其他原因坐实好身份的剔除。

另外还有两个特例：①在考虑预言家B是真预言家时，将被预言家A查杀的玩家从预言家B的团队中剔除；②在考虑预言家A是真预言家时，将预言家A的反水金水从预言家B的团队中剔除。

在尽可能地剔除掉双方团队中的好人之后，剩下的就是暴露在我们视野里的疑似狼人牌了，我们需要根据这些疑似狼人牌的发言和行为来判断哪一个预言家牌更可能和这些疑似狼人牌认识，且正在打配合。通过这种分析方法，即使我们无法从两个预言家的发言中直接分辨谁是真的预言家，也可以以隐狼为线索去分辨预言家的真假。

最后再说几个小技巧：

（1）就算是真预言家也不能相信所有站边自己的牌，尤其是说不清理由、无脑站边的，因为这些很有可能是倒钩狼。如果女巫第一夜没有用解药，预言家可以在第一天先拉狼票让疑似倒钩狼帮自己冲票，但第二天一定要把第三夜的警徽流留到这张疑似倒钩狼的位置上去并说明理由。

（2）只有当两个预言家发言差不多的时候才会去提团队的大小，如果其中一个预言家发言远远差于另一个甚至于直接聊爆，那就显然没有必要再去盘双方团队大小的问题了，因为这种时候就算是狼队也只能抛弃掉这张聊爆的悍跳狼全员倒钩藏身份了。

（3）神牌在警下投票的一个好处就在于在必要的时候可以直接跳明身份，从而将自己的嫌疑排除。

（4）因为好人一直在跟着局势思考，所以好人警长竞选投票、发言、放逐公投的思路一定是连贯的，心路历程一定是能讲得很清楚的，而狼人是"为了站边而站边，为了投票而投票"的，是会根据局势选择站队和投票的，所以狼人的思维就会显得很跳跃。当有一张牌突然发生站边变化时，一定要让他聊清楚是什么原因导致了他的言行不一以及站边的巨大转变。

（5）狼队的一个常用技巧叫作算票，也就是根据发言的站边情况来估计投票的结果，所以狼团队内部为了不让票型太暴露，在感觉票数够冲出真预言家以后可能就会弃票甚至倒冲来平衡票型并做身份。

（6）当然对于狼队来说，也要让自己的站边理由尽可能编得饱满一些，有时候可以在警上故意做一些操作，比如前置位隐狼故意给后置位悍跳狼施压之类，制造一些剧情方便互做身份，然后就可以用"我警上故意给了他那么大的压力，在他背负着这么大压力的情况下，我仔细观察了他的反应，感觉这张牌的反应还不错，思路也很清晰，所以我觉得他更像是真预言家"这样的理由让自己合理地站边并假装出不认识的样子了。伪逻辑不能单单靠被动地去硬编，很多时候狼队需要主动出击创造出剧情，从剧情中自然而然地编造出理由。

第十八章　PK发言与第二次票型

有时警长竞选会出现平票PK，按照规则，第一次平票时得票数相同的玩家按照与警长竞选时相反的发言顺序再发一轮言，然后全体PK台下的玩家进行第二次投票。

若第二次投票依旧平票则本局游戏没有警徽。

在警长 PK 时，预言家牌需要做的是及时根据之前警上自己发完言之后新获得的信息以及刚刚结束的第一次投票的票型来修改自己的警徽流并说明原因，建议把第一警徽流给到悍跳狼团队里的玩家。PK 环节时预言家需要对警上剧情和第一次投票进行分析：如果自己的金水反水则要对金水进行苦口婆心的劝导；如果对面的金水反水要利用这点进行攻击并初步定义狼金水的身份，建议此时修改第一警徽流到其他位置；如果被悍跳狼查杀的玩家没有给自己投警长票要进行合理地质疑是否狼查杀狼；在自己警徽流里的玩家给悍跳狼上票要质疑并给压力，在把自己是真预言家的逻辑说清楚之后，希望他站回来并表示如果依旧要给悍跳狼冲票，且警下聊不清楚原因则将他认定为狼；对于给自己上票的牌要进行鼓励，同时给以他们恰当的压力以展示自己真预言家的心态，表示自己不清楚里面有没有倒钩狼，但是只要他们跟着自己上票第一轮就先不盘倒钩狼，但是如果这几张牌这一轮变票或者弃票了，将会被怀疑成是一开始倒钩后来看情况决定改冲锋支持悍跳狼的隐狼；对于冲票给悍跳狼的牌要与他们互动，表示他们里面应该有站错边的民，站错边没关系，现在站回来就行，实在不行警下也请把自己站边的心路历程说清楚，不然作为真预言家很难分辨站错边的民和冲锋狼；游说弃票的玩家勇敢上票；分析警上警下剧情，对于警上警下的狼队分布进行分析；如果是在 PK 后置位发言，可以攻击悍跳狼警上和 PK 这两轮的发言漏洞并以此对其他玩家的身份进行初步定义；对于明显发言有问题、站边悍跳狼的玩家直接认定为狼，以他的发言为攻击点攻击悍跳狼；最后为自己拉票等。

其实悍跳狼和真预言家的发言思路是一样的，只不过多的是必要时需要给狼队友递话安排如何投票，以及在一开始就初步计划好要着重拉哪几张好人牌的票、把哪些牌打进真预言家的"狼团队"中，从而在开局阶段就为此进行铺垫。真预言家没有团队，悍跳狼有团队，因此对跳的核心不单单在于一张预言家牌和一张悍跳狼牌的互相攻击，更在于两个团队的比拼。所以悍跳狼的一个重要工作就是给真预言家制造团队，必要时需要由倒钩狼来进行配合去填狼坑，如果把一张倒钩狼所拥有的的狼坑挤到真预言家那边去能换来好人团队一张票的支持，对于悍跳狼来说一定是合算的。

另外在警长投票的第二次票型中需要着重关注的牌主要是变票的牌，无论是之前弃票的牌现在上票了，还是之前上票的牌现在弃票了，或者之前站边某一边的现在站到了另一边，这些都是很值得注意的关键信息。一张牌的变票必然有他变票背后的原因和逻辑，警下一定要听变票的牌好好聊清楚自己的心路历程和变票原因，一张好人牌是聊得清楚上票的原因的，而对于一张"为了站队而站队，为了投票而投票"的狼人牌来说编造一个饱满的心路历程就没那么容易了，所以说第二次投票的票型是寻找狼人的一个重要依据，剧情越丰富，狼人要伪装出饱满的心路历程也就越难。

遗言篇

·进阶卷·

第一章　第一个遗言

首夜如果女巫没有用解药，对于一张非预言家牌来说，在遗言阶段首先要做的就是认明自己的身份，民牌被首刀不要认神添乱，而神牌被首刀也应该认清楚自己的身份再出局，以防被狼人穿走衣服。

毕竟狼人首夜自刀不悍跳这种情况还是非常罕见的，被首刀的玩家基本会被全场玩家认为是好身份，在这种情况下如果玩家被首刀了，就可以以铁好人的身份帮助场上其他的好人牌分析局势。在首刀能够被全场认为是好身份的情况下，警上女巫的操作空间一定是比其他好人牌大的，此时女巫可以去仔细分析两张预言家牌的真假而不至于被怀疑成是冲锋狼，女巫可以随意给后置位玩家压力而不至于被怀疑是隐狼在找神。所以当女巫被首刀时，应该充分利用好自己最后这一次发言的机会以及女巫相对于其他好人牌而言更大的操作空间去为好人阵营提供思路。在女巫的遗言中，其需要站在一张不吃信息的好人牌的视角去为所有好人分析整个警长竞选时的剧情，帮助大家初步分辨两张预言家牌的真假，同时去给场上的疑似狼人牌压力，逼迫他们在压力下发生失误或者无法再在发言中流畅地进攻。最后在警上剧情不丰富的情况下，女巫在遗言阶段也需要丢几个水包，给几张牌一点压力让他们好好发言，从而初步调动起第一天的剧情。其他好人牌被首刀之后的遗言我们将会在之后几章中逐一进行分析。

第二章　预言家被首刀

1. 狼队视角

首先，让我们从狼队的视野来分析一下首刀预言家。其实，对于对跳局中的狼人来说，如果不打倒钩战术，预言家是一张完全没有吃刀价值的神牌，其存在本身就是狼队最完美的一个抗推位。而要是首刀了预言家的话，就会对狼队的战术造成一定的困扰。其中的一个原因就是在狼人杀的游戏规则中第一天白天是先竞选警长后宣布第一晚的死讯，狼队在警上并没有办法获悉女巫第一晚是否使用了解药。如果被首刀了的预言家在警上前置位起跳，那么这对于后置位原本准备悍跳的狼人来说就要面临一个抉择，见表6。

表6 不同局势下悍跳狼的选择

	继续悍跳	悍跳狼放弃悍跳
女巫救了预言家	悍跳狼和银水预言家对跳也并不是不可行的,其中一个收益就是可以很容易地找到女巫。如果女巫选择起跳报真预言家银水,这个时候悍跳狼可以视情况去盘：1.女巫和预言家是双狼 2.预言家是自刀悍跳狼。两者都是可行的方案	如果悍跳狼选择放弃悍跳,则将进入惩狼局,真预言家将会直接坐实身份并拿到警徽打出警徽流。在第一天白天,警上预言家后置位的玩家一定会被重点怀疑的对跳,这就需要警上的狼人尽力表水以免被抗推了
女巫没救预言家	在自刀悍跳开局,又或者是首刀预言家开局中,如果女巫用了解药,那么基本上就是正常去对跳。而如果女巫没救人,对于好人阵营来说,无论是真预言家被首刀还是悍跳狼自刀,选择"一狼换一预,一刀换一推"出掉另一个预言家进入生推局都是可以接受的做法,此时女巫要做的就是注意隐藏好自己的身份以免第二晚吃刀。 而对于狼队来说,要做的就是一边表水一边专心地找双药女巫,争取在第二晚直接刀掉双药女巫而废掉解药。 继续悍跳的话,悍跳狼大概率是会在第一天白天直接出局的。而他可以去做的事情有两件,一是去做狼队友的身份,二是尝试强打一个好人出局	这是一种狼队比较优势的开局,狼队在第一天白天的核心思路还是表水和抿双药女巫。虽然在警上的狼人可能会上PK台,但是只要狼人发言够阳光也依旧有机会能够抗推好人

当然,悍跳狼应该如何选择还需要结合真预言家首夜的验人结果来综合进行考虑。如果真预言家首验的是金水,则狼队更加有可能会去打惩狼局。而如果真预言家验出了查杀,则被查杀的狼人要么直接自爆,在预言家被救后再补一刀,没被救就赌刀女巫或者自刀骗药,要么狼队就继续悍跳,去盘真预言家是狼人自刀或者再悍跳一张女巫出来。

2. 预言家视角

接下来让我们回到好人阵营这一边,进入预言家的视角,先来分析被首刀而死的预言家应该如何进行发言,这一部分内容就很简单了。

如果我们是一张预言家牌,在被首刀的情况下肯定先要求自己的查杀或对跳的狼人买单,并对局势进行初步分析,这部分发言的内容类似于警长竞选PK时的分析。有查杀肯定是先把查杀出了,而要是验出金水那么就让金水带队最后进行归票。如果狼人在首刀了预言家之后发现预言家首验了金水就不悍跳了,遗言环节我们作为坐实的预言家则需要帮助好人仔细分析局势并定下内推对象。所谓的内推也就是把两张疑似狼人牌拉上焦点牌,优先在这两张牌里PK出人。最后如果预言家被盲毒、

·进阶卷·

盲狙,那么这局游戏好人其实已经很难获胜了,但是作为一张预言家牌还是要对自己的底牌负责,哪怕只抓住一丝获胜的希望,也要去为好人阵营设计获胜的线路。

其实,无论是真预言家还是自刀悍跳狼,如果在第一晚就倒牌了,其发言思路都是一样的。简单来说就是先(装作)很惊讶,然后责怪女巫居然不救自己,最后用一种悲壮的心态做好自己作为一个真预言家最后能为好人阵营所做的事情,如果有悍跳的话就希望好人阵营能够放逐悍跳狼(或者先出查杀),而如果没有对跳就让首验的金水带队找狼或者先出首验的查杀。

第三章 猎人被首刀

下面我们来具体地分析猎人被首刀的开局。其实如果是猎人被首刀而死,对于狼队来说是一个上限高而下限低的开局,这主要看猎人的枪法如何,猎人水平越高,带狼越准,对于狼队来说越不利。在本章中,我们将会分析以下三个问题:猎人被首刀出局要不要认身份?猎人被首刀出局要不要开枪?开枪带走不同身份的玩家将会对局势的发展产生怎样的影响?而至于应该如何判别狼人,我们将会在之后再作讨论。

首先,猎人被首刀出局要不要认身份?这是必然需要的。对于猎人来说,不论是否准备开枪,都应该在遗言时认明自己猎人的身份。事实上,任何一个好人阵营的玩家被首刀而死,都应该认明自己的身份再出局,减少场上其他好人玩家的思考量,尤其是神牌被刀出局,更应该在遗言中认明自己的身份再走,不给狼人未来乘虚而入、穿神衣服的机会。比如说如果猎人认民出局,未来狼人也有可能会穿起猎人的衣服,在不会有真猎人起跳拍他的情况下,狼猎人将会直接做成金刚狼。就算狼人不知道真猎人已经出局,狼人也有可能会在被查杀时穿起猎人的衣服,又或者是在游戏中期跳猎人找猎人,结果误打误撞做成了金刚狼。而且,对于狼人来说,就算不知道真猎人已经出局,也没有抿到猎人,那狼刀也是先刀预言家、女巫和白痴,最后再刀猎人。因此,当猎人被首刀出局时,就算不准备开枪,也要一定认明自己猎人的身份再走(猎人翻了牌就必须开枪,所以不能只翻牌不开枪而自证身份)。

如果猎人选择不开枪的话,那么对于狼队来说属于一个小优势开局,比首刀死白痴更加优势一些。而如果猎人选择翻牌开枪的话,可能会形成五种局面。其中带走狼人属于好人中等程度的优势开局(容错值 –1,占比为 4/11),带走平民属于好人阵营中等程度的劣势开局(容错值不变,占比为 4/11),而带走预言家、白痴或女巫基本上都是好人阵营可以直接交牌的开局(容错值 +1,占比为 3/11)。可以很轻易地发现如果猎人随机带人的话,对于好人阵营来说其期望收益是负的,所以不建议猎

· 108 ·

人在分辨不清的情况下随便带人。之所以猎人开枪带走平民也会给好人阵营带来中等程度的劣势是因为在狼人杀中除了容错值之外，还有着一个非常重要的参数就是场上狼人的控票率。在平安夜开局中，总票数为12.5票，狼人没拿到警徽时有4票，占总票数的32%；拿到警徽时有4.5票，占总票数的36%。而如果猎人开枪带走了一个好人，总票数为10.5票，狼人没拿到警徽时有4票，占总票数的38.1%，拿到警徽时有4.5票，占总票数的42.9%。要知道，狼人只需要拉到50%以上的票就一定可以放逐掉一个好人，猎人被首刀开枪带走一个平民，虽然场上的容错值依旧是0，但是狼人的控票率却得到了大大的提升，这会使得狼队更加容易在白天抗推好人，抢到轮次。

从实战角度来看，猎人是在警长竞选结束之后翻牌的，只有警上的发言信息和警下的投票信息，因此此时猎人如果选择开枪，最有可能带的两张牌就是预言家和悍跳狼。如果猎人开枪带走了预言家，好人阵营的劣势将会非常大；而如果猎人成功带走悍跳狼，则好人阵营将会获得中等程度的优势。因此，我们建议只有当猎人有了七成以上的把握之后，再开枪带走自己心目中的悍跳狼。对于双方阵营来说，这一枪都是至关重要的，基本上这一枪会影响整局游戏中盘的走向，甚至直接决定了整局游戏的胜负。

当然，除了开枪带走对跳预言家的两张牌之一外，猎人还可能有着其他的选择，其中一种比较常见的是带走预言家所发的查杀牌。相对于在两个预言家里二选一，这是一种风险相对较小的选择。

如果猎人带走了真预言家的查杀，那么就是带走了一只冲锋狼，这对于狼队来说是比较大的损失，但是和悍跳狼被带走一样，狼队对此还尚且可以接受。而如果是带走悍跳狼的查杀的话，带走平民对于好人阵营来说会有中等程度的劣势，而带走女巫或者白痴的话将会直接进入好人交牌局。当然，如果这个时候悍跳狼在玩狼查杀狼，就很有趣了。

总的来说猎人开枪带走自己所相信的预言家的查杀，相对于二选一带走真预言家和悍跳狼其中之一来说，收益相当，而风险相对较小，是一种不错的选择。

当然，在面杀局中，如果猎人在摸牌和警上阶段就已经抿出了狼人，死后直接翻牌开枪将其带走也是一种不错的选择，而这就要看猎人的抿人功底了。

另外有两种情况下，猎人是一定要开枪的。一是猎人被一张悍跳狼查杀了（偶尔会有悍跳狼查杀刀口来找女巫），此时直接翻牌带他走就行，二是场上只有唯一的一个预言家起跳，并且发了一张查杀且查杀牌在警上还没有自爆，那么在我们死后就应该直接翻牌带走这张被查杀的狼人牌。

最后，让我们再讨论另外两种可能会遇到的情况。第一种情况是狼队没有起跳

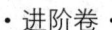

而真预言家发了一张除猎人之外的金水，这个时候猎人在除了预言家和金水之外的剩下九张牌里随机带人，带走狼人的概率是 4/9，带走平民的概率是 10/27，带走白痴和女巫的概率都各自是 5/54，此时开枪带人的期望收益得到了提升，结合一些捉人信息的话猎人可以更多地考虑开枪带人。而且悬狼局与对跳局不同，悬狼局中所有人都得听预言家归票，就算猎人误带了好人，狼队的冲票能力也无法得到很好的发挥。第二种情况是警上有狼人自爆，因为此时已经减少了一只狼人，翻牌带人带到狼人的概率会有所下降，需要猎人有更加大的把握再开枪带人。

第四章　白痴被首刀

对于被首刀而死的白痴来说，不用像猎人那样要考虑死后开枪的事情，问题就简单了很多。白痴被首刀和猎人被首刀一样，应该在遗言中认明自己的身份再出局，以免在死后被狼人穿走自己的衣服。

首刀白痴的开局对于狼队来说是一个比较优势的开局，这会使得狼队在第二晚刀双药女巫的时候可以不亏轮次，而且白痴往往是四张神牌中最难找的一张牌，首刀白痴可以为狼队省下不少的工夫。

第五章　平民被首刀

平民被首刀是一个好人阵营的小优势开局，被首刀的平民要做的就是不要添乱。有的玩家喜欢平民认神出局，误以为能扰乱狼人的视线，但是事实上，更多被扰乱的永远是好人的视线。如果一张民牌认了神出局，就会破坏真神原本应有的操作空间。比如一张白痴牌，在没有民捣乱的时候，他的操作空间更加地大。他可以选择藏身份，也可以选择在必要的时候跳明身份，除非有狼人对跳，否则基本不用担心在白天被抗推出局。而一旦有民牌被首刀出局认了白痴的身份，真白痴就无法再通过认白痴来自证了。也就是说本来白痴可以自由地根据局势来选择自己的操作，保守一些选择藏身份或是激进一点出来带节奏都没有问题，但是如果有民被首刀出局后乱认白痴的身份走，那么真白痴的操作空间就被压缩了，而且在真白痴的眼里，这张捣乱的民牌就是一张自刀而死的狼人在混淆好人的视线。因此，对于好人来说，其实被首刀出局，思路非常简单，就是自己是什么身份就老老实实地认什么身份，然后该分析什么就分析什么，不要乱秀操作来扰乱其他好人的视线和思路。大道至简，在高手眼中胡乱炫技无非是"止增笑耳"罢了。

第六章　盲毒双死

　　有时首夜会出现双死，此时就是女巫首夜没有用解药并且盲毒了一张牌。一般而言首夜双死大概率是女巫被首刀不能自救而无奈首夜撒毒，小概率是女巫抿出了被首刀的玩家是平民或者自刀狼，并且开局时就已经抿出了一张狼人牌，于是直接首夜毒掉了被自己颜杀的狼人，后者仅可能出现在面杀中。最后极小概率是仇毒或者女巫在乱玩。因此一般而言，当首夜双死时，我们首先会认为其中一张是被首刀的女巫，另一张是女巫首夜的盲毒对象。

　　如果是一张好人牌听到自己是首夜双死之一，那么这局游戏好人阵营就已经比较难玩了，因为另外一张牌大概率是被首刀的女巫且盲毒了自己，此时场上活着的十人为四狼三神三民，甚至四狼两神四民，不但狼刀在先而且狼队的控票率也达到了40%，好人阵营将会陷入中等乃至非常大程度的劣势之中。此时双死之一的好人牌只能认清楚自己的身份并适度表水，然后帮忙理清场上的局势了。

　　如果好人牌觉得另外一张牌不是女巫，又或者是另一张牌遗言时前置位已经表示自己不是女巫，好人牌就要分析自己首夜是被刀还是被毒了，以及一起倒牌的另外一张牌是否是狼人了。

　　值得一提的是狼人和猎人此时都是有信息的，因为狼人知道狼队首刀了谁，所以另外一张牌一定是被女巫盲毒的，而猎人则可以通过自己是否能够开枪来判断自己是被刀还是被毒。尤其是在面杀中，猎人如果首夜被盲毒了，当晚立刻就会获悉这一消息。

　　其实如果是狼队首刀女巫，女巫盲毒一狼，对于狼人来说也并不算亏。此时被盲毒的狼人要做的就是让别人尽可能地相信自己是一张好人牌，把自己身上的狼坑挤出去，混淆好人的视线。如果是悍跳狼就继续坚称自己是真预言家，如果是隐狼则可以视情况选择是认猎人、白痴还是平民。其中认民表水相对中庸，而认神的优势在于可以占掉真神的神坑，让真神更难自证，劣势在于会让真神知道自己是一张被盲毒了的狼人牌。

　　值得注意的一点是，其实在面杀中狼队可以去观察首刀对象天亮后的状态，女巫知道自己已经吃刀死了，和其他不知道刀型的好人牌状态是会有一些区别的，很容易分辨。通过观察被首刀的女巫，有时狼队就能从女巫的目光中捕获到盲毒对象的位置，如果有狼人抿出来自己被女巫盲毒了，就可以直接在第一天警上自爆吞掉毒药。另外还有一种非常炫技的打法是被盲毒了的狼人在警上就认女巫，声称自己吃首刀并盲毒了一个人，到警下之后遗言就可以以女巫的身份为悍跳狼队友号票了。

首日篇

· 进阶卷 ·

第一章　发言顺序

发言位置的先后在狼人杀中其实有着非常巨大的区别，前置位发言的玩家能听到的信息量比较少，较难作出太多有效的判断，而且到最后的放逐投票时距离前置位玩家的发言可能已经过去了二十分钟，前置位玩家说了什么可能大家记忆已模糊，因此前置位玩家发言的影响力也比较小。相反，后置位发言的玩家尤其是警长坐拥当天白天所有的信息量，可以结合这些信息作出最全面的判断，可以在末置位进行一次强势归票来说服别人。因此，在狼人杀中一般越靠前发言的位置越不利，越靠后发言的位置越有利。

拿到警徽的预言家作为警长可以决定发言顺序，一般情况下验出查杀的预言家会选择让自己的查杀和对跳在前置位发言，这么做的原因有二：一是可以压制查杀和对跳玩家的发言影响力；二是如果自己的查杀在前置位认了一张神牌，后置位的真神可以有足够的空间去拍他。而如果验出金水的话，带警徽的预言家一般会选择让金水在后置位发言，帮助自己进行分析和归票。

第二天的发言顺序也是如此。因为警长预言家是最后一个发言的，在他发言前其他玩家并不知道预言家的验人信息，而此时警长预言家就可以通过发言顺序来提前告诉场上的其他玩家自己昨晚的验人信息，验出金水的话让他在后置位发言，验出查杀的话让他在前置位发言。这样场上的其他玩家在第二天一开始就可以知道预言家的验人结果了，也就节省了很多不必要的精力去分析验人对象的身份。

第二章　预言家该如何应对自刀悍跳狼

有时候真预言家会遭遇狼人自刀悍跳，结果自刀悍跳的狼人没有被女巫解救就直接出局了，此时面对已经自刀出局的悍跳狼，真预言家应该怎么做呢？如果预言家首验了查杀是最好的，这样预言家就有了一个明确的攻击目标，可以直接强势地拉着自己的查杀上PK台，PK赢了狼队直接交牌，PK输了好人阵营也不算太亏。作为一个预言家，在面对狼队的自刀套路时就要发动自己身为真预言家的正义光环将其击破，就算第一天白天大家选择打平衡，预言家被放逐了也要在遗言中用自己清晰的逻辑、良好的状态和真诚的态度去感染尽可能多的好人。虽然在玩真预言家时使用正义光环召唤"天降金水"会压制自己以后当狼悍跳的空间，但是如果是在面对狼队的套路时该用就用，让狼人无法攻击、无处遁形（所谓正义光环，就是选择放弃平衡自己的形象，让自己的好人状态充分地爆发出来，达到一种自己玩狼人时

无法演出来的高度。其效果为天降金水，令其他玩家不得不信）。

预言家可以明确地表示今天拉自己和自己的查杀上PK，比如"既然悍跳狼已经自刀了，那么我尊重狼人的自刀，就算今天我被票出局也没关系，'一刀换一推，一狼换一预'，我们好人阵营也不算太亏，大不了把狼人自刀后我们赚到的两刀还回去。所以说今天，我要是被出了，那么也没关系，我不怪你们，但是我作为一个真预言家要求我们好人一定都要投票，而且我们的票不要投到我和我的查杀之外的玩家身上去。因为今天狼队一定会冲票的，他们自刀了还没法冲票把我出掉的话狼队就没法玩了，所以我希望所有好人都投票，站错边也没关系，因为票型很可能就会暴露狼队，到时候我被7、8票冲出去了狼队也很尴尬，对吧。当然我还是希望看得清局势的玩家可以帮我出掉这张被我查杀了的狼人牌（分析局势并对悍跳狼和被查杀的狼的发言进行攻击）。那么就算我今天白天被狼队冲出去了，没关系，我的遗言还可以帮大家分析局势。另外也请大家牢牢记住我的验人结果，这张牌是我的查杀。那张自刀悍跳狼发的金水的身份我不确定，大概率是一张狼牌，但也有小概率是狼队在玩套路，这张狼金水牌要是我还有机会的话，晚上我会去摸一下"这样的发言。

面对自刀悍跳狼，作为真预言家一定要用自己的真诚打动大家，这样才有机会出掉自己的查杀。而在真预言家验出金水的情况下，真预言家如果水平不够，其将会失去明确的攻击对象。此时对于预言家来说，场上的十一位玩家，除了自己和金水之外，剩下的九张牌里只有三张是狼人牌，没有足够的信心敢随意打人。在这种情况下，预言家的第一种应对方法是尊重悍跳狼的自刀，认出与之一换一，但是预言家必须要在首日的发言和遗言中尽可能地感动场上的好人，让他们相信自己才是真预言家，从而保住自己金水的好身份。而第二种应对方法则需要预言家有着比较强的抿狼能力，在有自信能够抿杀一张狼人牌的情况下，可以强打这张被抿杀的狼人牌，抓住他聊爆的点将其拍出局。值得注意的是，第二种方法要求预言家必须能够准确地打对狼人，否则如果误打了好人，不但自己会被拍出局，预言家的身份、验人信息以及站边预言家的好人团队也都很可能被怀疑。因此,在首验金水的情况下，除非有狼人自己原地聊爆，否则真预言家在面对自刀而死的悍跳狼时是比较难团结起大多数人的票，出掉九张未知身份中的某一张牌的。

作为真预言家另外值得注意的是，如果自己拿了警徽，可以表示自己是一张警徽预言家，可以接受夜里吃毒，但是不能接受死在白天，希望就算要死也要被女巫毒死在夜里，然后把第二夜的验人信息用警徽流报出来，要求出掉自己的查杀/抿杀的狼人。这样至少预言家还能多报一个验人信息，只要发言足够诚恳，女巫甚至能够认可预言家的身份而选择去外置位救人让预言家再发一天言。

当然其实狼人首刀掉真预言家以后的发言也是一样的，如果拿到警徽，也可

以用同样的方式表示自己认毒不认推，然后在末置位强打一张发言有漏洞的好人牌，再拉票强出这张好人牌抢一个轮次。

第三章　没有拿到警徽的预言家发言

如果一张真预言家牌没有拿到警徽，这个情况对于预言家有一些不利，不但少0.5票走不了警徽流，而且还大概率会被悍跳狼警长安排在前置位发言。

对于一张没有拿到警徽的预言家牌来说，首先不要因为没有拿到警徽而抱怨或感到慌张，悍跳狼拿到警徽也很可能是因为这局狼队打得比较悍，在警长竞选的时候给悍跳狼冲票了。首先预言家应该去分析票型，给后置位投票给悍跳狼的玩家压力，让他们聊清楚上票给悍跳狼的理由，在这其中应该是同时存在着冲锋狼和站错边的民。作为一张真预言家牌，虽然没有拿到警徽，但也不能自暴自弃，去埋怨好人站不对边，而是应该仔细去分辨站边悍跳狼的玩家的身份，拉回其中站错边的好人，给其中疑似的狼人牌压力，通过自己真预言家的逻辑和心态去打动另外七张好人牌让他们相信自己是真预言家，然后有查杀走查杀，没查杀撕警徽。

一张没有拿到警徽的预言家牌是不需要留警徽流的，一个比较恰当的方法是圈定一个大致的验人范围，然后再根据第一天的发言和票型灵活选验。另外一个比较重要的技巧就是要学会给压力，如果压力给得恰当，能够压制狼队的不敢冲锋的话，这样就有机会逼迫悍跳狼的狼队友弃票甚至拉到一张倒钩狼票。对于一张没有拿到警徽的预言家牌来说，任何一票都是至关重要的。

前置位的预言家不能仅期望后置位的好人牌看清局势帮自己拉票。因为根据心理学上的责任分散效应，如果是一个个体被要求单独完成任务，责任感就会很强，会作出积极的反应，但如果是要求一个大群体共同完成任务，群体中的每个个体的责任感就会很弱，面对困难或遇到责任往往会退缩。为了避免因责任分散效应导致看得清局势的好人牌不敢站出来带队，前置位的真预言家可以用如下的发言把责任集中给一张或者少数几张牌（金水、警长竞选投票投给自己的玩家或高配玩家），有针对性地和他们互动，比如："A、B，你们在我的视野里是大概率做得成好人牌的，因为……，我希望你们但凡要是一张好人牌，在看得清局势的情况下，能够帮我在后置位盘一盘。因为现在是狼警拿警徽让我在前置位发言,后面的信息我统统听不到，就目前我一张真预言家牌所拥有的信息而言（分析局势）。我是一张真预言家牌，在这个位置发言我已经尽力去分析了，这个游戏我们八个好人是一个团队，想要获得胜利的话必须每个人共同努力才行。希望你们是一张好人牌的话，能够负起你们的责任，帮大家理清局势，出掉我的查杀/撕掉警徽。"

第四章 预言家的警长末置位发言

1. 真预言家

如果是一张真预言家牌，那么拿到警徽之后就应该更加仔细地听取每一个人的发言，根据每个人的发言决定自己之后的验人对象。为了防止狼人自爆，警下第一轮发言的预言家首先要做的就是更新自己的警徽流并说明原因。如果担心狼队使用刀金水战术，可以安排奇偶警徽流。

作为一张带警徽的真预言家牌，最需要做的就是避免自己死在白天，同时投出自己想出的人。所以说在两边团队势均力敌的情况下，若第一天放逐结果尚不明朗，预言家只需要强打自己的查杀和悍跳狼就行了，可以去向几张疑似狼人牌施加压力，但是最好不要裸点四狼。一方面如果预言家误把好人盘进了狼坑，很可能就会失去这张好人的票，另一方面就算预言家第一天四狼全点对了，也只会逼着狼队选择四狼裸冲而已，因为一个白天只能出一只狼，裸点四狼也只能先出掉其中一只。所以说一张真预言家牌第一天脑海里可以盘四狼，但是第一天发言除非局面使好人有很大的优势，否则是没有必要直接裸点四狼的。因为真预言家牌不像悍跳狼那样有着团队票的支持，所以每一张好人票甚至狼票预言家都应该尽力去争取。只要出掉了查杀牌或者悍跳狼，让狼人深水、倒钩一轮也无妨。对于真预言家来说，第一天盘两张狼坑，给几个疑似狼坑位压力就已经足够了，点四狼是第二天才应该做的事情。

值得注意的两个细节是，因为狼队往往在逆风的情况下会更多地选择倒钩，如果说场上形势好人占优的话，那么越早站边真预言家的玩家越有可能是一张好人牌，越晚站边真预言家的玩家越有可能是看局势不利选择当墙头草的倒钩狼。而对于预言家已经身份坐实的排水局来说，因为后置位认身份不太会被拍，所以在一轮发言中越晚起跳的神牌越不可信，如果这张牌本来就在狼坑里，那么这也很有可能是一张狼人牌意识到了自己在抗推位里，所以认一张神牌想躲过这一推从而多活一轮。

2. 悍跳狼

如果是一张悍跳狼牌，警徽流就是一件非常需要深思的事情。一方面悍跳狼要尽量让自己的警徽流显得有理有据，像一个真预言家留的警徽流，另一方面悍跳狼的警徽流往往和狼队中盘的战术和第二夜要不要自刀是紧密相关的。狼队是准备去发一张站边真预言家的好人牌查杀，还是去发一张倒钩狼金水/查杀做身份，又或者去自刀发一张隐狼金水等很多种可能，需要根据当下的局势和狼队的布局来进行安

排。而如何让这二者统一就显得尤为重要，一个非常突兀的警徽流会直接做低悍跳狼的身份。

另外需要注意的一点是，如果悍跳狼经过算票发现只要倒钩狼（或深水狼）帮狼队一起冲票，那么真预言家就会被冲出去，如果倒钩狼继续倒钩那么自己就会被冲出去，这个时候作为狼队的领袖，悍跳狼就需要向狼队友递话，布置投票的战术安排。

第五章　好人被查杀应该怎么办

1. 被查杀的好人牌的视角

对于被查杀的玩家来说，警上在分不清是诈身份还是悍跳的情况下没有必要认身份，而到了警下如果自己被悍跳狼查杀，那么就一定要认清楚自己的身份，是民就认民。而如果是神牌的话，最简单的方法是直接亮明身份拍悍跳狼出局，如果自己有信心在认民的情况下就能把悍跳狼拍出去，也可以选择认民藏身份。这么做的收益在于如果神牌在被查杀时还能忍住只认一张民牌，那么在狼队的视野里这基本就只能是一张民牌了，同时作为悍跳狼的查杀，如果倒在夜里，那么悍跳狼的身份也就彻底暴露了。所以说，在我们拿到神牌时，如果对场上的局势足够自信，被查杀时认民可以有效躲刀。当然这么做的风险就在于如果我们误判了局势，认民就更可能被冲出去，尤其是女巫牌如果带着药被冲出去非常是很不利于好人阵营的。

对于猎人来说被悍跳狼查杀，如果在前置位发言，可以直接亮明身份拍悍跳狼出局，这样如果狼队要冲猎人出局就必须再悍跳一张猎人出来，即使猎人被冲出局（容错值 +1 或 +2），也可开枪带走狼猎人（容错值 -1），晚上悍跳狼吃毒（容错值 -1），轮次上也不算太亏，还能帮助真预言家坐实身份。如果在后置位发言，好人优势的情况下猎人可以选择藏身份认民，但是劣势的情况下即使认了一张猎人牌，悍跳狼还是可以盘真猎人在前置位没法起跳，然后把猎人冲票冲出局。这个时候猎人就可以选择在后置位进行一种瞄准操作，比如：“我是一张枪牌，今天 X 查杀我那么他一定是一张狼人牌，今天白天如果我被狼队冲出局，翻牌我不会去带这张悍跳狼，这张悍跳狼留给女巫晚上帮我毒掉，我要是今天翻牌，我会带我右手边第一张敢冲票到我头上的牌。”通过这种瞄准操作来威慑外置位的狼人牌以及站错边的好人牌不敢冲票，从而冲出悍跳狼。当然实际操作中，也可以根据情况选择说"我会带走我左手边第一张 /X 右手边第一张 /X 左手边第一张"等。这种瞄准发言其实只是一种威慑，实际上要是翻牌带人的话，还是应该选择带走悍跳狼或者悍跳狼之外自己心目中狼面最大的玩家。带走悍跳狼的话比较稳妥不会犯错，带走外置位的疑似冲锋狼让女巫夜里甩毒悍跳狼的话，就是一种比较自信的打法了，其实就相当于猎人开枪带走了悍跳狼之后还能控制女巫去用一瓶毒药。

对于白痴来说，打法其实基本上和猎人一样，前置位发言可以直接认明身份拍悍跳狼出局，后置位发言的话可以根据局势选择是否认身份，不过白痴就没有猎人牌的瞄准操作了。

对于单毒女巫也是一样，只不过单毒女巫因为毒药的存在也有了一个类似于瞄准的操作，比如："我是一张女巫牌，手上还有一瓶毒药，今天X查杀我那么他一定是一张狼人牌，今天我和X上PK。在把这张悍跳狼牌出掉以后，谁要是敢跟这张悍跳狼一起冲票，我晚上就毒死我右手边第一张敢跟着悍跳狼一起冲票到我头上的牌。"不过对于女巫牌来说瞄准操作相对猎人牌来说就比较弱了，毕竟狼队把猎人牌冲出去猎人牌可以开得出枪，而狼队只要把女巫冲出去，死掉的女巫就再也没有毒药可以用了。

当然最尴尬的是双药女巫被查杀，如果起跳的话就算把悍跳狼放逐出去了，自己第二天夜里吃刀也会被闷掉一瓶解药，虽然可以学着单毒女巫一样进行瞄准操作，但是终究是亏了一瓶解药。而如果认民靠发言强拍悍跳狼出局的话，就比较考验发言水平了，具体应该如何选择还是应当通过算票、根据局势来进行判断。

2. 外置位好人牌的视角

而从没有信息的好人牌的视角来看，如果出现被查杀之后，查杀牌和外置位一张牌对跳猎人或对跳白痴的话，一定是优先解决对跳的猎人或白痴的。比如A、B对跳预言家，A查杀C，C起跳猎人，外置位D对跳猎人。这时候在其他没有信息的好人牌的视角里今天一定是C、D的轮次，如果把C出了，C开出枪或者把D出了，D没开出枪，那么A是悍跳狼，B是真预言家，C是猎人，D是狼人。如果把C出了，C没开出枪或者把D出了，D开出了枪，那么C是狼人，D是猎人，但是因为有A和C狼查杀狼的可能性，A和B两张牌的身份依旧不确定，所以说对于D来说要是被出之后应该带走C而不是带走B，否则就有可能因为A、C狼查杀狼而误带真预言家B。如果出掉了C，C开不出枪，女巫也要在毒B之前考虑一下A和C狼查杀狼的可能性。也同样因为A、C有可能是狼查杀狼，如果B是真预言家的话，B一般而言是不能直接上票给与C对跳的D的，而还是应该在验出金水的时候上票给与自己对跳的A或者在验出查杀的时候上票给自己的查杀。对于被查杀的白痴牌对跳也是同理，好人牌应该先解决对跳的猎人或白痴再解决对跳的预言家，因为出错了猎人或白痴，他们可以翻牌自证，出掉了一个预言家，好人阵营还是分不清谁是真的预言家。而对于被查杀的玩家认女巫来说，因为女巫出在白天无法翻牌自证，死在夜里也很难区分刀和毒，也就是说女巫在被查杀时的自证能力其实是比较弱的，这种

·进阶卷·

时候就只能依靠神队和狼队比拼发言，好人牌根据发言选择站边了。

顺带再说一个狼队很套路的战术。平安夜开局里，如果A是真预言家且查杀到了狼人C，狼人B和A悍跳，狼人C赌真猎人在前置位，然后在中置位起跳猎人，狼人D在后置位与狼人C对跳猎人，之后狼队冲票狼人D，狼人D开不出枪，暂时坐实狼人C猎人和狼人B预言家的身份，让真预言家A在晚上吃毒，为狼队抢到一个轮次，这样等到前置位的真猎人再起跳就已经来不及了。

3. 狼队的视角

如果悍跳狼查杀到了猎人，在这种不利的情况下，狼队的两种选择我们在容错理论里已经讨论过了。而对于悍跳狼查杀到白痴牌来说，需要补刀的白痴强度在此时相当于猎人，被抗推只会亏一个轮次，女巫只要撒毒悍跳狼则依旧是警推在先，而不需要补刀的白痴被抗推要亏两个轮次，只要狼队抗推白痴成功即狼刀在先，因此不同规则下的白痴的强度是不同的，而狼队的战术也需要进行相应的调整。

查杀到女巫其实是一种对于狼队来说机遇与风险并存的情况，因为被查杀的女巫是很难自证的，只要狼队能够把女巫顺利冲出局，就能闷掉女巫的毒药甚至是双药，这将直接为狼队带来巨大的优势。在这种情况下如果是前置位起跳的单毒女巫，除非女巫的发言阳光到天降金水，否则后置位的冲锋狼都应该勇敢悍跳女巫强拍真女巫出局，如果是后置位认的女巫或者是前置位起跳的双药女巫，悍跳狼也要去盘"真女巫在前置位发言无法起跳"或者"这是被查杀的狼人在找双药女巫，真的双药女巫显然不可能就这么跳出来"的逻辑，进而把真女巫放逐出局。

第六章　好人牌如何带队

如果说一张好人牌觉得场面上真假预言家发言相差很多，而自己心目中的真预言家身份基本已经坐实，局势比较明朗了，那么顺着局势正常分析，把悍跳狼或者查杀牌放逐出去就可以了。但是如果第一天白天的场面比较胶着，自己心目中的真预言家和悍跳狼双方团队势均力敌甚至真预言家占劣势的话，作为一张好人牌如果确信自己站对了边，就应该强势地站起来带队。不过带队也不是随便带的，如果说发言不好的话，即使站对了边也很容易就会被悍跳狼打成是冲锋狼。

其中，带队最具有效力的是悍跳狼的好人金水反水，其他任何一张牌哪怕认女巫认猎人，也可能会被狼队打成是跳出来煽动和找神的冲锋狼，但是悍跳狼的好人金水不怕这些，因为金水反水再怎么强打悍跳狼和站边悍跳狼的狼团队，他们也因为这是一张自己的（或自己认的预言家的）金水而无法反击。

其次应该站起来带队的是神牌，因为神牌具有唯一性，且女巫、猎人、白痴等

神牌都或多或少有一些自证能力，狼队要是想把起跳了的神牌打进狼坑是比较困难的，一旦悍跳狼没有处理好带队的神牌，很容易就会出现狼队崩盘的局势。

最难起来带队的是平民牌，因为民牌有四张且无法自证，狼人最容易钻的坑也是民坑，一张起来带队的平民牌很容易就会被当成是一张冲锋狼牌，所以说一张平民牌要带队的话，对于这张牌的发言要求就会非常高，阐述观点必须有理有据，感情真挚，心态阳光，这样才能用自己的发言打动其他好人牌而不至于被当成是一张冲锋狼牌。

第七章　狼人被查杀应该怎么办

被查杀的狼人和被查杀的好人牌发言其实是一样的，只不过与被查杀的好人牌一般情况下只能认自己的身份不同，被查杀的狼人牌可以根据情况灵活地选择认民或者任何一张神牌，这也就给了被查杀的狼人相对于被查杀的好人来说更大的优势。被查杀的狼人选择认神的话，优势在于认神之后可信度更高，更有机会抗推掉真预言家，且还可以以此来找出真神，劣势在于会直接失去真神的一票。不过需要注意的是，被查杀的狼人认女巫如果狼队冲票失败，第二夜真女巫撒毒用双死自证，真预言家身份直接坐实（要么就只能去盘是狼查杀狼，被查杀的狼人悍跳女巫阴阳倒钩）。而如果成功冲票真预言家的话，真女巫夜里撒毒狼女巫追刀，狼队第二天也可以编造说狼女巫是夜里吃刀走的，晚上吃刀的牌是吃毒走的。被查杀的狼人如果认猎人或者白痴的话，一旦被放逐翻不了牌，真预言家身份就将基本坐实，悍跳狼很可能会在晚上吃毒。

被查杀的狼人认任何一张神牌，狼队显然就再也拉不到这张神牌的放逐票了。而被查杀的狼人认民的优势在于民牌有四张，不会因为认民而失去任何一张放逐票；劣势就是力度不够。如果说场上局势比较胶着，被查杀的狼人可以认一张神牌增加力度，如果悍跳狼已经比较占优势了，则被查杀的狼人既可以直接认民不再把局势复杂化，也可以跳神来找神。一般而言被查杀的狼人认神有以下几个技巧：①如果想找哪张神牌就可以认哪张神牌的身份，然后从投票给自己的玩家里寻找这张神牌。②如果抿出某张神牌已经站边了真预言家，可以直接认这张神牌的身份，因为在这种情况下这张神牌的票本来就已经拉不到了，也就无所谓说因为穿了神衣服而失去这张票。③如果抿出一张牌是某张神牌，这张牌又是全场普遍认的身份偏好的牌，就不要去穿他的衣服。④如果抿出自己悍跳狼队友的金水是一张神牌，不要去穿他的衣服，金水在后置位发言反水将直接导致被查杀的狼人成为公共狼。这种情况如果信真预言家，这是一张查杀；如果信悍跳狼，他穿了悍跳狼的金水的衣服，这还是一张狼，一般这种情况下公共狼的出现会导致狼队直线崩盘。

对于被查杀的狼人来说，如果局势比较不利，自己即将被出，可以强势认一张女巫牌进行煽动，这样的话如果发言好可能就能够成功冲出预言家（容错值+2），自己晚上吃毒也无妨了（容错值-1），狼队友依旧可以编造他是被狼人刀走的。而被查杀的狼女巫即使被出在白天也不会像认猎人或者白痴一样因不能翻牌而直接暴露，狼队依旧可以去盘狼查杀狼的逻辑，当然这么做的风险就在于晚上悍跳狼可能会吃毒。

在局面使狼人有优势，大多数好人站边悍跳狼的情况下，狼人在被真预言家查杀时，可以选择低调认民或者在后置位跳神找神。而在场上两边团队均势的情况下，被查杀的狼人可以选择强势认一张神牌去强拍真预言家，为悍跳狼队友拉票。如果认猎人，由于很多玩家喜欢去出被查杀的猎人来看开不开得出枪，这个时候被查杀的狼人就需要使用瞄准这一操作来给好人压力，这一操作可以有效压制那些好人牌的投票，让他们因为怕被带走而不敢冲票到自己身上，从而方便狼队冲票真预言家。

第八章　狼人悍跳女巫

1. 狼女巫视角

之前我们说过好人牌要在看清局势的情况下勇敢起跳带队，其实在关键时刻，狼人也需要勇敢地起来带队，而狼人除了悍跳预言家之外，在第一天白天最经常起跳认的身份就是女巫。作为狼女巫不要害怕跳了之后夜里吃毒，因为女巫是一个无法在白天自证的身份，只要狼女巫在白天为狼队创造了足够大的收益（比如悍跳女巫号票抗推了真预言家），反正高端局里本来毒药的命中率就高达70%以上，即使夜里吃毒了也是不亏的。一张狼人牌穿上了女巫的衣服之后，不但可以为自己的狼队友号票，也有很大机会找出真女巫，收益可观。

这里就要先聊一下女巫的自证能力了。其实女巫单靠毒药来自证还是有所不足，就比如真假女巫对跳，晚上真女巫毒死狼女巫，狼人刀死真女巫，到了白天一睁眼真假女巫同时死亡，其他好人还是分不清谁是真的谁是假的。只不过之所以比较少有狼人这么做，是因为狼人悍跳女巫是有代价，相当于要把一只狼人送到女巫面前被她喂毒，因此除非悍跳女巫能够为狼队带来其他比较大的收益，否则狼人是不会选择在女巫还有毒药的时候选择悍跳女巫的，这也就是女巫自证能力的来源。

那么狼人在什么时候会选择悍跳狼女巫呢？首先，最常见的一种战术是隐狼悍跳女巫，站边悍跳狼，发悍跳狼银水。首先，有了银水为借口，狼女巫作为冲锋狼不需要再编造理由来站边，而是可以以银水作为理由直接站边悍跳狼，为狼队进行冲锋，直接由悍跳狼和真预言家一对一地比拼发言变为悍跳狼加狼女巫一起攻击真预言家。同时，女巫银水的可信度还是有一些的，如果狼女巫报悍跳狼一张银水可以有效做高悍跳狼的预言家面，使得悍跳狼在和真预言家的 PK 中占得优势，狼女巫甚至有时可以用毒药来威胁好人牌为狼队进行冲票。狼人悍跳女巫一般发生在悍跳狼占轻微劣势或者相对均势的时候，如果通过悍跳女巫能够抗推真预言家（容错值 +2），为狼队抢到两个轮次的话，狼女巫即使夜里吃毒（容错值 −1），对于狼队来说也是赚了一个轮次的。所以对于隐狼牌来说，关键时刻该悍跳女巫就跳，完全没有必要怕真女巫的毒药，就算狼女巫晚上吃毒，狼队可以编造说狼女巫是晚上吃刀走的，晚上刀掉的那位玩家是被狼女巫毒走的。

从位置上讲真女巫可能出在狼女巫的前置位或者后置位，而狼队如果选择让发言偏后置位的狼人悍跳女巫，则大概率下当天白天真女巫已经发过言了，也就是说当狼女巫发完言之后将不会遇到真女巫起来拍狼女巫。这种情况的好处在于没有真女巫对跳，狼女巫更有可能煽动起其他好人阵营的票冲走真预言家，问题在于要找到真女巫的话可能还需要花费一点精力，且有经验的好人牌也会怀疑末置位起跳的女巫很有可能是狼女巫。而如果狼女巫在真女巫前置位发言，那么真女巫就大概率在后置位起跳拍狼女巫，所以这时候就要求狼女巫一是在前置位发言要足够好不怕被拍，二是最好在分析局势盘狼坑的时候把真女巫可能起跳的位置预先盘进狼坑，在语言交锋中抢夺到先机，这样的话就更容易在双方阵营对冲的情况下占得优势。最后再讲解一个怂狼局里双狼悍跳女巫的战术：在抿出真女巫在前置位没有起跳的情况下，后置位双狼对跳女巫并各发狼队友一个银水，这样的话在第一天"双女巫"加"双银水"所组成的四狼使得预言家很难鼓起勇气对他们下手，因此只能在外置位出人，这样的话第一天白天一定可以抗推一个好人，只要第一天成功抗推一个平民，狼队即可拍三刀屠民获胜。

2. 预言家视角

作为真预言家，如果在第一天白天有一张牌认女巫报悍跳狼银水站边悍跳狼，其一定不能直接把这张牌标狼，而是应该仔细分辨这是悍跳狼起跳的狼女巫还是悍跳狼首夜自刀被真女巫救了。所以作为一张预言家牌应该在内心中对这张"女巫牌"进行初步定义，然后在发言时还是要进行分类讨论，比如："如果你是悍跳狼的狼队友，认女巫起来冲锋，那么这把狼队确实打得很悍（分析局势）；我希望外置位的真女巫牌晚上帮我把他毒掉，第二天起来报出真银水为我们好人团队带队（在比较相信这是一张真女巫的时候）；但是 X 号玩家，我从你的发言里觉得你可能真的是一张女巫牌，要是第一天悍跳狼真的自刀了，其实狼队这把冒了这么大风险自刀，狼队战术好可以让狼人赢，但是我不能接受我们好人团队就这么一条道走到黑。对不起，

·进阶卷·

虽然狼队战术打得很精彩，但是这一把，我要赢，我是一张真预言家牌，我有责任带领我们好人走向胜利（攻击狼队）；这些逻辑X号玩家你都没有看到么？狼人在窃喜，狼人在欢呼，狼人在庆祝狼队迎来了第五张狼人牌，一张带毒的狼人牌……"

在这种局势下，如果说是狼人悍跳的女巫倒还好，真女巫会为预言家做主。最糟糕的是狼队真的自刀被救了并且还博得了真女巫牌的信任，这种时候作为一张预言家牌就只能靠自己真挚的发言来感动女巫了，吃刀是肯定不会吃刀了，狼队一定想把预言家出在台面上或者毒死在夜里，大概率会去刀明女巫，这时候就能躲一推是躲一推，能躲一毒是躲一毒吧，最不济第一天被投出后再试图依靠遗言来感动大家。

3. 女巫视角

面对狼人悍跳狼的女巫，对于真女巫来说，有两种打法：一是带银水阳光起跳；二是藏身份晚上毒死狼女巫。一般我们建议真女巫带着银水阳光起跳直接强拍狼女巫，原因如下：①其实狼队悍跳完女巫之后要找女巫是很容易的，用排除法都能锁定女巫的位置，所以就算真女巫不起跳，也很容易被狼人找到，还不如站起来把银水报出来，然后带队；②如果真女巫不起跳，很容易就会让好人被狼女巫带节奏，一旦真预言家被放逐在白天，狼刀在先，即使毒杀狼女巫好人轮次也不够了；③由于夜里双死谁吃刀谁吃毒是不作区分的，所以就算好人放逐了悍跳狼，毒死了狼女巫，狼队砍死真预言家之后也可以去盘狼女巫才是吃刀的真女巫，真预言家是被毒杀的悍跳狼，然后再拿真女巫作抗推。最后再讲解一个怂狼局里双狼悍跳女巫的战术：在抠出真女巫在前置位没有起跳的情况下，后置位双狼对跳女巫并各发狼队友一个银水，这样的话在第一天"双女巫"加"双银水"所组成的四狼使得预言家很难鼓起勇气对他们下手，因此只能在外置位出人，这样的话第一天白天一定可以抗推一个好人，只要第一天成功抗推一个平民，狼队即可拍三刀屠民获胜。

第九章　阴阳倒钩

1. 倒钩狼女巫

这一章我们来聊聊阴阳倒钩。所谓阴阳倒钩是指狼人故意认神倒钩帮真预言家号票，或者站边真预言家之后故意聊爆，从而诬陷真预言家，其中最经常发生的就是狼人悍跳女巫倒钩。狼女巫在第一天的发言中会强势站边真预言家，诱使经验不够丰富的真女巫从此站错边，引发神牌之间的误会，让剩余的狼人从中获利。

而对于真女巫来说，防范阴阳倒钩最重要的一点就是——真女巫的站边应该屏蔽掉悍跳狼女巫的站边，独立地去判断两个预言家的真假。在实战中，因为有阴阳倒钩甚至是更高级的旋风倒钩（狼女巫假装是阴阳倒钩然后站边悍跳狼）的存在，两个预言家的对跳和两个女巫的对跳是分离的。一张真女巫牌不需要去管另外一张狼女巫牌的站边，真女巫应该在拍死狼女巫的同时独立地选择站边。而对于真预言家来说也是一样，真预言家是不需要去管女巫的真假的，站边自己的可能是真女巫也可能是狼女巫，反正既然这张"女巫牌"站边自己了，这张票就在预言家的手上了，不管其是真是假，拿着这张票去出掉对跳的悍跳狼就好了。

2. 倒钩聊爆

某一期狼人杀节目中，JY悍跳时就导演了一出精彩的三狼倒钩战术。在这局游戏中JY悍跳给狼队友囚徒金水，警下三狼囚徒、桃子、鼠大王全部倒钩上票给真预言家逍遥让其拿到警徽，让其他好人对于警长投票的票型产生了初步怀疑。警下桃子和鼠大王前置位接连故意聊爆诬陷真预言家逍遥，让好人阵营加重了对于真预言家逍遥的怀疑，纷纷站边悍跳狼JY。结果末置位当选警长的真预言家逍遥由于对抗脏套路的经验不足没能盘出狼队的倒钩聊爆战术，把站边悍跳狼JY的好人打进了狼坑，结果被冲死在了第一天白天。之后狼队掌控全场，好人阵营崩盘。

这种战术要求狼队有着比较好的配合，利用狼队先天的信息优势，安排几张狼牌去故意站队真预言家，让真预言家的票型显得不正常。倒钩的狼人牌可以在第一天白天控制自己的发言稍稍聊爆，故意来诬陷真预言家的身份，从而做高悍跳狼队友的预言家面，这样就算真预言家拿到了警徽，也有很大的概率在第一天就被其他好人抗推出局。

而真预言家要是想破解狼队的这种套路，就必须识破狼队的倒钩聊爆，把站错边的好人牌拉回来，在局势还比较均衡的时候，真预言家还可以通过盘清楚狼人倒钩的逻辑来拉回站错边的好人牌的票冲掉悍跳狼。不过要是遇到节目中预言家逍遥这样非常劣势的情况，真预言家一个人几分钟的发言可能就很难让其他好人阵营的玩家直接调转站边帮自己反冲悍跳狼了。在遭遇这种已经极其劣势的局面时，作为一张真预言家牌首先应该做的是保证自己不被抗推而不是想出掉悍跳的狼人。因此这个时候真预言家首先必须看穿桃子和鼠大王的倒钩聊爆战术，其次需要使用"超轮次"放逐的技巧，去"超轮次"出人号票放逐站边自己的倒钩聊报狼。

第十章 狼人自爆

狼人自爆其实是不会亏轮次的，只不过是失去了白天抗推好人赚取轮次的机会。从信息的角度考虑，自爆的劣势在于自爆为好人带来的信息是坐实了一张狼人牌，告诉场上少了一只狼，优势在于压缩了好人的交流信息的时间（这个游戏一定是越聊身份越明的），避免好人白天继续交流信息，且减少了好人们的思考时间，同时也

·进阶卷·

避免了狼队友因发言不好被找出来或者因为票型的问题而暴露。

自爆分为主动自爆和被动自爆两种。其中被动自爆指被场上坐实的真预言家查杀或者自己发言明显聊爆了，迫不得已选择自爆。而主动自爆则是为了实现战术意图而进行的自爆。其中警上自爆显得尤为有意义。比如发现当第一天首刀的玩家是预言家时，如果预言家查杀了一张狼人牌，这张狼人牌可以直接自爆。如果女巫第一夜没用解药，那么相当于预言家没有给出任何有价值的信息，一狼换一预言家。三狼三神四民进入生推。而如果女巫第一夜用了解药，第二夜狼人追刀预言家，还是相当于三狼三神四民进入生推，且废除了女巫的银水信息。

另外在找出女巫之后，被女巫重点怀疑的狼人可以直接自爆，然后狼人晚上直接刀女巫，不给女巫思考的时间，让女巫的毒失去明确的目标。

有时，当真预言家发言明显好于悍跳狼且女巫第一夜已经用过解药时，如果真预言家拿到警徽且警徽流里第一张是好人的情况下，悍跳狼可以在警下真预言家发言改警徽流之前自爆，以免真预言家警下发言改了警徽流之后验出一张查杀。

自爆是一场心理战，可以诬陷真好人打正逻辑，也可以诬陷狼队友打反逻辑等。所以自爆前的发言一定要真假结合，达到混淆好人视听的目的。每一张好人牌的思考量和精力都是有限的，一旦好人阵营将过多精力投入到分析正反逻辑之中，其他有效信息的交流就会减少。

狼人其实是一个团队，单张狼人不用害怕死亡，无论是闷信息还是做身份，只要在思考清楚了自爆的收益是足够大的之后，该自爆的时候就可以勇敢地选择自爆，为团队的胜利作出贡献。最后再给大家讲一个故意反向利用场外去制造金刚狼的"天秀级"操作：第一天白狼王故意挂相并在警上聊差，然后小狼先自爆，第二天晚上白狼王预判自己吃毒，第二天天亮之后就立刻起身自爆并选择带走一名狼队友，之后法官示意白狼王已于昨夜吃毒，可以自爆，无法带人，白狼王"沮丧"离场，由此做出一匹无敌金刚狼的身份。

第十一章　闭眼狼

摸狼不论是冲锋还是倒钩，都要屏蔽掉自己的信息量，像没有信息的好人牌一样去发言和选择站边。那么这里就讲一个奇招叫作闭眼打法。所谓闭眼打法是指狼人可以在摸到狼人牌之后第一夜先不睁眼看队友的身份，而是单单举手示意自己是第四张狼人牌然后让另外三个狼队友去刀人和悍跳。然后闭眼狼第一天白天就可以像一张真正的好人牌一样去分析局势，去分辨真假预言家，第二夜再睁眼认识狼队友。这样，闭眼狼就通过第一夜闭眼来屏蔽掉了自己身为狼人牌的信息量，把自己的信

息量降低到和普通好人牌类似的程度上。作为闭眼狼一开始就不知道跳出来的两张预言家牌哪张是真预言家哪张是自己的悍跳狼队友，所以无论是发言还是站边都是基于没有信息的好人视角，自然就和玩好人牌时候的状态一模一样了。

当然，闭眼打法只是一种奇招，这种打法的缺点是闭眼狼牺牲了自己本应有的信息量，也无法再和狼队打出配合。实际上的正道还是应该去努力练习，统一自己玩狼人和玩好人的状态，提升自己当狼时的伪装的能力。

第十二章　悍跳狼的心理建设

1. 年轻的悍跳狼

很多时候年轻的悍跳狼会觉得自己是一张狼人牌，被放逐了是正常的、不亏的，而抗推掉真预言家就是赚了的，用一种投机的心态去悍跳，这样的心态不好。在预女猎白的板子里狼队不抗推好人是很难赢的，所以狼队不能错过任何一次抗推好人的机会。作为一张悍跳狼，必须时刻伪装成真预言家的心态和视角来进行游戏，饱含着真情，尊重着自己"真预言家"的底牌，担负起一张"神牌"的责任，去带领好人阵营"走向胜利"，用真预言家孤军奋战的那种心态去悍跳，这样才能成功。

又有很多经验不足的玩家玩狼人时总是会觉得自己是坏人在做坏事，就会感到很心虚，所以悍跳的时候气势也就弱了一点。对于这种情况，最简单的方法是换一个故事背景，比如现在我们就来随便编造一个故事放松一下。

"曾几何时，我们狼族世代在这片土地上繁衍生息，过着无忧无虑的日子。直到有一天，邪恶的人类入侵了我们的家园。他们占领我们的土地，残杀我们的族人，甚至剥下我们的皮毛作为战利品炫耀。迫不得已，残存的最后一群族人离开了这片我们眷恋的土地，苟延残喘，四处流亡。这群邪恶的人类中潜藏着一群名为神民的家伙，他们自诩为人类的守护神，随时准备着用自身诡异的能力再次发动一场战争，彻底灭绝我们狼族。但是我们是狼族，我们不会就这么坐以待毙。这一次，我们派出了四名最精锐的族人暗中返回我们的家园，背负着复兴我狼族的使命打入人类的内部，誓要将这群恶毒、残忍、可憎的人类杀个精光，夺回这片自古以来就属于我们的土地。不过潜藏在人群中的神民可没那么好对付，其中一名神民拥有着看破我们伪装的预言能力，所幸这群愚蠢的人类并不认识那些神民，所以这也就给我们狼族一个机会，可以伪装成神民去欺骗那群愚蠢而邪恶的人类，让他们自相残杀，而我——沃尔沃夫·悍跳狼便是担任这一重任的狼族英雄。为了我们狼族的荣耀，为了重回这片我们挚爱的家园，我，死而无憾！"

其实很多年轻的悍跳狼觉得，悍跳狼有团队，悍跳狼只能靠伪逻辑强打，所以

悍跳狼比真预言家弱势，但事实真的是这样吗？实际上，悍跳狼天生自带三票，如果说悍跳狼和真预言家各拉到一半的好人票的话，哪怕有一两张狼牌弃票甚至倒冲做身份，悍跳狼冲票也依旧可以冲得过真预言家。团队是优势，作为一张悍跳狼就是应该靠着有团队去欺负没团队的真预言家，只有狼队友水平不高拖累了悍跳狼，团队才是劣势。至于伪逻辑，不要觉得伪逻辑就不如真逻辑，逻辑无非是狼人杀中的一些发言素材，最终的目的是靠发言拉到自己想拉到的票，出掉自己想出掉的人。真逻辑是单一的，它虽然真实却不一定能打动人心，而悍跳狼却可以根据场上的局势选择一个最能迎合其他好人心理的伪逻辑。也就是说，伪逻辑正因为是伪的，是编造的，所以它比真逻辑更加灵活。年轻的悍跳狼常说的伪逻辑不如真逻辑，无非是因为经验不足，伪逻辑库不够丰富，最后伪逻辑编造得不够饱满、真实，不够栩栩如生罢了。

另外，新手悍跳常犯的一个错误就是眼中无狼。而实际上作为一张悍跳狼牌，一定要像真预言家一样积极地去盘狼坑，在悍跳狼的视野里，拉哪几张牌打哪几张牌思路一定要清晰，要去帮真预言家找齐三个"狼队友"，让场上的好人牌觉得这四张牌确实做得成一个狼团队。悍跳狼盘的狼坑即使把倒钩或深水的狼队友放进去都无妨，反正一个白天只能出一张牌，先抗推了真预言家再说。

刚刚练习悍跳时可以选择去网杀，网杀每一局面对的都是不同的玩家，不用担心形象问题，而且网杀中还可以抢狼。年轻的悍跳狼调整心态的一个小技巧就是在练习悍跳时听《名侦探柯南》的背景音乐，甚至在网杀的时候可以一边悍跳一边放背景音乐。这个背景音乐自带推理气氛和正义光环，带着这种心态去悍跳，一定能比真预言家状态更好、心态自信、神采奕奕、指点江山，最终掌控雷电。而等到悍跳练得多了，也赢得多了以后，作为一张悍跳狼就能积累起对自己能力的自信了，而随着经验的积累，悍跳狼了解民意、煽动民心的水平自然也会水涨船高，所以说悍跳其实是最容易打出统治力的一个位置。抗推预言家之后拍刀获胜的快感是无可比拟的。

2. 年迈的悍跳狼

而对于高端局中的悍跳狼来说，要在高端局里悍跳压力是非常大的，必须从拿到狼人牌之后的那一刻就开始演，把自己想象成一个真正的预言家，晚上一闭上眼睛就开始编造自己的心路历程，想象自己真的因为某个原因去验了某一个人，然后上帝给了自己某个结果。上警之后悍跳狼也要能够做到完全忘记自己的狼人底牌，完全忘记自己得到的一切信息，把自己彻彻底底当作一个真预言家来进行发言和分析。悍跳狼只有率先相信自己是一个真预言家，才能让别人相信一个真预言家。

若要是水平再高一等的话，那么就不只是让自己的悍跳狼状态和真预言家状态

统一那么简单，而是有能力去把握住场上七位好人玩家心目中真预言家应有的形象，然后让自己的状态和他们心目中真预言家的影子重合。预言家其实是一个"为别人玩"的角色，属于服务性行业，需要去迎合其他好人来博取他们的信任，非常之辛苦。而对于一个服务性行业来说，要是真预言家服务得不好，那么只要悍跳狼服务得好真预言家不就出局了嘛？当然，这种程度的悍跳对于水平和经验的要求非常高，一般只会出现在悍跳狼实力至少比场上其他玩家高半阶的情况下。

　　就我个人的认知，我觉得悍跳是狼人杀玩家成长最快的练习方式。要提升水平就是不断地去悍跳，每一次游戏结束之后都做复盘，反思这一局哪里跳得不好，是因为什么原因被好人打了，该怎样改进；这一局哪里的发言还有纰漏，场上好人的心态是怎样的，该怎么发言才能拉到他们的票；这一局在状态上出现了哪些瑕疵，因为什么被别人抿穿了身份，下次应该如何改进；去探讨失败的原因，去复盘每一处得失，去重新给自己的发言写一份演讲稿，去拿着相机把自己发言时的一言一行都录下来反复观看，不断重复上述过程，这样才是最快的进阶方式。

放逐篇

· 进阶卷 ·

第一章　放逐顺序

玩狼人杀时，经常有一些固定的放逐顺序，比如我们常会听到"有查杀先出查杀"这句话，这其实就是代表着一种出人顺序。这里的"有查杀先出查杀"的意思并不是说当一张预言家牌报了一张金水牌而另外一张预言家牌报了一张查杀牌的时候，先无脑把那张预言家牌的查杀牌在第一个白天出掉。而是说当一张预言家牌在出掉自己的查杀牌之前是不能去出自己的对跳牌的。假设现在有 A、B 两张预言家牌起跳，那么根据他们的第一轮所报的验人信息，第一天将会有四种不同的 PK 方式：

A 金水 C，B 金水 D，第一天 A、B 上 PK，信 A 出 B，信 B 出 A；

A 查杀 C，B 金水 D，第一天 A、C 上 PK，信 A 出 C，信 B 出 A；

A 金水 C，B 查杀 D，第一天 B、D 上 PK，信 A 出 B，信 B 出 D；

A 查杀 C，B 查杀 D，第一天 C、D 上 PK，信 A 出 C，信 B 出 D。

为什么说有查杀要先出查杀呢？最主要的原因是防止狼查杀狼，让两张狼牌打配合做身份。如果狼查杀狼打配合，第一天悍跳狼如果不先出查杀的狼队友而是要先出对跳的话，反而就会把真预言家先出了，这种情况显然是好人阵营不能容忍的。次要的原因是如果在两张预言家中出人，出错了就是出掉一张不能自证的神牌，而要是出查杀，出错了也很可能只是出掉一张民牌，就算出到猎人和白痴，这两张神牌也可以翻牌自证。因此，就有了"有查杀先出查杀"这么一条铁律，一张预言家牌是一定会死在对跳预言家的查杀牌之后的。

值得一提的是，一般而言要出金水的话得先出发他金水的预言家，不过这一条在另一个预言家发这个"金水"查杀的时候并不成立。

另外一种比较罕见的出人顺序叫作"被反水最先出"，我们举一个例子来说明。假设 A、B、C 三张牌起跳预言家且不退水，A 给 B 发金水，B 给 D 发查杀，C 验了谁不重要。根据"有查杀先出查杀"的原则，我们如果相信 B 是真预言家的话，出 C 之前要先出 D，不过在出 D 之前 B 最优先要出的是 A，也就是说对于 B 来说，出人顺序必须是 A、D、C，先出反水对象，再出查杀，最后出另外一张对跳，这个顺序不能变。这是因为一般而言好人警上跳预言家不退水是一种相对劣势的策略，从好人阵营胜率的角度考虑，狼人杀中一般并不会有民跳往后置位发金水还不退水，所以我们一般会先默认警上的三个预言家是两狼和一个真预言家。因此就像我们之前"有查杀先出查杀"是为了防止狼查杀狼打配合反而出掉了真预言家一样，在这里同样有可能是 A、B 双狼做身份，C、D 都是好人，好人阵营为了防止这种情况下 B 直接冲票 D，规定了"被反水最先出"这么一条放逐顺序。

除此之外，放逐轮次上还有几条值得注意的。

（1）一般而言，第一天是两个预言家的轮次，但是当出现猎人、白痴对跳时，第一天就会变成猎人、白痴的轮次，将优先解决真假猎人和真假白痴的问题，让真假两个预言家再多报一天的验人信息再作定夺。这是因为同样是出神，出了猎人和白痴，他们可以翻牌自证，但是出了预言家还是有可能分不清谁是真的谁是假的。

（2）公共狼最先出。所谓的公共狼最简单的就是场上 A、B 两个预言家都查杀了 C，信哪个预言家 C 都是狼，又或者是复杂一些的情况，比如 C 既是预言家 A 的查杀，又和预言家 B 的金水 D 形成了神牌对跳，此时信 A 是预言家，C 是狼人，信 B 是预言家，D 是金水，则 C 和 D 对跳，C 还是狼人，这就是公共狼。

（3）超轮次。一般而言第一天都是真假两个预言家的轮次，不过偶尔第一天也会出现超轮次出人情况，比如场上所有玩家都发现了 C 是一个狼人，只不过分歧在于认为 C 是冲锋狼、阴阳倒钩狼还是旋风倒钩狼，此时其实就可以在第一天白天直接处 C 放逐，让真假两个预言家都再多报一天的验人信息再作定夺。

第二章　打平衡谬论

很多新手玩家在不能分辨预言家的真假时喜欢说打平衡，也就是对两张预言家牌不加分辨地顺着推或者推一毒一，这其实是非常不可取的。首先，这种打平衡的打法对于好人阵营来说是较力的一种策略，顺推会白送狼人两个轮次，而推一毒一的话也是白送狼人一个轮次加一瓶毒药，在十二人标准局节奏如此紧张的游戏中，这种劣势对于好人阵营来说是比较难接受的。更重要的是，预言家是游戏中整个好人阵营的逻辑基点，要是不去分辨真假预言家，那么也就相当于放弃了自己的逻辑基点，失去了逻辑基点，之后的出人会没有依据。预言家虽然是一张抢不了轮次的弱神，但是他却是好人阵营的领袖，他身死不要紧，但是却能带来大量的信息，这才是他留给好人阵营最宝贵的财富。好人阵营唯一一种可以接受的平衡打法只有"一刀换一推，一狼换一预"，其他类似"一前一后都推了""推一毒一""推一带一"都是不可取的亏轮次的打法。

事实上，狼人杀前期就是一个站边的游戏，狼人悍跳得好，团队配合得漂亮，作为好人站错边了也没有关系，毕竟谁都有站错边的时候，游戏结束之后好好分析复盘就行了。哪怕思考有偏差第一天站错边了也没关系，在第二天把自己的心路历程讲清楚然后认真听其他玩家发言，其他好人牌还是有机会帮你整理清楚思路拉你回头的。但是每个人都有一张底牌，需要对自己的底牌负责，这一点无论神牌还是民牌都是一样的。作为一张预言家牌，他的责任就是跳出来为好人阵营指路，一张好人牌的责任就是要去分辨真假预言家，好人可以站错边，但是不能不去思考。"底牌是你们的，站边是自己的。"预言家与好人之间相差了100步，预言家能走的最多只有51步，剩下的得靠好人们自己走。而打平衡就是一种非常不负责任的行为，预言家以及整个好人团队不应该为了某些玩家懒于分辨真假预言家或者没有能力分辨真假预言家而买单。如果因为分不清把就两张一起放弃，那预言家的存在就毫无意义。没有能力去站边的玩家就没有能力去赢这个游戏，作为好人只会无脑打平衡的话也就不配赢这个游戏。要知道打平衡是对自己水平的不信任，是对自身责任的不承担，是对他人发言的不尊重，是对进步机会的不在乎。懒于思考，害怕做选择的玩家永远也不会进步。

一位不愿意去思考，不敢去承担责任的玩家，一定不是一位好的狼人杀玩家。

第三章　如何判断真假预言家

1. 关键点

既然说了打平衡不行，那么我们又该如何分辨真假预言家呢？除了警上的那些分辨方法之外，还有以下几点值得分析。

（1）逻辑链。与警上发言内容相对单调不同，随着警下剧情的逐渐丰富，预言家和悍跳狼在警下都需要构建起自己的格局，在其中阐述出自己的一套逻辑链。此时，悍跳狼需要代入到真预言家的视野里去凭空构造一整套的伪逻辑链，而对于格局构建能力和讲故事能力不足的悍跳狼来说，这一套伪逻辑就会有很多的瑕疵。事实上哪怕是最顶配的悍跳狼，伪逻辑的构建也不可能尽善尽美。所以好人玩家可以顺着两个预言家的逻辑链都走一遍，进而去判断哪一条逻辑链更加合理和通顺。

（2）警长竞选票型。这个在之前的警长竞选票型分析中已经讨论过了。

（3）双方团队。这里主要考察的是双方团队第一轮的发言以及第一天放逐投票的票型，整体而言，分析思路是和警长竞选票型一致的，且第一天的放逐票型远远比警长竞选票型可靠，如果在原本两个预言家比较均势的局里，放逐环节中突然出现某一张预言家以较高票获胜，又或者有玩家言行不一变票等情况，都是很值得怀疑的。另外值得关注的一点是每一张牌在局势发展过程中的观点以及相应的心路历程变化是否连贯而合理，对于临时变票等异常票一定要重点关注，言行不一的大概率是狼人牌。虽然偶尔会出现倒钩聊爆的战术，但是两个预言家的团队依旧是非常重要的一个考虑因素，一般而言高配局很少会出现好人牌大规模站错边，所以一个团队干净的预言家牌大概率就是真预言家了。另外，在假设一张牌是悍跳狼时，无论如何也盘不齐他的三张狼队友的狼坑，他就只能是一张真预言家牌了。因为第一天场上信息偏少，还无法完全判别清楚身份，且经常会有倒钩狼，这一技巧一般是在第二天晚上之后场上信息渐渐增多，人数渐渐减少之后所需要运用的。（高配局好

人的信息获取能力很强，一天就能定义80%以上的身份，因此第一天就可以使用。）

（4）外置位逻辑基点。有时我们可以通过外置位其余九张牌去寻找我们的逻辑基点，去分辨其中哪三张牌做得成狼人，哪六张牌做得成好人，去观察自己心目中的狼人是怎么站边的，自己心目中的好人是怎么站边的，以此作为参考，但是要谨防阴阳倒钩狼。

（5）遗言。真预言家被放逐出局之后状态总是不由自主地感到委屈、悲哀、不满和遗憾，经常有非常感人的遗言，比如国服第一遗言家囚徒的遗言就是一个很好的例子。而悍跳狼出局则很难伪装出这样的情绪，经常会有一种草草了事，用没有灵魂的套话完成任务的感觉。

（6）第二夜刀型。根据女巫的解药使用情况，第一天场上的站边形式以及狼队的战术安排，狼队第二夜会有不同的刀法，这一点会在后文中作详细分析。而好人阵营则要尽可能地从刀法结果中反推狼队的战术安排，也就是说狼队的战术安排是通过分析场上局势，由因得果，而好人阵营要做的就是通过刀法结果由果推因，尽可能地还原狼队的战术从而从中找出狼人。

2. 进阶思路

警上警下都说了那么多分辨真假预言家的方法，但是总结到最后其实就是三件事——视野、大局观与心态状态。

玩家配置有高低，逻辑盘得对不对，操作有没有达到最优解其实都并不重要，重要的是当我们假设某位玩家是预言家时，我们站在他的角度分析以他的信息量、配置水平和性格特点所应该看到的东西，与他实际上所阐述的东西是不是相符，这就是视野。

一局十二人标准局一定有且仅有四张狼人牌，分辨真假预言家只是我们寻找狼人的工作中的一小部分。之前在警上的人数与结构那一章我们已经初步涉及了大局观的构建，其实在一局游戏中，仅仅只是去分辨真假预言家，并以此为逻辑原点的话，我们的视野就太窄了。我们第一天实际应该做的是通过大局观的构建去对狼人进行定位，看哪四张牌最有可能做得成本局游戏中的四狼组合，这就是大局观。

如果只听逻辑，那么听发言就只用听其中的文字内容就行了，但是事实上，文字所带来的信息量只占发言中很小的一部分。同一句话，不同的人说是不一样的，在不同的情境下说是不一样的，以不同的语气、语调说是不一样的，以不同的表情、动作说也是不一样的。计算机才只讲逻辑，但是狼人杀玩家是人类，所以我们在玩狼人杀时就必须结合人类来分析问题。凭借对人类大脑运作方式的了解来作出判断，这就是心态，凭借对人类肌肉运作方式的了解来作出判断，这就是状态。

3. 站错边

很多玩家游戏结束之后会责怪站错边的好人，事实上这并不一定正确，姑且不论

·进阶卷·

谁都会站错边，我们应该用更加豁达的心态去面对站错边的玩家。其实单就局内而言，站对边和站错边并不只是配置的问题，还与狼队的战术布局有关。悍跳狼在布局的过程中本身就会构思好哪几张牌是需要着重去骗、去拉票，哪几个位置是准备直接打进真预言家的狼坑的。被狼队计划好打进狼坑的好人总是更加容易去站对边的，而对于被狼队计划好要着重去骗的好人而言就没那么容易。这也就是为什么有的好人可能只是一开始思路出现了一点小偏差，结果就越走越远站不回来了，对其他站对边的好人眼中那些明显得不能再明显的问题熟视无睹，这是因为他们被狼人针对了。所以不要过分责怪站错边的玩家，其实很多时候无非是一些好人被狼人针对了，一些好人没有被针对罢了，要是所有好人都站得对边，这个游戏就显得很无趣了。

第四章　放逐投票

在放逐投票环节，如果我们拿到好人牌，选择了站队，就应该直接帮我们站边的预言家投票给他的对跳或者查杀，不要分票去外置位。因为真预言家是没有团队的，需要站对了边的好人牌帮他投票，他才有可能战胜悍跳狼，如果好人都弃票，狼队一定会依靠团队优势把真预言家冲出去的。其实狼人杀这个游戏真正的角逐就在前两天，甚至很多时候就是"一轮杀"，大多数情况下只要两个白天这个游戏就胜负已定，很少会拖到残局的。

而对于狼队来说，隐藏身份的目的最终还是为了将信息优势转换为轮次优势，如果悍跳狼发言过关，第一天就有机会抢到轮次，那么狼队就应该根据情况在一定程度上对悍跳狼给予支持，用有团队去欺负没团队，直接抗推真预言家赚取轮次。狼队的打法要随机应变，如果局势比较胶着，那就四狼裸冲，大不了冲出去了真预言家之后就拍刀。而如果算过票之后发现靠站错边的好人牌冲票就能把真预言家冲出去，狼队的操作空间就比较富裕了。可以说站错边的好人牌越多，狼队的操作空间也就越大。如果悍跳狼已经骗到了很多张好人牌的票，那么狼队冲票不冲票就已经无所谓了，甚至完全可以去安排一两张狼人牌倒冲，与悍跳狼互做身份。一方面用倒钩狼营造出真预言家有团队的错觉，继续误导站错边的好人牌第二天阴阳倒钩跳神找神，另一方面第二天悍跳狼也可以选择根据局势给倒钩狼一张金水或者玩次日狼查杀狼互做身份的战术。

当然，算票这一技术也并非那么有保障，毕竟越靠近前置位的玩家他们投票的不确定性就越大，前置位的玩家即使已经在发言中选择了站边，也可能在自己发言过后的十几二十分钟里因为被后置位玩家的发言所打动而选择变票。

在分析放逐投票票型时，不能仅看双方的票型，更要看此前第一天的局势，如果此前某一张预言家牌的发言明显好于另一张，获得了大多数玩家的信任，那么另一张牌赢得第一天的放逐是正常的，不应该认为是狼队在冲票。对于狼队来说，这悍跳失败第一天显然冲不出真预言家的逆风局，隐狼就只能选择倒钩，从长计议了。而在均势局在紧张刺激的冲票环节中甚至平票 PK 环节，此时狼队的操作空间是很小的，所以狼牌一般会四狼裸冲，很少选择倒钩。这时就要仔细分析两边的团队了，基本上是某一边会直接出三到四张狼人牌，而另一边则只有一张甚至没有狼人牌。这时两边的团队就需要进行整体分析来看哪边发言更好了。因为"票型大于发言"，所以好人就要着重去关注言行不一致的玩家以及变票的玩家，如果他们第二天聊不出相应的心路历程，那么就可以直接认定为狼。另外也需要关注一下有没有玩家单票投外置位的牌以示与这张牌对跳神位或者是女巫提前声明自己的指毒对象。

第五章　第二个遗言

如果是一张被查杀的猎人牌或者白痴牌出局并翻牌自证身份，此时他的身份是全场最高的，视野应该是非常清晰的。所以猎人或者白痴应该发挥出这种优势，以铁好人的身份往疑似狼人牌的位置给压力，为场上的好人牌分析局势，安排工作。

如果是一张民牌被查杀出局了，至少应该庆幸真预言家还在场，之后就应该仔细去分析局势，为第二天真预言家做铺垫。

如果是真预言家第一天被抗推出局了，也不要生气、不要抱怨。如果狼人发言确实比自己好，那么就一个一个地认真分析站边悍跳狼的玩家，争取用真诚和逻辑把其中站错边的好人牌带回来。因为作为真预言家，哪怕其他好人牌不认自己，预言家也要担负起自己的职责，尽到最后一点责任，有立场也将自己获得的信息和自己的视角分享给其他好人，把钻了狼队的好人牌用遗言找出来，把狼队聊爆的点揪出来。对于已经出局的预言家来说，因为很清楚此时好人局面已经非常劣势了，也没必要再顾及"拉狼票"的事情了，一定要尽可能地为其他好人留下更多的信息并勇敢盘狼坑，把自己能盘清楚的逻辑都盘清楚再走。

狼人杀是一个发言游戏，哪怕是遗言也是一次发言的机会。此时此刻，预言家已经听过了整整一圈发言，看过了至少两次投票票型，预言家是好人阵营信息量最大视野最清晰的。预言家出局之后不要去埋怨其他好人站不对边，而是应该结合票型和发言，为好人阵营极力找清楚狼人。哪怕不被信任，被其他好人牌误解、抛弃，但是预言家作为好人阵营的领袖也绝不能放弃，也要像从未被伤害过一样，尽心尽力地去发言、找狼、给出方案、感动其他好人。同时出局之后，也要平复自己的心情，去理解其他好人的心理，作好复盘，思考怎样才能做得更好。这一下一次起跳才会有进步。

中盘篇

·进阶卷·

第一章　第二夜刀法

1. 不刀预言家

在高端局中，两个真假预言家的发言都是很不错的，而狼队也会有相应高质量的战术安排和伪装。无论是悍跳狼还是冲锋狼，其编造出来的伪逻辑都是比较高明的，不会出现狼团队自己聊爆了之类的情况。

活着的预言家是狼队最完美的攻击对象和抗推位，所以一般只有两种情况需要狼队刀死真预言家：①悍跳狼查杀到了钢板又或者是其他真预言家身份基本已经坐实了的情况，不得不刀真预言家。②狼队这局打的是深水倒钩战术，需要刀死真预言家来给倒钩狼足够的生存空间。

其实对于狼队来说，基本上是能不刀预言家就不刀预言家的。尤其是打得悍一些的冲锋狼队是完全没必要去刀真预言家的，是把真预言家留着抗推，第一天推不出去第二天接着推，第二天推不出去第三天接着推，如果最后还是推不出去，让预言家做成了形势金水的话（如果这张牌是悍跳狼的话，此时狼队已经可以绑票／爆刀获胜了，所以这张牌只能是真预言家），那么就交牌。简而言之就是狼队应该把真预言家尽可能地出在台面上，不要浪费这一刀去帮真预言家坐实身份。

2. 女巫还有解药

在第二夜女巫还有解药的情况下，不论第一天白天是哪张牌被放逐，第二夜狼队都基本只有两种选择：一是在外置位赌刀女巫希望闷掉解药；二是安排一张发言阳光的隐狼在第一天白天"一不小心暴露了自己是神"，然后自刀。

第二夜的其他刀位基本上都是没有什么用的，很多时候女巫都只是为了把解药用掉，保证稳定抢一个轮次。尤其是没有必要让悍跳狼自刀，因为在有解药的情况下自刀，就算女巫开解药救了悍跳狼也不太会就这么相信了自刀的悍跳狼是真预言家，更别提如果女巫坚定地站边了真预言家，没救悍跳狼，那么狼队就更加尴尬了。

在外置位赌刀女巫的话，根据掀人水平的不同将会有不同的概率刀到女巫，很多掀人高手第二夜在外置位赌刀女巫的命中率都在九成以上。一旦双药女巫第二夜被刀，解药将会直接被闷掉，而毒药也并不能保证一定毒得对狼，这也就是为什么我们鼓励女巫在大多数对局中尽量第一夜就使用解药，先稳定抢到一个轮次再说。

而狼队第二夜自刀骗药可谓是收益与风险并存。对于女巫来说如果把解药留到第三夜再使用的话，不但风险很高，节奏上也太过拖沓。因此只要自刀狼第一天铺垫得好，就有可能让女巫误以为是狼队赌刀女巫失败，而认被刀的玩家就是"狼队视野里的女巫"，是一张好人牌乃至是猎人、白痴等其他神牌，所以女巫会选择开药解救，结果保下一张银水金刚狼。当然，要是遇到女巫没救自刀狼又或者是女巫仅仅只是为了用掉解药抢一个轮次，方便第二天阳光起跳，但是并不认银水狼一定为是一个好身份的话，那么狼队同样也会比较尴尬。

3. 女巫没有用过解药

在女巫第一夜就用过解药的情况下，如果第一天狼队就抗推了真预言家，有时悍跳狼会选择自刀做好狼队友金水的身份。不过在高端局中，悍跳狼第二夜自刀是比较少见的，因为自刀会亏两个轮次，一旦自刀就相当于狼队把第一天好不容易抢到的轮次又还了回去，因此只有在自刀的期望收益足够大的时候，悍跳狼才会选择自刀。

在狼队第一天抗推了真预言家的情况下，大多数的高配狼队都对自己的刀法和发言比较自信，会选择继续悍打而在外置位选刀。此时如果有明的女巫或者白痴，狼队可以直接去刀掉，而如果没有的话，也可以靠捉身份来选刀，希望刀掉女巫闷掉毒药又或者是在白痴认身份之前刀掉白痴，方便让隐狼穿走白痴的衣服。在极少数情况下，如果狼队确信猎人的枪口没有对准狼人甚至直接对准的是神民，那么狼队去刀猎人也是可以的。

其实之前就已经提到过了，顶配局中的狼人杀其实就是"一轮杀"，第一天抗推了预言家狼队就会三刀三神拍刀获胜，第一天抗推了平民狼队就会三刀三民拍刀获胜。所以如果悍跳狼第一天发的是查杀，成功抗推了一张平民牌，狼队第二夜就要及时转换思路去刀民，同时之后的主要工作也是去找民。

而在悍跳狼被放逐的情况下，则需要根据狼队的战术来进行选择，冲锋战术需要在外置位选刀女巫或者白痴，第二天起来继续尝试抗推真预言家。而倒钩战术则需要刀死真预言家，不让他继续报验人信息来为倒钩狼争取足够的生存空间。当然如果女巫站边了悍跳狼表示会毒死真预言家，狼队则应该先刀女巫，把预言家留给女巫去毒。

第一天真预言家带队放逐了被查杀的狼人时，对于狼队来说是比较不利的。此时狼队则需要根据是否找到了女巫，以及女巫的站边倾向来决定刀法。一旦悍跳狼吃毒，第二夜狼队又刀了女巫没有刀真预言家，落后两个轮次且真预言家还能报信息，狼队这局游戏就难玩了。要么冲锋去悍跳一张女巫牌，然后去盘悍跳狼是吃刀的，女巫是吃毒的，再接着去抗推真预言家，要么就倒钩试图去抗推两张好人牌，而这些对于狼队来说都是比较困难的。

另外再说一个很多狼人玩家没有注意到过的胜负手。如果平安夜开局第一天狼人被放逐，在预判女巫会毒民的情况下，第二夜狼人如果选择刀民则狼刀将会反先，因此狼队此时应该选择不刀神转而刀民。我把这种第二夜的刀法称之为"跳刀民"，

·进阶卷·

通过预判女巫的毒药在第二夜转刀民的这种刀法,我曾无数次在第一天白天局势不利的情况下,第二天天亮之后直接拍刀获胜。

第二章　思维盲区:次日狼查杀狼

"我一直认为,对于一件没收益的事,当所有人都认为它没收益的时候,它就有了收益。"

一种利用思维盲区的狼队奇招就是悍跳狼在第一天成功抗推掉了真预言家之后,在第二天用狼查杀狼互做身份。第一天狼查杀狼的战术相信只要是经验稍微丰富一些的狼人杀玩家应该都已经见识过了,但是第二天狼查杀狼的战术就比较罕见了,经常能够击中部分玩家的思维盲区。

对于第二天狼查杀狼的战术来说,被查杀的狼人一般是一张倒钩狼,这样的话两张狼牌才有足够的对立面且悍跳狼能有充足的理由去验这张倒钩狼。和第一天狼查杀狼一样,第二天狼查杀狼的战术分为牺牲悍跳狼做好被查杀的狼人的身份和牺牲被查杀的狼人做好悍跳狼的身份两种。

对于牺牲悍跳狼的战术来说,在第一天悍跳狼强行抗推掉了真预言家之后,如果第二天觉得自己可能会败露,就可以在第二天查杀一张倒钩狼,用自己第二天的牺牲做高倒钩狼的身份。

而对于牺牲倒钩狼的战术来说,倒钩狼一定不能自爆。一种简单的打法就是倒钩狼认一张神牌之后找到真神再死,这样的话就相当于用阴阳倒钩骗真神牌站错边,然后第三夜悍跳狼自刀保下狼金水做成金刚狼。而复杂一点的打法是倒钩狼认民,在抗推掉了倒钩狼之后第三天狼队就可以去盘如果悍跳狼是狼人的话,此时狼队已经赢了的逻辑,比如:"如果他是狼人,他第一天抗推了真预言家,第二天又抗推了一张平民,这种局势下狼队已经赢了。只要游戏没结束,他必然是一张真预言家牌。"这种打法相对于悍跳狼第二天抗推好人直接获胜来说,其优势在于悍跳狼所遭遇到的反扑将会比较小,不会出现悍跳狼被好人牌用精彩的发言直接反拍出局的情况。

上述打法其实就是狼队利用思维盲区所布的一个局,类似的以思维盲区来设计的战术还有很多,如果好人玩家经验不足的话很容易会上当。说到底从逻辑上讲,狼人杀中所有的正反操作最后都会形成混合战略纳什平衡,就像猜拳中最后一定会形成三分之一的概率出石头,三分之一的概率出剪刀,三分之一的概率出布一样。如果遇到一个50%概率出石头,25%概率出剪刀,25%出概率出布的玩家,那么就多出布去击败他吧,这是对他偏离平衡的惩罚。

其实狼人杀是一个非常需要经验和想象力的游戏,很多时候抓住其他人的逻辑

盲点就能出奇制胜。每一局游戏，我们都要试图找出对立阵营玩家思维中的盲区并加以利用，然后用相应的反逻辑去击败他们。事实上，我认为高手的胜率高，其中一个原因就是他每次都能比别人多想一步，只要抓住别人思维的盲点，就能游走于盲点之间靠收割概率去取胜。

第三章　好人的中盘工作

如果说第一天白天一般是两个预言家的轮次，那么到了中盘，第二天好人阵营要处理的就是双方团队的问题了。一般而言，到了第二天白天场上的信息量已经足够多了，局势基本上应该已经比较明朗了，如果到这个时候好人阵营还是分不清楚预言家的真假以及狼坑的大致分布，那么这局游戏好人阵营基本上就已经输了。

在已经处理完了第一天的工作，分辨清楚了预言家的真假之后，好人阵营首先要明确的就是以下几个问题：

（1）此时是警推在先还是狼刀在先；第一天被放逐的玩家是什么身份；第二晚被狼人击杀的玩家是什么身份；女巫的毒药是否还在；被女巫毒杀的玩家是什么身份等。

前面已经讲解过轮次的计算方法了，如果警推在先，则好人阵营可以视情况适当地跳明身份打，警推领先得越多，身份就可以跳得越明；如果是狼刀在先，则应当藏身份以求让狼人刀偏亏掉轮次。

（2）今天应该由谁带队；真预言家还在不在场；有没有能带队的金水；有没有能带队的明神；有没有能带队的身份做好的高配玩家等。

为了防止狼人捣乱，好人阵营需要有明好人起来带队主持工作，组织大家有序地跳身份、找狼和拉PK，此时身份坐实的真预言家、真金水、明神、身份做好的高配玩家都是非常不错的选择。

（3）今天是出谁的轮次；有没有逻辑上的铁狼；有没有发言不好乃至聊爆了的狼人；有没有对跳同一神职的玩家；悍跳狼/被查杀的狼人是否还在场；支持悍跳狼的玩家是冲锋狼还是站错边的好人等。

到了第二天，有铁狼就先出铁狼，有神职对跳就解决神职对跳。如果真假预言家的问题尚未解决，则继续解决两个预言家的事情。如果已经分清了真假预言家，则考察悍跳狼的团队，听他们表水，分辨其中的冲锋狼和站错边的好人。一般而言解决问题的顺序是被查杀的狼人、悍跳狼、冲锋狼和聊得不好的玩家、深水狼、倒钩狼和银水狼，如果前一个环节已经没有问题了，则继续处理下一个环节的问题。注意要先做主线任务再做支线任务，先做前置任务再做后继任务，一天先集中精力解决一件事情。

·进阶卷·

第四章　狼人的中盘工作

对于狼人来说，到了中盘同样有很多事情需要明确：

（1）此时是警推在先还是狼刀在先；第一天抗推了好人还是放逐了狼队友；第二晚击杀的玩家是什么身份；女巫还在不在场，手上还有什么药；被女巫毒杀的玩家是什么身份等。

在警推在先的局和狼刀在先的局里，狼人的工作是完全不同的。在警推在先的局里，狼人的首要工作是保护自己，互做身份，争取抗推好人抢回轮次。在狼刀在先的局里，狼人的首要工作是分辨出好人玩家的具体身份，保证之后的刀法不出现偏差。

（2）神牌都找到了么；还有哪几个好人的身份没有确定；还有哪张神牌没有找到；应该重点去给压力抿哪几个人的身份；应该更激进地找神还是保守一些地找神等。

在警推在先的时候，狼人找神需要相对保守，在狼刀在先的时候，狼人找神可以更加激进。如果此时狼刀在先却还有神牌没有找到，狼队就应该把主要精力放到找神上，白天谁出局不重要，狼刀在先的情况下只要神民身份找齐了，这局游戏狼人就赢了。

（3）白天抗推谁；此时狼队是落后一推还是落后两推；狼队的暴露程度有多少；哪几个位置的好人可以当作抗推位；如果必须要牺牲，狼人应该怎样互做身份等。

如果警推在先，狼人在中盘就必须设计好获胜路线，考虑清楚应该如何抗推好人为狼队抢回轮次。此时狼队要找好抗推位去重点攻击，要计划好是第二天就冲票争取抗推一个好人还是先牺牲一个狼人去做好其余狼队友的身份。

对于狼人来说，时刻保持思路清晰，搞明白什么时候该干什么活是非常重要的一件事。

收官篇

第一章 收官分析

狼人杀这个游戏的收官部分比较简单，尤其是在高端局里大多数时候一局游戏玩不到收官就结束了。游戏时间越久，暴露出来的信息就越多，场上玩家的身份也就越明朗，狼人、神民的身份都会渐渐暴露，要让狼人晚上刀错人是比较难的，要让好人白天推错人也是比较难的。其实很多时候到了游戏后期，场上的信息量已经爆炸，狼刀在先就是狼人直接拍刀，警推在先就是狼人苦辩不成无奈交牌。不过有的时候，游戏也会进入到残局，下面我们就先通过几道例题来讲解狼人杀中残局的处理。

例题分析：

（1）我是一张猎人牌被刀死在了夜里，现在场上所有玩家都知道剩下活着的四张牌里有一张坐实的神牌（比如白痴），两张平民牌和一张狼人牌，问：我是否应该开枪？

答：应该开枪。今天白天放逐投票结束如果狼人还没死，那么他只要刀死神牌游戏就结束了，所以此时好人阵营的目标就是在入夜前杀死最后一张狼人牌。不考虑之前的发言和行为，单从概率的角度上讲，如果猎人不开枪，那么三张认民的牌里找一狼推，好人阵营的胜率是 33.3%，而猎人开枪的话，如果带走狼人，游戏直接结束，如果带走了平民，也能排掉一水让放逐投票从三选一找狼变成了二选一找狼。综合考虑，选择开枪的话相当于好人阵营的胜率从 33.3% 上升到了 66.7%，所以此时我们应该开枪带走一张认民的牌。同理，在类似的局面下，女巫应该在夜里甩毒帮忙排水。

（2）九人局第二天场上预女猎三神身份坐实（女巫双药已用），预言家带警徽，剩下三张牌里一张金水民，另外一张民牌、一张狼牌还未定义身份，问：今天应该推谁？

答：在这种局势下好人阵营其实是有必胜打法的。如果第二天冒险在两张 X 身份里选推一张，如果误推走了其中的民牌，晚上狼队刀掉金水民即可屠民获胜。所以此时好人阵营第二天的正确做法应该选择推掉场上的明神女巫或者猎人（猎人选择不开枪），这样场上剩余两神两民一狼，狼刀依旧不够。让带警徽的真预言家晚上去验其中一张未定义身份的牌，这两张牌验一推一，好人阵营即可获胜。

（3）场上剩余四张牌，其中一张是金水带警徽，其余三张是 X 身份，场上所有玩家都知道剩余四张牌里有一张猎人、两张平民和一张狼人。金水是一张平民牌但没有透露自己的身份，其选择第一个发言让后置位三张 X 身份的牌跳明身份，最后

所有人听警长归票。其中A先认了猎人，B之后认猎人踩A是狼人，C最后认了平民。不考虑之前几天A、B、C的发言和行为，问：这三张牌哪张牌狼面更大？

答：要搞清楚这个问题，我们首先要明白金水让A、B、C跳明身份的目的何在。首先金水自己是一张平民牌，所以在他的视野里A、B、C应该是一张猎人、一张狼人和一张平民，这种情况下如果两张牌认平民一张牌认猎人，那么猎人身份坐实，两张平民牌PK，如果一张牌认平民两张牌认猎人，那么平民身份坐定，两张猎人牌PK。也就是说通过让A、B、C跳明身份，就可以确定一张好人牌，让最后一推从三选一变成二选一，这也是最后一推残局中的一个常用技巧。根据题目所给出的信息，A、B对跳猎人，C认民，所以C好人坐实。再来分析A和B，在有真金水铁好人的局里，如果金水没有认明身份，狼人穿神的衣服总是要担心误穿了金水的衣服而被拍出局。如果A是猎人，B是狼人，那么A自知自己是猎人所以认了猎人，B在A认完猎人之后马上就确定了C和金水都是民，所以对于B来说只需要决定是认猎人和A上PK还是认民和C上PK，而就没有穿到金水的衣服被直接拍出局的风险了。如果A是狼人，B是猎人，A在不知道金水身份的情况下，认猎人就要冒着有三分之一概率穿中金水的猎人衣服的风险而被金水直接拍出局。也就是说，狼人在前置位认猎人要比在后置位认猎人冒更多的风险，所以前置位起跳的猎人更有可能是真猎人（这个逻辑和往警后发金水能做高预言家面是类似的道理）。综上所述，C是铁好人，不考虑之前的发言，A、B两张认猎人的牌中，B的狼面比A稍大。

（4）最后一轮场上三人PK怎么处理？

答：虽然说三人决赛的残局基本上只会出现在好人、狼人都是新手的新手局中，狼刀歪，好人推、毒、带歪，双方阵营都有各种失误，不过这个问题还是可以拿出来讨论一下的。三人决赛必然是一狼一神一民，那么就很简单了，三个人各自认身份。如果认牌结果为两神一民，则民牌一定是好人，两神里出一狼，神牌互投民牌弃票，让两神PK各表一轮水，然后让民牌二选一。如果认身份的结果为一神两民，则神牌一定是好人，两民里出一狼，民牌互投神牌弃票，让两民PK各表一轮水，然后让神牌二选一。这样的话好人阵营胜率最高。

第二章　空刀

有的时候狼队在游戏中可以选择空刀，这是一种比较高级的操作技巧。空刀往往发生在残局时。最简单的一个例子就是在刀掉守卫之后，在游戏后期空刀一轮制造出守卫还在场的假象，来让狼人穿上守卫的衣服。另外还可以在女巫甩毒自证的那一晚空刀，让女巫无法通过夜里双死来自证从而诬陷女巫，把女巫抗推出局。

还有一种空刀发生在夜里两神两民一狼的局里，这种情况下有的时候最后一狼就可以视情况选择空刀，因为场上有两神两民，最后一狼在夜里无论是刀了神还是刀了民，白天都还要躲过一推才能获胜。如果选择空刀的话，最后一狼躲推之后，白天推了民就去刀最后一民，白天推了神就去刀最后一神（不考虑猎人开枪带人的情况）。也就是说在这个夜晚狼人不管刀不刀人从轮次上讲都是一样的，反正都是只要躲过了最后一推就能赢。那么在这种情况下，有的时候狼人不刀人反而能有更大的操作空间（不刀人有四个可选抗推位，刀了人还剩三个可选抗推位）。如果场上有明好人的话（比如坐实的金水），那么明好人是无法被抗推的。分析之前的发言，如果这张明好人在怀疑最后一狼的，那么毫不犹豫把他刀掉不要让他再说话了。如果这张明好人并不是很怀疑最后一狼的话，那么最后一狼可以选择空刀，也可以选择看情况在外置位刀人，只要不刀带队明好人眼中的"狼人"这个抗推位都是可以的。

第三章　最后一张倒钩狼

1. 好人视角

　　残局中常会遇到要在三四张好人牌里寻找最后一张倒钩狼牌的情况，那么我们应该用什么方法去寻找最后一张倒钩狼牌呢？

　　前面在介绍倒钩狼的环节中已经说过了，倒钩狼永远是好人阵营在盘完悍跳狼和冲锋狼之后最后才要盘的位置。往往当开始盘倒钩狼的时候场上的玩家都已经发过两三轮的言了，所以说盘倒钩狼也一定要从全场的行为来综合进行判断。

　　先说站边。狼人是有信息的，是先选择站边后编造理由进行解释的，很多狼人因为编造伪逻辑的能力不足，编出的逻辑是突兀的、不自然的、单一的。而好人是没有信息的，所以好人的逻辑是丰满而连贯的一条完整的逻辑链。因为好人在不断分析，不断提出假设和猜想，所以逻辑链上会有各种产生了而又被否定的分叉作为猜想的痕迹，好人牌的一些猜想可能会说错但是却能体现出他是在不断进行思考的。新手倒钩狼通常都会以"我全场站对边，所以我是一个好人"的逻辑来进行辩解，但站没站对边其实并不是最重要的，站边的逻辑与思考的过程才是最重要的。站对了边并不一定是底牌是一张好人牌的理由，也可能是底牌是一张狼人牌的结果。

　　这里所说的思考过程不仅仅指前期站边的逻辑，游戏中盘生推时的逻辑也是一样的，倒钩狼不能一直出卖队友，到了游戏的中后期也得开始想办法抗推好人来为自己争取生存的空间。一旦倒钩狼开始寻找抗推位，就一定会流露出痕迹。毕竟一张牌知道自己是好人牌，然后去外置位找狼，与一张牌知道自己是狼人牌，然后去外置找抗推在心态上总是会有区别的，能否捕捉到这一丝区别就是好人阵营能否找出倒钩狼的关键。要感受到这一丝区别，身份假设和换位思考是必不可少的两项能力。对于寻找倒钩狼来说，其实视角和心路历程对不对甚至比做没做好事更加重要。一个站错边的，但是逻辑自洽、心路历程饱满的玩家比一个站对边的，但是逻辑有瑕疵、视野奇怪的玩家更加有可能做得成一张好人牌。

其实比较麻烦的还是穿了倒牌女巫或倒牌白痴衣服的倒钩狼，一旦女巫和白痴在没有跳明自己身份的情况下被闷刀，让倒钩狼穿上了神民的衣服，好人阵营要放逐认神没人拍的倒钩狼是需要一些勇气的。所以在警推在先的局里神牌最好视情况跳明身份帮忙排水，同时也能避免吃闷刀让狼人穿走衣服做成金刚狼。而要提防倒钩狼穿上神牌的衣服活到最后，场上的好人牌就必须对每天晚上死在夜里的玩家的身份非常敏感，一定要多思考这张牌是以什么身份走的，狼队为什么在晚上要去刀这个位置，这张牌死前的言行又是什么等等。

值得注意的是对于好人阵营来说一定是按照先前期盘悍跳狼，其次中期盘冲锋狼，后期再盘倒钩狼这个顺序。因为悍跳狼和冲锋狼从游戏的一开始想的是抗推真预言家再抗推其他好人，而倒钩狼在游戏前中期是没有危害的，既然他选择了倒钩他就必须帮着好人做事，准备做好自己的身份来打后期。然而游戏越往后期走，场上的信息就越多，倒钩狼的生存空间依旧很小。既然在游戏前期一张倒钩狼在做好事，那么先留他一至两轮，等他开始想着做坏事了再来处理好了。每个轮次就该先做好每个轮次该做的事，有的玩家一开局就开始盘倒钩狼，这就显得有些操之过急了。

2. 倒钩狼视角

"狼人一生一起走，谁打倒钩谁是狗。弃三保一狗就狗，谁和你是好队友。"

作为场上仅存的狼人，倒钩狼必须清楚整个狼队获胜的希望都寄托在了自己的身上，是队友们的牺牲才做高了自己的身份，因此作为一个倒钩狼必须背负起整个狼队的希望，坚韧而顽强地去追求胜利，决不能轻言放弃。

对于倒钩狼来说，非常重要的一个能力就是抿人。相对于悍跳狼和煽动狼而言，倒钩狼的思考量其实是最少的，同时倒钩狼也经常是场上存活时间最久的一张狼人牌，所以对于倒钩狼来说，要把非常大的一部分精力投入到抿人上去，迅速找出所有神牌的位置，明确什么衣服可以穿，什么衣服不能穿；什么位置可以抗推，什么位置不能抗推。在刀神局中，狼队的刀法是非常重要的，刀偏一刀就意味着不但少了一个抗推位，更需要再多辩一轮多抗推一张好人牌来追回这个轮次，发言越多，场上人数越少，倒钩狼的生存空间也就越小，所以对于倒钩狼来说，前期用富余的精力多抿神，保证中后期刀法精准至关重要。

在游戏前中期卖掉了自己的几张狼队友做好了自己的身份之后，倒钩狼一定要计算好轮次，计划好获胜路线。其实游戏中后期场上身份基本都明朗了，倒钩狼的生存空间非常小，一般只能剩下最后一到两个抗推位，所以说倒钩狼的思路一定要清晰。狼人是游戏的布局者，倒钩狼不能只想着眼下这一轮要怎么做，还要想好接下来几轮要怎么发言、要抗推谁、要刀谁、要拉哪几张票、要重点骗哪几个人、自己要穿什么衣服、该怎么穿。提前一两天就该计划好要去攻击哪张牌，应该怎么抗推掉他。单纯怕死的倒钩狼很难躲到最后，只有思维缜密的倒钩狼才能为狼队赢得比赛。

3. 结语

以上部分就是进阶卷中关于具体局势的分析，之后我们将会进入狼神卷，去了解一下狼人杀中最核心的一些游戏理念。其实，狼人杀对局中的局势纷繁复杂，很多情况都需要具体问题具体分析，我们不可能在书中将其全部一一列举。真正重要的是透过案例从更高的角度去掌握了其背后的原理，掌握原理之后再积累经验理论与实践结合才能进步地更快。未来我还制作了一系列第一视角的复盘视频，叫做《长尾课堂》，在实战中对各种细节进行了一些更加深入的分析感兴趣的读者可以在网易CC搜索"长尾"进行观看。

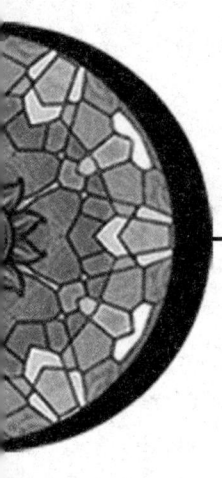

狼神卷

　　本书"狼神卷"所面向的读者为想要攀登狼人杀水平顶峰的 2.5~3.5 阶玩家。"狼神卷"将会超越战术，在更高的层面上去探讨狼人杀背后的游戏理念。本卷中包含了大量抽象的观点以及一套完整的狼人杀理论体系，因此需要读者拥有扎实的狼人杀基本功才能充分理解本卷所要传达的内涵。如果说"进阶卷"中讲解的是术，那么"狼神卷"中我们所要探讨的就是道，从道的层面上讲这些理念其实已经超越了狼人杀这个游戏，可以覆盖到杀人游戏、抵抗组织等一切同类游戏，乃至我们的日常生活之中。

　　其中，"核心理念篇"包含十个章节，阐述了十个不同的核心理念，"面杀之道篇"通过玩家生而为人的本质去探讨了状态上的攻防，而"进阶板子篇"则相对简单易懂，列举了一部分预女猎白之外的游戏板子并对其中部分进阶身份的打法进行了初步的介绍。

核心理念篇

第一章　发言能力

1. 发言水平

作为一个语言游戏，狼人杀中的发言水平至关重要。对于新入门的玩家来说，一开始的发言水平是与游戏经验和思维深度息息相关的，会自然而然地伴随着综合实力的增长而增长，但是在达到一定高度之后就需要有针对性地进行发言能力训练。其实在狼人杀中，发言水平是有比较明显的等级区分的。

0级　对游戏还没有基本的认识，无法产生逻辑，以至于当好人划水，当狼人也划水，盘不出任何有价值的东西，无法进行超60秒钟发言时间的发言。

1级　对游戏有了最基本的理解，当好人能够盘出一些最基本的正逻辑，但是相对碎片化，当狼还是会逻辑混乱，没有能力编造出合理的伪逻辑。

2级　通过经验积累基本熟悉了游戏，当好人时可以盘出一条完整的正反逻辑链，当狼时也有能力编造出一些伪逻辑对自己进行伪装，无论当狼还是当好人发言思路都基本清晰。

3级　开始意识到要统一自身狼人与好人的发言状态，有能力盘出多条正反逻辑链并对其进行分析和选择，发言思路清晰且目的明确，有能力选择合理的逻辑对对立阵营进行攻击，进行煽动式发言。整个发言有计划、有重点、有目的。

4级　基本统一自身狼人与好人的发言状态，无论当好人还是当狼人都会对局势产生一定程度的统治力，凭借大局观和语言感染力将获得控场能力。当狼时伪造出的逻辑链不会出现任何问题，有能力在发言中完全不暴露狼队信息，充分代入到任何角色的视角来伪装自己。

5级　拥有大量发言素材库和发言模板库，各个位置、各种身份、各种局势下的发言都经过大量练习，有能力随时结合当下情境进行一段如演讲一般有力的发言，有能力控制自身发言的力度和水准，做到想聊好就聊好，想聊爆就聊爆，摸到狼牌同样可以情绪饱满而真挚地发言，因战术意图需要故意聊爆时可以不露出任何破绽。

这里的发言水平等级和游戏水平分阶不完全相关。其中0~2级中的能力会随着游戏经验的丰富而自然提升，之后的发言水平提升就需要我们有意识地多加练习了。

2. 统一发言状态

首先，在狼人杀的发言能力进阶过程中很重要的一点就是要统一好人与狼人的状态，以及神牌与民牌的状态。有很多不善于管理状态的玩家在拿到神牌的时候状态亢奋，拿到民牌比较划水，而一摸到狼牌就直接把"狼"字写在了脸上，这类玩家的身份在抿人高手眼中就如同身份牌直接掀开了摊在桌面上一样。这就会导致在这个身份猜测游戏中，不会统一状态的玩家毫无操作空间和游戏体验。为了避免这样的情况，我们要做的就是以自身的好人状态为基线，努力提升自身摸狼时的发言状态，尽量让其贴近我们玩好人时的状态。如果平时玩好人状态太过高昂的话，我们也应在玩好人时稍作克制，尽量让自身好人和狼人的发言水平达到统一。

在狼人杀的多局博弈中，如果无法统一自己的发言状态，玩好人时过于明显，就相当于作茧自缚。这会导致我们在其他玩家眼中的状态基线一直保持在一个非常高的位置，只有每一局我们都能达到这样好的状态我们才会被认可为好人，而这样将导致在我们摸到狼人时状态不佳很容易就会被识破。

虽然说大多数玩家一般都是好人状态高于狼人状态，但这并不是说我们应该直接降低当好人时的发言水平，让其和我们的狼人发言在低水平下达到统一，因为这种低水平下的统一是很没有质量的。我们应该追求的是将好人状态和狼人状态统一在一个比较高的发言水平之上，这才是狼人杀这个语言游戏的魅力所在。

3. 发言目的

一张高配牌的发言一定要思路清晰且目的明确，形成自己的语言风格和发言框架，当狼、当好人都要有能力精准地拉到票、给到压力、诈出信息、做好身份、把想拍的牌拍下去、把想架的牌架起来，总而言之就是要通过发言实现自己的发言目的。比如一张想出来找神的狼人牌，就应该有针对性地给各个位置施加压力逼神跳身份，甚至可以故意把自己打成一张焦点牌来收集更多的信息。

需要注意的一点是，其实发言时间和精力本身就是一种资源，没有必要把它们投入到那些不必要的细小枝节上，一定要让自己的发言为自身的发言目的服务。

发言不像做数学证明题，需要把分析的步骤全部写下来才给分。很多玩家发言的时候喜欢一边复述各种已知条件，一边分析，其实这些都是应该在脑海里完成的，而在发言中最重要的内容应该是提出一个方案，说清楚该怎么做。所有的推理和分析其实都只是为了给之后提出的具体方案作铺垫的，仅仅零散地去复述和分析是没有意义的，我们真正应该做的是把我们的思路提炼成一条完整的逻辑链，用逻辑来武装我们的发言，然后直指我们发言的目的，用我们所给出的方案来打动其他玩家，让他们协助我们一起实现我们的目的。

逻辑的编造和整理其实并不复杂，属于狼人杀中的基本功，无非就是整理出一条核心观点去说服别人，其中逻辑对不对并不重要，真正重要的是这个方案能不能拉到票。其实煽动式发言的核心思路无非就是要给出具体的方案，然后说服大家按照我们的思路来进行游戏。

4. 发言力度的控制

再讲一下控制自身发言的力度和水准，让自己有能力故意聊差这一点。其实这

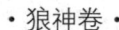

是一种非常重要的能力。新手玩家聊爆实属正常，但是高配玩家故意聊差甚至聊爆却又能在其他诸多高手面前假装成是一不小心、无意识的聊爆，这就是一种非常强大的能力了。在狼查杀狼打配合、隐狼倒钩真预言家故意诬陷真预言家身份、神牌故意聊差躲刀、狼人故意把自己聊成焦点牌收集更多信息、平民"一不小心"泄露了自己是一个神试图挡刀等场景下，都需要我们拥有足够的能力去控制自身发言的力度和水准。而事实上在很多时候，我们想故意聊爆的时候，要么爆不出来，要么演技浮夸，这其实都是功力不足的体现，这一部分的能力一方面关乎经验，更多的就是要注重演技的修炼了。

5. 发言思路的选择

拥有大量发言素材库和发言模板库，各个位置、各种身份、各种局势下的发言都经过大量练习看似简单，但是其实却需要极其丰富的经验。摸着哪张底牌，在哪种局势下，在哪个位置发言，面对着场上怎样的玩家，要实现怎样的目的，这些是我们首先就要搞清楚的问题。不同局势下的发言是不同的，场上玩家性格不同、配置不同则拉他们票的方式是不同的，前置位与后置位的发言也是不同的。而这些都事关我们应该如何选择我们的发言思路。配置稍高一点的玩家随便说一段话，完成一段及格的发言自然是很容易，但是要在每一种需要的情况下都能进行一段优秀乃至卓越的发言就很难，需要对场上局势有着精准的判断，需要积累无数的发言素材和具备扎实的发言功底，需要对于自身的情绪有着强大的控制力。

6. 发言风格

就我个人而言，我认为发言时应该用一种礼貌而温和的方式有理有据地提出观点，尽量采用积极、正面的说法而不是直接、强硬的攻击，要给别人留有余地。一方面这样的说话方式更加容易被别人所接受，另一方面这样发言也可以给双方都留有一些余地。所谓"金以刚折，水以柔全"，温和而理性的发言是很难被别人攻击的。

每个人的发言时间和精力都是有限的，合理地利用这每轮两到三分钟的发言时间是狼人杀中非常重要的一件事。我们先举一个反例，有的玩家发言攻击性过强，刚开局就喜欢攻击别人，然而却经常误伤了好人，结果第一天你辩过来，我驳回去，第二天继续这样，白白招惹了敌人且浪费了太多的精力和发言时间在一些无关紧要的枝节上，这么做是非常不可取的。其实这就是一种发言的艺术，狼人杀这个游戏在白天就是一个拉票游戏，既然要拉票那么就要获得别人的认同，把别人惹得不开心了，不管别人是好人被激怒了还是狼人"狗急跳墙了"，总之他就不想同意你的观点。反观申屠的发言风格就属于一个典型的正面案例，发言中照顾了别人的情绪，顺应了别人的心理，让别人听着舒服了，别人自然也就容易跟着他投票了。

这就是发言控场中对全场玩家情绪的控制，在游戏前期发言太具有攻击性很容

易树敌，并且因此被狼人反向利用。狼人杀作为一个拉票游戏，其实最重要的还是把好人团结在一起，让好人按照我们的思路去出人，就算有狼人想混进我们的团队，只要他肯跟着我们出票，第一天也不必道明。反正这个游戏一个白天也只能推一只狼，第一天就裸点四狼也没有什么用，还不如先利用狼票，等到第二天信息收集得更加全面了，再进行一次干净漂亮的全面打击，用我们完美无瑕的发言一击制胜。

有的玩家发言时语速极快且没有语调变化，这种发言方式是很难被其他玩家听进去的，因此经常就会使自己的发言变成无效发言。相反地，正面案例可以参考大非老师，大非老师的发言抑扬顿挫，极具节奏感和个人特色，这样的发言就会非常容易地被场上其他玩家所接纳，这就是语言的魅力。

另外，一个好听的声音在狼人杀的发言中是非常占优势的。其实我的发言风格就是我特意为了玩狼人杀训练而成的，它和我平时说话的风格是有一些不同的。知乎上有一篇关于"人的声音是可以通过训练而改变的吗？"的回答为我们应该如何训练自己的声音提供了一个非常好的答案，希望让自己的声音变得更加好听的玩家可以去学习一下。

很多的网杀选手的发言都非常形式化，仿佛就是几套发言模板颠来倒去地说，这样的发言是没有灵魂的。当我们作煽动发言时，不光是发言内容的煽动性，发言情绪本身的感染力也是非常重要的。其实很多时候，发言的逻辑和内容只是填充发言的一些素材，真正重要的是我们发言时的肢体语言和情绪感染。心理学的研究表明，高唤起状态下的情绪将会具有更强的感染力。真正有灵魂的发言，应该是像演说家和配音演员一样，把自己的情感、思想都倾注在自己的言语之中，这样的发言才是真正能够打动人心的发言。

当然，每个人都有自己的发言特色和个人风格，并不能说就一定要分出好坏。以上只是我对于狼人杀中发言风格的一些个人见解。

7. 水平提升

对于提升发言水平而言，最重要的还是多练。一开始发言水平会随着游戏经验的增加而提高，达到第三阶段之后就需要有针对性地进行训练：①需要有意识地去统一自己玩好人和玩狼人时的状态，不能让二者区别鲜明。②去聆听各路高手发言，对高手的发言结构、思路、风格和目的进行剖析，结合自身性格和玩法特点逐渐形成一套或多套适合自己的发言风格。③刻意去练习狼人杀中各种常见情境下的发言，对于各类情境有针对性地准备一些高质量的演讲稿进行背诵，在实战中将演讲稿结合当时的情境演绎成临场发言。背熟了的演讲稿一定会比临场所想的发言质量高，早已编造得很饱满的故事也一定比临场现编的故事更加能令人信服。④砸掉自己所有的牌坊。狼人杀是一个发言游戏，有自己的风格可以，但是不要试图去建立一些牌坊，比如"从来不悍跳""从来不倒钩""从来不自刀"等等。只有砸掉自身所有的招牌，离开牌坊的帮助，把自己放到各种情境下去磨炼，去体验，多说多练，经历得多了自然能聊的素材也就多了，发言风格自然也就成型了，只有这样才能成为一位能力全面的选手。⑤多多作复盘。不要在一局游戏结束之后就停止了思考，而是应该在知道了演员表之后去反思自己在游戏中发生了哪些失误，哪一步操作有问题，哪一段发言还可以改进，思考如果现在再去发一次言应该怎样说。如果这个发言场景足够经典，那么在当天的游戏结束后，应该结合当天的游戏经验和复盘思考，为这个场景写下演讲稿，然后反复背诵练习。同时在游戏结束后也可以和场上其他玩家探讨各自的心路历程，了解对立阵营玩家的视角并且了解同阵营其他玩家的思路。事实上哪怕是顶级的狼人杀玩家在游戏中也会发生失误，及时进行复盘反思可以有效寻找出自己的不足，从而在以后的游戏中有针对性地进行改进。⑥另外一种复盘的方式就是看录像，当然一般我们自己线下玩的局不会录像，这时候就可以去借助比较经典的狼人杀游戏节目来进行学习，先以观众视角看一遍，再用上帝视角看一两遍，力求充分代入到每一张牌的视角去分析和理解他们的发言及操作，同时不断代入到每一张牌的位置去思考如果现在自己是场上的这张牌，面对这样的局势自己应该如何发言。⑦进行三分钟演讲技巧方面的练习，学习控制自己的发言节奏和把握听众们的情绪。如果发言的节奏过于平淡而没有起伏的话，听众很快就会厌倦并听不进去，此时就需要我们调整自己的发言风格。⑧每当遇到或者想到一些发言元素上的灵感时，就把这些灵感记录下来备用。比如当我们遇到一个真预言家，她发言中的某个心路历程非常动人时，我们就可以把这个动人的发言元素加入我们的发言素材库，当下次我们要跳预言家时就可以调用这个发言元素，把心路历程编造得更加饱满，增强我们的说服力。

第二章　拉票与算票

1. 拉票

很多二至三阶玩家经过不断的练习，在实力逐渐进阶后，逻辑、分析、战术和抿人等综合能力都有所小成后，就会遭遇瓶颈。他们会发现自己经常会遭遇这样一种情况——"我一张好人牌明明已经把局势分析得这么清楚了，我明明已经把该盘的逻辑都盘干净了，你们其他好人怎么就听不懂呢？"

这是因为此时经过练习，大家都已经成为了场上的高配玩家，拥有了超出自己所在场上大部分玩家半级甚至一阶的水平，自然能够比场上其他玩家拥有更清晰的思路和判断。但是很多时候其他玩家不听我们的，不跟着我们投票，这时候又该怎么办呢？其实作为一个高配玩家，除非只在高配局玩，否则平时我们普遍所遇到的都是水平相对不如我们的玩家。他们的逻辑不如我们，思维没有我们清晰，经验没有我们丰富。他们当好人经常站错边，好人之间也会互相误会互相攻击，这些都是正常的。

这样的困扰不但我们普通玩家有，就连狼人杀顶配大神也曾在节目中因为"明明已经讲清楚了逻辑但是其他好人就是不信他"而感到过困扰。其实这样的感受每一位高配玩家在进阶的道路上都会遇到，那么该怎么办呢？我的观点是，实际上狼人杀并不完全是一个逻辑游戏，所谓逻辑只是狼人杀发言中可以利用到的一些素材。无论是真逻辑、伪逻辑、正逻辑、反逻辑，无非是牌与牌之间互相试探、攻击和保护的理由，是一种发言素材。所以在我们自己进行思考和判断的时候，逻辑很重要，但是在我们靠发言来说服别人的时候，一定要记住逻辑只是一种发言素材而已。

狼人杀是一个语言游戏，而不是一道逻辑分析题，整个发言的过程也不是像解题一样去分析"已知……因为……所以……"。发言中只分析问题而不给出具体的执行方案是没有用的，单纯分析式的发言既很难做好自己的身份，也不具有什么煽动性，很快就会被人遗忘。分析只是第一步，只应该占发言中的一小部分，分析之后应该做的事情是给出具体的执行方案，给出方案之后应该做的事情是拿着自己的方案去说服其他玩家。仅靠自己分析或者自己得出结论是没有用的，在语言游戏中发言环节最重要的事情是说服别人，而这就是很多玩家在发言中所欠缺的。而在实战中，我们如何安排分析、提方案、游说别人这三者在我们发言时间之中的比重，则需要根据场上的局势来进行判定。在警上和警下前半圈发言主要是一边分析一边表水，如果神牌或者其他铁好人起跳带队则不需要借助分析来进行表水了，因此可以把发言重心放在提出方案、安排工作上，身份越低的玩家越需要去说服别人，而身份越高的玩家就越可以把发言重心放在给方案上。

我们都知道狼人杀中有一个很重要的能力叫作换位思考，高配玩家需要不断地代入到各个位置、各个玩家的水平、性格、习惯中去，不断地去模拟那个位置上那个玩家的心态和思维。就拉票而言，我们就一定要代入到我们的拉票对象这张牌的视角里，去模拟这张牌是怎样思考问题的，在理解了他的思维之后再用他所能接受的方式去说服他。在拉票发言中，逻辑其实不是最重要的，说服一张牌所需的方式并不一定是各种完美逻辑的叠加，而是需要因人而异。其实哪怕只用一个最粗浅的伪逻辑，只要能说服一张牌拉到他这一票，那么这就是一个好的逻辑。不要把自己的想法强加给他人，这个游戏里最重要的不是我们说了什么，说得对不对，而是如何让别人听进去，按照我们的想法来行动。很多时候，我觉得拉票发言和"与女朋友闹别扭了，该怎么去哄"有点像，如果不能晓之以理的话，不如动之以情，站在

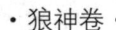

他（她）的角度去感受他（她）的情绪和思维并与之产生共鸣，很多仅靠讲道理不能解决的问题就能迎刃而解了。

我们要明白狼人杀中的投票是不分高配低配的，无论是什么配置的玩家，只要入了局，就都握有一票，我们真正要做的就是拉到他们的票。面对配置较低的玩家，我们说一个完美而正确的真逻辑他可能听不懂，理解不了，甚至感到抗拒不愿意去听，所以我们就要用他能听懂能理解的方式去说服他，拉到他这一票。伪逻辑可以，语言施压可以，情绪感染也可以。我们要把我们的发言"翻译"成对方能够听懂的语言，用他的语言来解答他心中的困惑，用他认识的东西去获得他的认可。

可以说狼人杀是一个非常需要共情能力的游戏，只会站在自己的角度去思考是无法玩好狼人杀的。我们需要有足够的能力去代入其他玩家的视角看待问题，在搞明白了他们的想法之后，再抓住其中的弱点，拿出一套方案来拉到他们手中的票，而这一切的关键就在于理解场上其他玩家的视角和想法，与他们产生共鸣，用一种他们听得进去的方式去说服他们。

这个游戏里，在我们自己的思维中设计出获胜线路只是第一步，其实关键在于如何说服别人相信我们，然后遵从我们设计的路线去进行游戏，因为狼人杀游戏中投票决定每天白天放逐的对象，所以拉票这一能力就至关重要。在我印象比较深的一盘游戏里，第一天被抗推的真预言家在复盘的时候说的一句"好人莫名其妙都票我"让我感受很深。其实这就是因为他无法代入到底下这几张要出他的好人玩家的视角去思考问题，所以他不明白为什么他打动不了别人。等他哪一天明白了这是为什么，他的水平自然也就提升了。

而所谓逻辑只是发言中的一些素材而已，重点在于如何利用和编织这些素材，用别人可以接纳的方式表达出来从而争取到他这一票，使得我们能出掉想出的人，让局势往我们希望的方向发展。拉票发言的本质就是从无数种说得通的逻辑中，选择最契合被说服者思维的一种，立足于对方的思路，从对方的知识水平和认知状态出发，用对方能够接受的方式去说服他。其实这样的拉票方法是被"传销大师"申屠带入到广大玩家们的视野之中的，也被戏称为"洗脑传销"。高配玩家在中低配对局中，只要有"传销技法"傍身，一人在场就如同多票在手，甚至发言位置好的话，可以做到白天想出谁就出谁，也就自然可以按照自己设计的获胜思路来进行游戏了。说到底，狼人杀是一个逻辑游戏，但也是一个发言游戏，除了逻辑之外，在发言中我们也要学会使用一些与人沟通的方法，通过情绪去感染，通过语言去施压，使用我们的语言技巧去说服别人，这才是语言游戏应有的魅力。

值得注意的一点是，拉票发言并不意味着拉票者需要全程讨好被拉票者，作为一个优秀的拉票者我们需要分清楚什么时候发言应该柔和，什么时候发言应该强势，

什么时候需要我们循循善诱，什么时候可以直接施压威胁。拉票发言的核心思路就只有一点，那就是拉到票。只要能够实现这个目的，在游戏规则所允许的范围内（不贴脸、不场外、不过度情绪化发言），可以选择多种发言的方式，怎么有效就怎么来。

2. 算票

一般而言，拉票是需要配合算票技巧一起使用的。所谓算票是指通过其他玩家的发言判断每张牌的站边和投票，预估当天可能的票型。我们的精力是有限的，发言时间更加是有限的，所以在拉票的时候我们的视野一定要清晰。

对于悍跳狼来说，哪些牌是站边自己的，需要夸奖、安抚和鼓励，哪些牌是站真预言家边的，可以直接打进狼坑，攻击他们的发言漏洞，哪些牌是关键的摇摆牌，要着重投入发言时间去与他们互动，争取说服他们拉到他们手上的票，狼队这四票应该怎么分布，冲锋狼、深水狼和倒钩狼各自应该怎么处理，哪张狼队友应该一起来冲票，哪张狼队友可以弃票甚至倒冲做身份，这些都需要悍跳狼去安排。拉到几张牌可以把真预言家冲出去，场上有哪几张票是可拉的，票数不够时要不要安排深水狼/倒钩狼一起帮忙冲票，这些都是悍跳狼在拉票发言中需要考虑到的。

对于悍跳狼拉票控场来说，发言的目标就是拉到尽可能多的好人票。但是在这个游戏中，每个人的思维都是不一样的，我们不可能做到让每一个人都满意，计划A可能得到了这一部分人的票而失去了那一部分人的票，计划B可能会让那一部分人满意而得罪了这一部分人。想要欺骗所有人，想要把每个人的票都拉到手是不切实际的。因此悍跳狼的拉票思路一定要清晰，计算完所需的票之后，发言就要有方向性，提前选择好两到三个拉票对象，将其瞄准之后尽全力去骗，有目的性地去编故事，有针对性地去互动。对于悍跳狼来说，只要算过了票，票数足够，除了拉票目标之外的其他好人都可以弃之不顾，需要填狼坑的时候就把他们或者狼队友盘进狼坑。反正对于狼队友来说，再怎么把他打进狼坑，只要一个递话他就会跟着我们投票，而对于非目标好人，我们并不需要他这一票，不管就行（这也就是所谓的目标用户和非目标用户之间的区别）。只要布下的局能够成功骗到两个好人跟着狼队冲票把真预言家出在台面上，这局游戏基本就赢了。

对于真预言家来说，站边自己的牌要夸奖和肯定他们，哪怕是倒钩狼，只要他肯跟着自己冲票也要先安抚，中间关键的摇摆牌要尽力争取。而站边悍跳狼的牌，哪怕他只有10%的可能是站错边的好人牌今天也不能彻底把他打进狼坑。作为真预言家，应该尽力在悍跳狼团队中寻找站错边的好人进行劝说，把他们拉回到自己的阵营。悍跳狼先天有团队优势，所以有时候真预言家为了拉票，甚至还要去向隐狼牌一边施压，一边抛出橄榄枝，去争取一张狼票或者至少压制隐狼不去冲票，这也就是所谓的拉狼票。比如"真预言家可以一天找出四狼但绝对不能一天点出四狼，

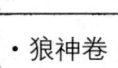

为了防止狼队被逼急了四狼裸冲，应该第一天先拉着狼 A 和狼 B 去打狼 C 和狼 D，把悍跳狼冲出去之后第二天有机会再去点其他狼人"。预言家的职责不是一轮点四狼，而是带领好人出掉狼人，就算一轮点出了四狼，每个白天还是只能出掉一张狼人牌。这个游戏终究是要靠投票出人的，并不是预言家点完四狼就直接获胜了。

无论玩哪张牌，对于场面上的阵营如何分布，自己应该拉哪几张牌，打哪几张牌的思路都一定要清晰，要在听每张牌发言的时候就搞清楚他们的心态。每个人能接受的被拉票方式是不同的，我们发言前要明确自己的发言目的，根据发言对象选择发言方式。在发言前有所布局，在发言时有所针对，拉票时对象感一定要强，争取和拉票对象有所互动，这样才能拉到自己想拉的票，出掉自己想出的人，实现自己获胜的目的。

第三章　听发言能力

1. 发言内容

说是听发言，很多玩家有时候就真的只是听了听发言，发言的玩家说完了，留在脑子里的也只剩下一个模模糊糊的印象了。其实一个人的发言是能够听出很多东西的，甚至可以说信息量极其丰富。先说内容，听发言的玩家说了什么只是最基本的，而听他该说什么却没说什么也同样重要。我们需要去听他发言各个部分的组成结构以及各自所占的发言时间的百分比，从而去判断这位玩家发言的侧重点以及他发言的动机，然后再去判断他发言的心态、视野和最终目的。这个游戏里，每个点都不一样，每个人都不一样，当一个人发言的时候，我们要去想他为什么这么发言，他这么发言的时候心里是怎么想的，他又是为什么会这么想的。只有这样去分析，我们才能去了解他发言的真实目的和内心活动，再结合换位思考的方式判定其身份及共边关系。

一个非常重要的方法就是基于对对方的了解在自己的大脑里开辟一个分区，去模拟对方的思维，通过代入对方的视角，代入对方的阶位和性格，假设"我"现在是在对方这个位置上会怎样发言，比对对方实际上是怎样发言的，再结合场上的局势和发言玩家的历史游戏数据库来判断对方与哪一张身份牌的心态和发言目的更契合，从而辨别出对方的身份。当然，这需要我们有着非常丰富的经验，我们需要去了解每位玩家的风格和水平，我们需要去了解不同配置、风格的玩家在不同情况下会进行怎样的发言，不同性格、身份的玩家会在不同状态下做出怎样的表情，也就是说在这背后需要我们积累一个非常庞大的数据库，而这些需要的都是经验的累积。

2. 视野断层

视野断层是听发言过程中非常值得关注的一个点。一个好人的视野会从自己的

身份出发，结合场上的剧情来进行分析，从而延伸出自己对于场上局势的理解，因此好人的视野是平滑而连贯的。而狼人玩家是有信息的、有战术布局的，如果视野伪装能力不足的话，在发言中他们的视野就会出现断层，这种的断层可能是浅显的，也可能会隐藏得比较深，有时是逻辑上的矛盾，也有时是心理动机上的矛盾。关于视野断层方面的内容可以去观看我的复盘视频，视野断层这个概念在实战中结合具体情境来分析发言理解起来会比较容易。

3. 关系判断

有的时候我们虽然还无法从一个人的发言内容中判别他的身份好坏，但是却有机会判断他和其他牌认不认识。所谓的认识广义上来说就是比如"同时为狼人"是一种双向的互认，"一个人是女巫的银水"是女巫对银水单向的认识，"一个人是预言家的金水"是预言家对金水单向的认识。一般来说，狭义的认识指的是A、B互为狼队友，所以相应的不认识指的就是A、B不同时为狼人。举几个简单的例子来说，比如当A、B在非常不做作地互踩时，就可以排除A、B是狼踩狼的嫌疑，认为A、B至少不同时为狼人；A一直在通过发言抿B的身份，可以认为A、B大概率不认识；A非常认真地定位了B在拉B的票，可以认为A、B大概率不认识等等诸如此类。对于认识感的敏感性是狼人杀中非常重要的一个能力，是需要刻意去关注和培养的，很多时候这种认识感的判断只是源于一些小细节，但是顺着这些蛛丝马迹我们就能找出非常多的信息。

另外高配狼队一般都会有战略布局，会根据战略布局设计出一条获胜路线。如果两张牌的操作从战略上看不可能服务于同一个战略布局时，那么这两张牌不同时为狼人。值得注意的是，这里指的一定是战略，因为从战术层面上讲，比如悍跳狼、冲锋狼和倒钩狼在操作中互踩互做身份都是完全有可能的，这与他们服务于同一个战略布局并不相违背。表象之外，真正需要分析的是他们发言中的深层次目的。

4. 语气语调

除了发言内容之外，发言的语气、语调、响度、语速也同样透露着一个人的内心活动。凭本能听语气辨别情绪本身就是人类千万年的进化所形成的一项天赋，而在科学上通过声音测谎本身也是测谎技术的一部分。举例而言，有一局偏高配的网杀局中，警下站边时其中一个女生主播在发言的内容上并没有什么特别的地方，无法凭借发言内容定义身份，但是在最后她说"其实我现在也还分不清这两个预言家谁是真的啦"这句话之后笑了一声。其实这句话也并没有什么特别的，好人狼人都可能会说出这句话，但是我从她说这句话的语气和之后的那一声笑声中分辨出了一丝"不好意思"的情绪。结合当时的情境逆向推理她的心态，我觉得大概率是因为她认为自己在这个局里的表现不够好，没分清两个预言家的真假，因此觉得有些不

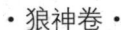

好意思。由此，我从这一丝语气中蕴含的细微情绪分辨出了她极大概率是一个好人。

其实，人类在进化的过程中本身就形成了对于其他人类声音的敏感性，这些感觉都是我们判别其他人身份的依据。与在仪器上可以分辨声音的波形不同，我们人类大脑对于声音的处理很多时候都是在潜意识层面进行的，意识层面只负责接收结果而无法了解处理过程，这也就是所谓的听感。"我感觉他是狼，但我也说不清楚为什么"这种现象就是因为我们的潜意识只告诉了我们结果，却没有告诉我们过程。虽然我们的意识很多时候无法去阐述原因，但是我们可以借助这些潜意识所带来的感觉帮助我们进行判断。同时，这种感觉并不完全是靠天赋，而是可以经过训练而提升的。我们完全可以有针对性地训练我们的潜意识，提升我们感觉的敏锐度听感这种东西的训练，其实就是对潜意识的开发，需要的是经年累月的大量练习。所谓的听发言能力敏锐说到底"无他，唯手熟尔。"

5. 心态的高度

有的玩家复盘的时候喜欢说，别人发言如何差，行为如何差，我听他发言时把他误认为是狼人是他自己的问题。确实，很多时候我们会因为场上其他玩家聊得不好而判断失误，这不能说完全是自身的问题。不过我的观点是，外部归因不利于自己水平的提升，别人会如何失误，会如何发言我们改变不了，我们能改变的只有让自己变得更强。没有人愿意面对自己的失败，把输的责任推卸给别人虽然能够平衡我们一时的心态，但是却不利于我们从失败中去总结、提升和改变自己，我们往往很难去改变别人，我们能做的只有让自己变得更强。用申屠的话来说就是，"对方可以不干好事，但你认不出他的身份是你的问题。你的任务就是认出谁是好人，谁是狼人，你的任务是根据对方的发言来判断出他的好坏然后站对边，你的任务不是纠正对方的发言让他说到最好。当然这个要求比较高，实战中如果真的是因为对方出了问题，你也可以责怪他，但是最重要的是去记住对方的状态，记住对方就是这么个人。小猫是小猫的叫声，小狗是小狗的叫声，你记住就好了，不要去怪别人，这并没有什么用，因为他也不可能去改变自己的风格。"

我认为这才是一个高手应有的心态。其实谁的发言煽动性强，谁的发言听着舒服，谁的发言很有逻辑，这些都只是每个人的发言风格、发言能力而已。通过各种发言，判断出每个人的身份，找到每个人发言的目的，才是听发言的关键所在。

第四章 全局化思维

对于一局标准的十二人四狼四神四民局来说，最基本的一个概念就是这个游戏里狼坑有且只有四个，神坑有且只有四个，民坑有且只有四个。这看似是一句废话，

但是却被很多玩家忽略。其实这代表着一种从全局着眼的思维。每局狼人杀都像是一张网，我们需要做的就是用全局化的思维去编织这张网，把人与人之间连线，通过信息的收集去确定他们之间的关系，最后确定下每个人的身份。

1. 横向思维

全局化思维分为横、纵两个方向，横向的核心是盘点场上的坑位。对于普通玩家来说，最常用的思维方式就是以自己的身份为原点，去分析其他玩家的身份。也就是将自己和其他11张牌的关系看成11条线，基本就只从这11条线来判断另外11张牌的身份，比如觉得1号可能身份偏好，2号可能是狼等。这是一种线式思维。但其实场上有12张牌，彼此之间总共有（12×11）/2 = 66条线，我们不但要从自己的视角去看自己与其他11张牌连接而成的这11条线，还要尝试去代入到其他11张牌的视角去看所有的这66条线，从而形成一个网状思维。

在游戏一开始，这些线都是不清晰的，而随着预言家对跳、其他牌站队及共边关系分析等信息的加入，这一条条线路才会变得越来越清晰。最终我们要做的，是通过梳理12张牌每个点的性质，点与点之间的关系，利用场上越来越多的已知信息，顺向推理、逆向排水结合进行，结合之前的捉人、发言、投票和刀型，分析所有可能的四狼位置组合，寻找哪四张牌的组合最可能做得成场上的4张狼牌，最终将4张狼坑找出来。网状思维是一种视野更加宽阔的思考方式，多多练习、使用这种方法进行思考，每局游戏都先构建一个全局化思维网络，再不断收集信息向内填充，可以有效地提升我们的思考能力。

对于网的梳理，主要通过两种方式：一是定义点的性质，即判断一个人的身份好坏；二是定义线的性质，即判断两个人之间是否认识，两个人之间是否对立。一开始从12人里找4狼将会出现495种可能的组合，但是随着我们信息的收集，不断定义出点的性质与线的性质，可能的组合数将会迅速缩减。通过全局化思维，随着信息的逐渐增多，我们将能够通过对点和线的判断逆向推出狼队的分布以及相应的战术布局。

刚刚接触全局化思维时可以先练习以自己为原点，以自己捉出的好身份和狼人为第一个节点继续往其他身份发散。而在思考能力有所提升之后，当我们盘不准狼坑时，也可以对狼坑的位置进行假设，看看哪一种四狼组合更加有可能产生目前这样的发言和局势。我们通过假设其他玩家的身份来进行分析，直到找到最可能为四狼的一种组合为止。而这样的思考方式，也会有利于我们通过之前及之后玩家的言行来验证我们的猜想，增加我们从发言和行为中所能够提取的信息量。当然，这一切都需要玩家本身有着足够的经验和水平才行，毕竟高配玩家可以利用换位思考法代入到普通玩家的视角来思考，但普通玩家因为自身能力的局限是无法代入到高配

玩家的视角来思考的，所以还是需要大家多多练习，多多思考，积累经验。

2. 纵向思维

纵向的思维方式是动态地思考全场游戏到目前为止发生的各个事件，场上每张牌在这些事件前后的反应，以及思想和行为的转变，用一种贯穿全场游戏剧情发展的思维方式来思考问题。因为面杀中其实是不允许做笔记的，所以把每个人每一轮发言的关键内容记录在脑海里就显得尤为重要。很多时候，目前一轮的发言内容甚至心态都可以根据局势来编造和伪装，但是之前几轮的发言却能够清晰无比地揭露这张牌的身份。在游戏后期，我们在一张牌被认定是铁狼牌（比如形势狼人：若这张牌是好人出局的，那么狼队此时已经胜利，所以这张牌一定是狼牌出局的）或者铁好人牌（比如游戏后期被刀死在夜里）出局之后，不能就直接把他抛离了脑海，一定要记得去回想这张牌之前几轮的发言，以及过去几轮中其他牌对他的态度，这其中很可能就潜藏着很多蛛丝马迹。这里的蛛丝马迹不是说铁狼牌去踩的一定是好人，保的一定是狼人，而是说要代入到一两天之前当时那个情境下，从一张狼人牌的视角去思考，看看那个时候，以他的配置和风格，作为一张狼人牌，他打的人更可能是真的想抗推掉的还是已经在考虑明踩暗保，他保的人更可能是他的狼队友还是他另有目的，等等。过去的操作总有"历史局限性"，我们站在一两天之后的视角再去回溯，很多时候就能看出很多东西。很多时候，当我们陷入迷茫时，就要去回想第一天的发言，最初那些细节的东西往往才是最重要的。

结合之前的横向思维来说，在游戏后期这样的好人节点和狼人节点都是很多的，以这么多的节点出发利用点与点的关系就能编织成一张逻辑的大网，狼人一定是无处遁形的。另外，纵向思维需要注重的一点就是考察每张牌在全场游戏剧情发展的过程中的各种反应以及前后思想和行为的转变。好人牌是一直在思考和分析局势，在一点点抽丝剥茧还原真相的，所以他们的思维一定是连贯的，观念发生改变也一定是自然而然、有理有据的。而狼人牌因为一开始就有信息，所以需要做的只是根据战术决定操作，然后编造伪逻辑来掩饰自己而已。所以狼人牌的思维过程更可能是跳跃的，转变更可能是突兀的，理由更可能是残缺的，心路历程更可能是不饱满的。尝试代入到他们的视角里去分析，就会发现他们思维的不自然之处，而这就是他们是狼人的铁证。

3. 信息记忆

很多玩家会问狼人杀游戏里的信息这么多，每个人的发言都这么长，一局游戏几十分钟的发言根本记不住，该怎么办。这里我们就需要一个正确的信息记忆方法来帮助我们高效地记录游戏中的信息了。

高效记忆信息的关键就在于构建一个关于信息的故事线，从警上两个预言家对跳开始建立逻辑线（双线结构）和时间线，把整局游戏的剧情构建成一个故事框架，然后把信息有序地填充进这个故事框架，这样的话记忆信息就非常简单了。主要就是去记忆每个人发言的核心目的、主要逻辑以及内在动机，看看是什么人在什么时间提出了一个怎样的观点来推进了故事的演变。至于票型这种程度的记忆则属于基本功了，其实也是非常简单的，网杀中可以翻回去查票型记录或者直接用笔记本记下来，而面杀中依靠空间位置的辅助也很容易对票型进行记忆。

人的记忆力毕竟是有限的，所以很多时候我们都需要进行取舍，而我们要做的就是对关键人物进行定位去着重关注。这些关键人物就是我们这局游戏的主线，他们的一言一行我们都需要重点进行记忆。狼人杀这个游戏就像一张网络，需要先确定主线结构，主线清晰了，支线才会清晰。

第五章　逻辑与思维

1. 正反逻辑

如果说狼人杀中都是单纯的铁逻辑，那么这个游戏就会变成逻辑分析题，但是正因为逻辑有正反，狼人杀中所有的逻辑几乎都是软逻辑，所以这个游戏才充满了魅力。实际上一局狼人杀中的逻辑链是大量软逻辑的叠加，每一环的软逻辑都既可能是正逻辑也可能是反逻辑。而狼人杀中的逻辑就是要去把握每一环正反逻辑各自可能性的大小，再将其组合成一条条逻辑链，去综合分析每一条逻辑链整体的可能性大小从而作出判断。

所谓正反逻辑和多重逻辑可以举一个简单的例子来进行说明：预言家A和预言家B对跳，玩家C站边预言家A且极有可能是狼人。分析几条逻辑链如下：

（1）最基础的正逻辑就是C是为悍跳狼A打冲锋的冲锋狼。

（2）反逻辑认为C是在阴阳倒钩故意脏真预言家A的身份。

（3）第三重逻辑则会认为A就是在利用这种反逻辑打旋风倒钩，故意用阴阳倒钩的姿态来冲锋。

……

再往上我们还可以去盘第四重逻辑、第五重逻辑甚至更多，每一重逻辑的结论都和其上、下两层的结论相反，这就是正反逻辑和多重逻辑。所以其实盘逻辑不是看能盘多少层，是要看我们愿意相信哪一层。在游戏中我们经常会遇到这样赌心态的博弈，这种时候我们只能依靠经验去分析哪一层发生的概率更大，更可能是事实的真相，这就是软逻辑，也就是不能百分百确信的逻辑。很多新手一开始经验不足，只会盘正逻辑，被狼队用反逻辑骗了一两次之后发现还有反逻辑，熟悉了正反逻辑之后又被狼队用三重逻辑骗，后来他们就觉得既然正反逻辑都说得通那么盘逻辑并没有什么用。这种想法其实是不对的。确实，几乎狼人杀中所有的逻辑都是建立在软逻辑之上的，但是每一个逻辑是正是反的概率都不一样的，而且一场狼人杀中软逻辑与软逻辑之间是有联系的，他们之间的概率会互相影响。最终我们要做的就是分析软逻辑之间的关联，结合所有已知的线索去考察这些软逻辑所组成的哪一条软逻辑链是发生概率最大的，最值得我们相信的，往往这就最有可能是事实真相。

而对于狼人来说，布局时要对场上玩家更可能相信哪一层逻辑有所估计和把握。对于任何一个或者一整串逻辑来说，如果场上的好人玩家普遍更可能相信正逻辑，那么狼队就可以去打反逻辑，如果场上好人玩家普遍更可能相信反逻辑，那么狼队就可以去打正逻辑。从理论上讲，在重复过足够多次的博弈之后，正、反逻辑将逐渐会达到动态平衡，各自保持在一个相对稳定的概率。而单从逻辑流上讲，狼人在游戏中要做的，则是要在布局时就合理地估计好人们对正、反逻辑的接纳程度，尽量去利用那些还没有达到平衡的逻辑盲区，针对好人阵营的逻辑弱点去设计期望收益最大的布局。事实上，我认为高手的高胜率，一个原因就是他每次都能比别人多想一点，去抓住概率的盲点，别人思维的盲点，游走于盲点之间，靠收割概率去取胜。

2. 逆向思维

而对于逆向思维，其实也就是如何去打反逻辑，这里我们想借用一个例子来说明——狼人与女巫关于踩银水之间的博弈。在这个例子中我们将会具体看到如何打反逻辑，如何抓住逻辑盲点，以及最后正、反逻辑如何达到平衡点。

相信不少玩家都听说过狼人踩银水找女巫这个操作，指是狼人故意去攻击女巫的银水牌来试图找到女巫。这么做的原因是从最基础的正逻辑角度考虑，女巫看到自己的银水牌被踩，要么会直接跳出来报银水，要么会在发言中暗捞一手银水，这样的话狼人就可以从保银水的牌中去寻找到女巫。这就是最基础的正逻辑。但是其实这是一种很基础的操作，如果女巫不想起跳暴露身份该怎么办呢？从反逻辑的角度考虑，女巫如果猜到这是狼人是在踩银水找女巫，可以打一个逆向思维去踩银水躲刀，在晚上再直接毒掉踩银水的狼人，这就是利用了狼人的一个逻辑盲点。

往后如果狼队再多想一层，有时也是可以猜到女巫在踩银水躲刀的，所以女巫此时就可以……在这样的正反循环博弈中，逻辑上最后就会形成一个平衡点。

当然，单就这个问题对于狼人来说，最好的借银水找女巫的方法不是主动去聊银水，而是顺着前置位其他好人的话去聊银水，这样的话既能借着聊银水来抿女巫，又能把前置位率先聊银水的好人牌架起来放到女巫的视野里去为狼人自身提供保护。而对于女巫来说，最好的做法是先判断其他玩家聊银水是自然而然聊到的，还是故意想要去聊银水来抿女巫。对于故意想要聊银水的牌，女巫只需要把这样的牌放入

优先的毒杀对象里就行了，除非是银水即将被抗推出局女巫想把他保下来，否则女巫自己完全不需要对银水加以理会，屏蔽自己的银水信息，假装成自己完全不认识银水一样发言就可以了。

3. 软逻辑

在狼人杀中逻辑大多数是软逻辑，也就是不一定百分之百成立的逻辑。铁逻辑有吗？有，但是不多，游戏没结束，场上一定还有狼有神有民，这是铁逻辑；翻牌自爆的狼人是铁狼，翻牌的猎人白痴是好人，这是铁逻辑；夜里双死，女巫昨天至少还在场，这是铁逻辑等。继续往下走就不一定了，警上唯一预言家不一定是真预言家，真预言家可能在警下，只不过概率比较小；昨夜是平安夜不一定是女巫开了解药或者守卫守中人，也可能是狼人空刀，只不过概率比较小；团队不干净的预言家不一定是悍跳狼，也可能是几张隐狼在聊爆式倒钩来脏真预言家，只不过概率比较小等。逻辑有正反，这个游戏中的逻辑大多数只是概率，所以仅从逻辑的层次上讲，在软逻辑链叠加到99%的概率以上变成铁逻辑之前，很多时候我们盘逻辑所盘的只能是哪一种情况可能发生的概率更大，而不是说可以百分之百认定我们所认为的就一定是真相。也就是说很多时候通过逻辑，在公布演员表之前，我们只能从概率的角度接近真相而不可能保证自己所认为的一定就是真相。比如我们通过逻辑分析，认为A的预言家面有90%，B的预言家面有10%，所以我们站边了预言家A，这是逻辑。但是如果事实是B是预言家，那么事实是事实，概率归概率。

这是因为我们收集信息的能力有限，我们分析信息的能力也有限。从结果上讲，我们作出了错误的判断，但是在那个局势下，以我们的能力而言，从逻辑上、从概率上我们作出的都是正确的判断。也就是说我认为逻辑是有局限性的，它所能带来的只有概率的大小，所以从逻辑上讲，评判对错时我们应该以概率论而非以结果论。

所以很多时候仅靠逻辑，我们只能优化自己的分析方法，并努力收集更多的信息来尽可能地逼近真相。这就是狼人杀中的逻辑，也是软逻辑的局限性。为了突破这种逻辑的局限性，不让狼人杀变成一个纯粹的概率游戏，我们还需要把握的是狼人杀这个游戏中玩家生而为人的本性，尝试从心态、状态上去考虑问题，这在之后的"面杀之道篇"中我们还会细讲。

4. 思维方式

最后再讲一种思维方法，有类似于思维宫殿一样的效果。在狼人杀中，信息无处不在，每个人的发言、票型乃至表情等都可能是我们判别身份所需要的重要信息。面对如此多繁杂的信息，有效地去处理它们就显得尤为重要，只有借助恰当的思维方式，我们才能高效地挖掘出这些信息背后的价值。

工作记忆是一种对信息进行暂时加工和贮存的容量有限的记忆系统，在许多复杂的认知活动中起重要作用，高工作记忆的个体在推测他人观点与行为的过程中会拥有更好的表现。然而就像电脑的内存是有限的一样，人脑的工作记忆也是有限的，无论是记忆、权衡还是决策都需要消耗我们大脑的认知资源，而且越精细化的判断所需要的成本也就越高。因此面对狼人杀中纷繁错杂的信息，我们就需要多加练习，并建立起一套恰当的思维体系来合理地利用有限的认知资源，从而帮助我们作出更加精准的判断。技能的熟练程度以及恰当的思维习惯都能有效地减少我们的思考成本。

而我所建议的记忆和思维的方法，就是在我们大脑里建立起一个有序的思维阁楼，根据我们的经验对这个阁楼进行布置，在阁楼里摆放着各种各样的游戏经验、场上玩家的历史数据库、战术打法套路等。在游戏的过程中，我们会不断地收集各种信息，不同的信息有着不同的优先级，无用的垃圾则扫除出去。我们将眼前所见的一切都摆到阁楼的正中间，按优先级有序排列，保持随时可见的状态，由此组成一张由信息交织成的线索网。我们的推理就在这张网上不断进行，随着获得的信息的增多，无数假设会延展开，使这张网越来越大。之后我们将对网上每一种可能进行分析，结合以往经验和当下情况对其发生的概率值进行计算，并随着信息越来越多，逐渐剔除掉所有的极小概率事件。直到我们将这些问题一一解决掉，这张网又会再度缩小，并最终归于一点，而这一点就是真相。

第六章　状态流与逻辑流

狼人杀圈内流传着一句话，"南状态，北逻辑。"这是指狼人杀南北方有两大流派——状态流与逻辑流，狭义上讲分别指的是通过状态来判别身份和通过逻辑来判别身份。

先说逻辑流。就像之前所说的那样，狼人杀中的逻辑就是要去把握每一环正、反逻辑各自可能性的大小，再将其组合成一条条逻辑链，去综合分析每一条逻辑链整体的可能性大小从而作出判断。而这一切逻辑所需要的根基就是信息，只有掌握了足够的信息，我们才能够形成逻辑去作出判断。狼人杀中最基本的信息来源包括发言、票型、刀型。如何分析发言我们已经在前面说过了，通过发言我们可以了解每一位玩家对自己身份的透露、对其他玩家身份的定义、思维的过程、对于局势的理解、所期望的局势发展方向等的信息。而狼人杀这个游戏白天的局势演变是通过投票驱动的，无论是在警徽投票时希望哪一位玩家当选警长，还是在放逐投票时希望推谁出局，票型所反映的信息是每一位玩家对于游戏发展方向的直观诉求。而刀型则代表着场上狼队希望哪一位玩家出局的直观诉求，透露着狼队的战术安排。

通过对发言、票型和刀型三种信息的整理和分析，随着剧情发展信息越来越丰富，我们就能够逐渐确定四张狼人牌的位置。但是逻辑有正反，发言可以欺骗，票型可以伪装，甚至刀型都可以是一场骗局。狼人可以在发言时做身份，可以在投票时倒冲，甚至可以故意自刀、偏刀或者空刀来诬陷好人的身份。狼人杀的魅力就在于逻辑的正反，游戏中几乎所有的逻辑都是软逻辑，夹杂着玩家的主观判断。一般而言，刀法将非常直接地决定轮次，每个人的投票对轮次可能只有一小部分的影响力，而发言则只能间接地影响轮次，所以鉴于伪造成本的原因，有"刀法大于票型，票型大于发言"的说法。

在高配狼队时常打反逻辑甚至多重逻辑的情况下，经典逻辑流中单纯的发言、票型和刀型这三个信息源已经不足以支撑好人寻找真相。所以此时我们需要引入更多的信息源，也就是所谓的状态。状态包含着非常多的内容，比如个性习惯、发言心态、语气声调、面部表情、肢体语言以及气势眼神等。而这些数据和信息在面杀中是尤为重要的，人类的生理结构天生就决定了许多下意识的行为和反应是很难完全掩盖的，这就导致了打"反状态"要比打反逻辑难。一个人的状态可以在短时间内被伪装，但是不可能在一个多小时的游戏时间内一直被掩盖着，更不可能被彻底改变。

每个人的正常状态都有一条基线，有很多习惯性的行为，这些都是可以捕捉的，只要拿每张牌当前的状态和他的历史数据库进行对比就能看出很多东西。所谓的历史游戏数据库就是用多场游戏去观察一个人的性格特点、打法风格、语言习惯、肢体动作等，以此建立一个数据库和一条状态基线，一旦实战中他的状态与数据库发生偏离，就将他离散至基线之外的反常表现进行逆推，分析可能的原因。狼人杀是一个信息游戏，不论是逻辑还是状态，谁能掌握更多的有效信息，谁就更有可能掌控这场游戏。高配和普通玩家之间一个很重要的区别就是对于信息的收集能力和从海量信息中快速提取有效信息的能力。

其实本身就没有什么纯粹的状态流或者逻辑流，所谓的逻辑（发言、票型和刀型三个信息源）和状态（另一类信息源）无非就只是狼人杀逻辑分析中两类不同的信息源而已。对场上玩家身份的判断是需要结合逻辑和状态综合进行分析的，无论是逻辑流玩家还是状态流玩家都会同时结合这两类信息源作出判断。在判断身份这件事上，逻辑和状态二者一定是结合在一起使用的，是无法割裂开来的。

而实际上所谓的逻辑流和状态流打法真正的区别并不在于信息源的不同，而在于发言习惯。之前在拉票部分已经说过了，逻辑是一种发言的素材。逻辑流玩家在发言的时候更加喜欢以逻辑作为发言素材去实现自己的目的，而状态流玩家则更喜欢以状态作为发言素材去实现自己的目的。这里的逻辑和状态只是两种不同的发言素材而已，仅与玩家个人擅长的表达形式有关。其差别无非是喜欢甜豆腐脑还是喜欢咸豆腐脑的区别罢了。

第七章 操作空间

所谓操作空间我们可以理解为某一张牌在当前局势下所能进行的"对己方阵营有利的操作"的集合。

我们以好人阵营为例，操作空间中的一部分相对静态的，是玩家们总结下来的一些当前规则条件下有利于己方阵营的行为定式，是在大量博弈之后经过验证的合理玩法。如果有人不去遵守这些玩法，那么他不是狼人就是其自身水平不足不能进行合理的操作。比如真预言家应该第一天就上警，在警上直接跳明身份争警徽，而不是全程隐藏身份偷偷验人。就是因为经过大量博弈之后，玩家们发现前一种策略下好人阵营的胜率优于后一种策略。

而操作空间中的另外一部分则是相对动态的，需要基于期望收益，在当前游戏环境下其他玩家对于各种操作的接纳程度以及当前局势下我们身份的被认可程度等因素来综合进行判断。

比如以民跳神挡刀这一操作，一张民牌如果在自己身份还没有被其他玩家定义的情况下跳出一张女巫牌，那么真女巫就很可能会在晚上把他毒死，这就是不是挡刀了是"吸毒"，因为"民跳女巫挡刀"这个操作已经超出了一张身份未被定义的民牌应有的操作空间。如果一张民牌因此出局，就只能怪自己对于操作空间的认识不清晰，使用了超出自己操作空间之外的操作，而绝无责怪女巫居然认不清自己是在挡刀的理由。

换一种情况，一个被坐实了的真预言家发了金水的平民，就可以用各种姿势跳女巫而不用担心被毒，因为金水民的操作空间比一个未定义身份的平民的操作空间大。当然，狼人其实一般是不信金水民的跳神挡刀的，所以真正有价值的民跳神挡刀大多是一张身份介于 X 身份和铁好人之间的民牌来进行操作，最常见的是由一张场上普遍认其好身份的民牌来进行操作。因为普遍被认好身份，所以这张牌相对于未定义身份牌的操作空间得到了提升，不太需要担心晚上吃毒，所以做得成挡刀操作。

在这个例子里，估测自己被场上其他玩家如何定义身份，尤其是找出真女巫牌，看看我们在真女巫的心目中是否能做成一个好身份就显得尤为重要了。一种常见的挡刀递话方式是给我们抠出的真女巫牌发一张银水。而判断自己身份的被认可程度进而估计自己的动态操作空间的大小就是一项非常重要的能力了，需要很多经验的积累。

我们再举一个例子，一张民牌被悍跳狼查杀之后就强势认了一张猎人牌来吓唬悍跳狼，姑且不论这种操作有何收益，单从操作空间上来讲，这显然就是对自己的操作空间有着错误的判断。因为在真猎人的视野里，这张民牌的身份是未定义的，

真猎人首先想到的一定是这是一张狼人牌被真预言家查杀了于是跳一个猎人出来找真猎人，如果说有狼人跳猎人而真猎人不跳出来拍被查杀的狼猎人，而导致真预言家被抗推出局输掉了游戏的话，真猎人是要负全责的，所以说大多数情况下真猎人都会因此而站错边且站起来拍这张民牌。一旦这张民牌被真猎人拍出局而开不出枪（遗言退水也没用，民在干坏事帮狼队找到了真猎人就要为自己的错误行为买单），那可以说是怎么解释都没用了，因为在所有好人的视野里，这一定是一张被查杀了，然后跳一个猎人身份出来找真猎人的狼人牌，好人是不会这么乱玩的。而这还会导致真猎人以及其他好人站错边，真预言家的身份也会被这张认不清自己操作空间的民牌直接拉低。所以说，有自知之明地正确认识自己，有能力代入到其他玩家的视角来分析自己身份被认可的程度，进而合理地估计自己的操作空间就显得尤为重要。

　　低端局里经常会有一些自认为高端的玩家在强行玩所谓的高端玩法，跳女巫挡刀被真女巫毒走，跳猎人挡刀被真猎人拍出局之后又怪真神愚蠢认不清自己在挡刀。"先学会玩自己的身份，再考虑去玩别人的身份"，很多新手连自己的身份都玩不好，还自以为是高配地想着去穿别人的衣服秀操作，只能说人贵有自知之明。而实际上，一个真正的高配是能够正确认识自己所在场子的配置和潜规则的，并且也有能力做好自己的身份，找到并判断出真神对自己身份的认可程度。也就是说高配玩家一方面有能力代入到其他玩家的视角里去理解对方是怎么看待自己的，另一方面对于游戏的规则和所在场子的潜规则也有着充足的理解，明白自己手上这张牌在当前情况下该怎么做才能更加有利于己方阵营（潜规则就比如场子里的游戏习惯。举例而言，不同场子里对于预言家玩花板子的接纳程度是不同的，不同场子里对于警上民跳诈身份的接纳程度是不同的，不同场子里对于民穿神衣服挡刀的接纳程度是不同的，等等）。这样的话高配玩家也就能够把握住自己当前所拥有的操作空间，从中选择最合适的操作。我们应该明白好人是可以玩花操作的，但是这些都是建立在对自身操作空间的正确理解上的，脱离了操作空间的范围玩花那么就是在乱玩。当然操作空间是一个动态的概念，随着场上不同玩家对于游戏的理解以及随着游戏进程的演变而会不断地变化，要学会根据场上玩家的等级水平和性格，以及游戏的剧情发展进度来灵活地选择操作。

　　需要一提的是，民不知道真银水的情况下应该怎么跳女巫挡刀？这就要求玩家们在平时自己玩女巫牌的时候就经常报假银水，只要捉人水平过关，捉人失误率小于狼人自刀率，把银水报给自己所认的好身份都是可以的。女巫这么做有三个好处：①可以无理由地保一张自己想保的牌。②让狼队怀疑我们是民跳女巫，有可能实现躲刀，甚至有的时候会让知道真银水的新手狼产生混乱导致聊爆。③在建立起了自己玩女巫经常报假银水的形象之后，以后民跳女巫挡刀报错银水也可能会被狼队以为是真女巫在报假银水，从而挡刀成功了。一般而言我们玩女巫报银水时可以奉行

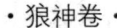

这么一条简单的原则——"谁死我都救，骗药又何妨，银水外置报，气死自刀狼。"

另外我们需要理解的一个概念是招式池，就像武术里学习的招式一样，每一张身份牌的功能虽然非常简单，但是却根据自身特性和游戏规则，衍生出了很多精彩的招式，比如我们之前提及的踩银水找女巫又或者是女巫报假银水等。这些招式都是狼人杀玩家们需要逐渐去掌握的，我们所掌握的招式越丰富，对招式的理解越深刻，越能发挥所拿到的这张身份牌的价值。

在我们充分理解了操作空间的概念以及有了一个丰富的招式池之后，就可以在不同的实战情境中对于招式池中各种招式所能带来的收益进行估计，最后选择出一个合理的招式来进行下一步操作。当然我们在真正练成了之后其实并不需要那么在意具体的招式，只要内功足够深厚，一招一式都是随心而发的，也就是通常所说的无招胜有招。而这些都是建立在对操作空间的正确理解和平日里对招式池的积累和提升上的。

值得一提的是，其实只有对于水平尚可，但还没有达到顶尖的玩家而言才存在擅长和不擅长某张牌的说法。整个狼人杀就是好人与狼人的博弈，想要好人玩得好，就得充分了解狼人的心理和招式池；想要狼人玩得好，也同样得充分了解好人的心理和招式池。而这种了解必须是身体力行地去实践和锻炼才行，可以说，每一个理解的升华，都源自反身份的亲身体会，融会贯通之后玩任何身份都是一样的。就像我们常说预言家和悍跳狼其实是一体两面的，悍跳狼玩得好的玩家真预言家也一定玩得好，同时站边能力也一定很强。要玩好悍跳狼，就必须有充足的当真预言家的经验作基础，而要玩好真预言家，也必须有过无数悍跳的经验才能够用更加通透的目光看穿狼队的布局。而熟练掌握了真预言家和悍跳狼这两张牌的操作和心理之后，站边能力自然也就上去了。这也就是我们为什么总说不要去立不悍跳牌坊之类的东西，这样的行为其实是对自身能力的限制。悍跳是狼人杀的基础，一个不会悍跳的玩家是永远也无法深刻理解狼队的布局的。除了预言家和悍跳狼的博弈之外，女巫和狼人的博弈，守卫和狼人的博弈，平民和狼人的博弈，好人之间的互认等都是一样的，只有认真去玩每一张牌，认真去了解每一个位置，认真去体会每一种操作，才能真正玩好狼人杀。

第八章　形象平衡

这一概念源自德州扑克，在狼人杀中的应用初见于张振衣的《狼人杀中的防御——形象的平衡》一文。

1. 概率的平衡

在猜拳中，如果我们总是出石头，一定会被别人轻易找出规律并打败，在德州

· 核心理念篇 ·

扑克中,如果我们只会打得很紧或者很松,那么也一定会很快被别人看穿并利用。狼人杀中也是一样,如果说逻辑和捋人是狼人杀中进攻的利器,那么形象的平衡就是狼人杀中防御的盾牌。如果我们不去学会平衡自身的形象,那么别人很容易就会抓住我们的习惯和破绽,几局游戏过后便会通过建立数据库的方式将我们解析得一清二楚。

之前已经讨论过,其实狼人杀中的各种概率,比如自刀率、首救率、上警率、悍跳率等,还有好人与狼人、平民与神民之间状态的调整,都是为了在长期博弈中做到形象的平衡,其背后的道理和德州扑克中的范围平衡有着异曲同工之妙。之所以要平衡我们的形象,是因为在游戏中场上的其他玩家会根据我们的历史数据库对我们进行分析,如果我们没有在对局中通过平衡我们自己的形象来进行防御,暴露了我们打法中的规律,场上的其他玩家很容易就会注意到,并利用其中的破绽来判断我们的身份。

所以要记住,什么事情都可以有规律,但是在狼人杀游戏中,明显的规律和习惯就会成为我们的弱点,使得我们会被轻易看穿。

那么所谓的形象平衡究竟是什么呢?我们先从操作的角度来分析一下。之前我们已经为大家讲解过了操作空间这一概念,所谓操作空间,就是所有可以推动己方阵营胜利的操作的集合。

从最直观的角度讲,每一种局势就会对应一个操作空间,这个操作空间中的每一个操作都是可以选择的。但是在实战中,我们不能每次遇到某个局势都在操作空间中选择同一种操作进行应对,而抛弃操作空间中的其他操作。如果这样的话,我们的行动很容易就会被其他玩家看穿。

如果一种行动只对应一种局势,那么其他玩家在多局游戏中建立一个关于我们的数据库,去由果得因地从我们的选择中逆向推理出我们所处的局势也就很容易了。如果我们不是每一局游戏都会换一批对手,而是在打熟人局或者是要连续打若干局的生人局,从长远的角度考虑,我们需要平衡形象来为自己之后的比赛作考虑。用一个简单的例子来比喻就是,在玩猜拳时,如果我们每次猜拳都会换一个新的对手的话,那么我们每次都出石头也无所谓,但是如果我们是一直在和同一个对手玩的话,而我们选择永远出石头,那我们的策略一定会很快被对手看穿并且反向利用,即之后会每次都出布来赢我们。狼人杀也是一样的,我们需要像猜拳一样以一定的概率出石头,一定的概率出剪刀,一定的概率出布,通过概率来平衡我们的形象。一个不懂得依靠平衡形象来保护自己的玩家在狼人杀高手眼中就像是一个猜拳只会出石头的玩家一样容易被识破并击败。

虽然我们之前拿猜拳举例,但是狼人杀和猜拳还是有很大区别的。猜拳游戏出

· 177 ·

石头、剪刀和布的概率显然各为三分之一，但是狼人杀不一样，狼人杀中每一种操作被附加的概率并不相等且需要根据情况来进行灵活地调整。比如当我们发现场上的玩家不太欢迎民跳预言家时，我们就应该调低自己诈身份的概率，当我们发现场上的狼人自刀成风时，我们就应该调低我们玩女巫时首夜开解药的概率，等等。当遇到某一种情况时，我们应该从操作空间中随机选择一种来进行操作。可能就当局游戏而言，某一个操作并不是一个最优操作，但是从长远的角度考虑，这样的操作可以平衡我们的形象，使我们更难被识破身份，从而提高统计情况下长期的胜率。狼人杀并不是一个只玩一局的游戏，这个道理就有点类似于"你玩好人状态都好到天上去了，那你摸了狼怎么玩"一样，要给未来的对局留空间。

当然，前面说的由身份和局势出发得出操作空间，然后进行操作，这些都是正方向。那么同样也可以有逆方向，我们可以看到其他玩家的操作之后，逆推猜测他的操作空间，然后进一步逆推猜测他的身份和他所处的局势（比如一位玩家的操作不属于他是一个好人时应有的操作空间，那么他显然"非狼即菜"）。当然这就需要我们对于操作空间以及其他玩家的操作习惯比较熟悉了。经过平衡概率的防御并不是说不能破解，只不过想要将其攻破会比正常情况下困难很多。

2. 挂相

其实在面杀中要控制自己完全不被抠出身份是比较难的，因为逻辑正着打、反着打都是容易的，无非脑子里多转一个弯，但是状态不一样，状态是比较难伪装的。

面对那些只学了些皮毛，喜欢用看固定的小动作之类的方法来抠人的玩家，去打反状态还算容易，反过来做动作去骗就行了，因为他们学的只是死的套路。比如现在高端面杀局中的大多数玩家在摸牌时都会开始伪装了，要装成是女巫的挂相稍加练习之后还是很容易做到的。

但是当面对那些真正精通抠人的高手时，要想打反状态就没有那么容易了。从进化心理学的角度考虑，其实人类并没有进化出非常强的说谎本领，我们在说谎时很难完全控制住自己的肉体让它完全像说真话时一样去运作。面对真正精通表情识别的抠人高手，我们如果想要平衡自身形象，其中一个方法就是去像德州扑克高手一样保持一个pokerface（参考BK的杀人游戏高手"石佛"火焰）。当然狼人杀是一个语言游戏，也不像WOSP一样事关着几千万美金的归属，过度的情绪控制对于这游戏本身是有害的。所以第二种方法就是学习表演，把每一场游戏都当作是一场戏，利用表演的方法来提高自己的狼人状态才是我心目中正确的提升道路。

3. 狼人形象与好人形象

拿到狼牌就要开始考虑如何进行操作，比如我们可以悍跳、可以强抠完身份然后自爆、可以冲锋、可以阴阳倒钩等等。对每一个操作都要赋予一个概率来进行平衡，

对于一个玩狼人的操作空间概率分配不合理的玩家，是很容易判断其身份的，比如一个摸狼特别喜欢悍跳的玩家，就会因为悍跳率过高而作坏了自己的形象。

其实当好人时，我们也要控制自己的形象，玩好人状态要是好上天了，那玩狼怎么办？所以说我们玩好人时所给出的形象也应该是一种牌桌形象，而不是自己最真实的形象。我们的发言状态不仅仅关乎我们这一局的游戏，还关乎下一局。如果我们在这一局游戏中把最真实的自己代入了进去，被场上的其他玩家以此纳入数据库建立了基线，那么以后我们拿到狼人怎么办？如果一个玩家不会控制自身形象，永远用最真实的情绪来玩游戏，那么哪怕他逻辑再好，思路再清晰，在高端局里，在一群捉人高手面前，其实他也只是一个带着增强版"新手光环"的新手玩家，身份永远写在脸上。

4. 状态控制与风格切换

其实我个人认为我们应该尽可能地去掌握多种发言风格，使得我们可以自如地改变自己的游戏形象，靠控制和切换自己的状态来换取优势。如果我们可以控制自己的状态和发言风格，当进入一个生人局时，我们可以第一局悍跳预言家，用一个良好的状态赢得了比赛，第二局如果又摸狼了，就凭借我们的状态控制和风格切换能力，切换成一个与上一局完全不一样的发言风格，并换上一个更好的发言状态，还是继续悍跳预言家，让大家误以为"这才是你当真预言家该有的状态，果然是和上一把悍跳的状态大不相同"，于是再度相信我们是真预言家。更多的发言风格，更强的状态控制能力，可以给我们在多次重复博弈中带来更大的空间。

第九章 信息理论

（注：①阅读本章需要读者对于对数函数和排列组合等高中数学知识有着基本的了解，有信息论基础更佳。②信息理论这一模型的实战意义较小，主要用于狼人杀板子设计中的数值策划，理解有困难的读者可以直接跳过本章。）

在狼人杀中，狼人阵营是通过人数与轮次劣势交换了信息优势的一方。对于轮次的量化和计算我们已经通过容错理论很好地说明了，那么对于信息我们有没有一个好的办法将其量化呢？

感觉上是可以的，不然我们为什么老是会说狼人信息量爆炸，某张牌一定有信息又或者是觉得某张牌发言没什么信息量，没聊出任何东西呢？

为什么我们说有的信息量大，而有的信息量小呢？

有些事情本来就不是很确定的，例如狼人杀中最重要的每张牌的身份。对于12人预女猎白标准局而言，场上12位玩家的身份总共有831600种分布情况。而实际上每一局游戏中只会出现这831600种情况中的某一种。在一场狼人杀游戏中，我们要逐渐从这831600种情况中抽丝剥茧，找出本局游戏实际上是哪一种情况。对于我们来说，每一局游戏中场上其他玩家的底牌是什么都是非常不确定的，有着极其丰富的可能。而所谓的信息量，能使本身不确定的事情变得更加确定，即帮助我们排除掉一些不可能发生的情况，减少对场上其他玩家身份估计的不确定性。

而相反地，有些事情本来就很确定了，例如场上有四张狼人牌，再告诉我一百遍场上有四张狼牌，这句话还是没有丝毫的信息量，因为这件事情本来就确定得不能更确定了。所以说信息量的大小跟事情不确定性的变化有关。能让事情的不确定性变得越小，则信息量越大。

那么，不确定性的变化又跟什么有关呢？在狼人杀中，这跟事件的可能性的数量有关。

比如本来场上玩家身份的分布总共有831600种，结果我们摸到了一张狼人牌，晚上一睁眼就看到了另外三个狼队友，那么剩下的事情就是从剩下八张好人牌里确定四张神牌各自的位置了，这样一算，场上玩家的身份分布就只剩下1680种了。所以我们说狼人开局就拥有了巨大的信息量。

那么，该怎么衡量不确定性变化的大小呢？该怎么定义它呢？

跳过烦琐的理论，我们还是直接说结论吧，对此感兴趣的读者可以自行去网上了解一下克劳德·艾尔伍德·香农提出的信息论。在信息论里面，熵（Entropy）是信息不确定性的一个测度，熵越大则表示事件的不确定程度越高，用公式来表示是：

$$H = -\sum_{x \in U} P(x) \log P(x)$$

其中H是熵，U可以理解为所有可能事件的集合，$P(x)$则是某一具体事件x发生的概率。其中log的底数可以取任意一个大于1的数，这里我们认为规定使用2作为log的底数，此时信息熵的单位为比特（Bit）。假设我们处在上帝视角，那么我们就能够100%确定场上所有玩家的身份，那么此时的熵值就是$-1 \times \log_2 1 = 0$；如果我们处在普通视角，场上12位玩家的身份都不清楚，那么此时的熵值就是$831600 \times (-1/831600) \log_2 (1/831600) = 19.67$。

发牌过程中，在狼人杀中每一种身份分布可能性的概率都是相等的，简便起见我们可以将公式简化为：

$$H = \log_2(n)$$

这样看上去就非常简单了，以2为底数，以场上身份分布的可能情况的数量为真数，进行一次对数运算，相信对于大家来说这还是很容易理解的。取对数的主要好处就在于保证了函数的非负性和可加性。

好的，有了简单而合适的数学工具来量化信息，接下来就让我们举一些例子来看一下如何将信息熵应用到狼人杀的理论分析之中吧。

在一局游戏中我们打开自己的身份牌之前，场上可能发生的身份分布情况数是 $12！\div 4！\div 4！= 831600$（$H = 19.67$）。接下来我们就要打开我们的身份牌并进入首夜了。

假如我们摸了一张狼牌，晚上看见了另外三个狼队友，情况数就是 $8！\div 4！= 1680$（$H = 10.71$）；

假如我们摸了一张民牌，情况数就是 $11！\div 4！\div 3！= 277200$（$H = 18.08$）；

假如我们摸了一张女巫牌、猎人牌或者白痴牌，情况数就是 $11！\div 4！\div 4！= 69300$（$H = 16.08$）；

假如我们摸了一张预言家牌，第一天验了一个查杀，情况数就是 $10！\div 3！\div 4！= 25200$（$H = 14.62$）；

假如我们摸了一张预言家牌，第一天验了一个金水，情况数就是 $3 \times (10！\div 4！\div 4！) + 10！\div 4！\div 3！= 44100$（$H = 15.43$）。

信息熵的值越大代表混乱程度越高，代表目前拥有的信息越少。经过比较信息熵的大小，我们就会很清晰地发现狼人牌开局时所拥有的信息量是远远高于好人牌的，而在好人牌中，平民是信息量最少的身份，女巫、猎人和白痴的信息量都要大于平民，而预言家因为其验人功能所以在第一夜过后是好人阵营信息量最大的一张身份牌。同时我们会注意到，在首夜预言家验出查杀的信息量是大于验出金水的，所以单从信息量的角度考虑，预言家首夜验出查杀的收益更大。另外值得一提的是，如果女巫牌第一天就开解药救人，如果能够确保救下的一定是一张好人牌，那么女巫牌开局时的信息量和验出金水的预言家是一样的，即 $H = 15.43$。而如果不那么确定银水是好人的话，女巫牌开局的信息熵应该介于 15.43 至 16.08 之间。具体的计算方法为：在我们认为银水有 10% 的概率是自刀狼，90% 是好人的情况下，那么 $H = -[0.9 \times \log_2(0.9/44100) + 0.1 \times \log_2(0.1/25200)] = 15.82$。

如表 7 所示，摸到狼人将直接给我们带来 8.96 的信息变化量，而摸到好人只有 0.87 的信息变化量，而在神牌起跳之前，神牌永远比平民多 2.00 的信息量，女巫银水的信息量（0~0.65）小于等于预言家首验金水的信息量（0.65），且远远小于预言家首验查杀的信息量（1.46）。

我们现在来看一下真预言家起跳后的情况。首先来看看只有一个真预言家起跳的情况。

①狼队视角，情况数 $7！\div 4！= 210$（$H = 7.71$）；

②平民视角，预言家验出自己是金水，情况数 $10！\div 4！\div 3！= 25200$（$H = 14.62$）；

表 7　不同开局动作的信息变化量

开局动作	信息变化量
摸到狼人	19.67−10.71=8.96
摸到好人	19.67−18.08=1.59
如果是神牌	18.08−16.08=2.00
首验金水	16.08−15.43=0.65
首验查杀	16.08−14.62=1.46
银水（确定是好人）	16.08−15.43=0.65

③平民视角，预言家验出别人是金水，情况数 $3×（9！÷4！÷3！）+9！÷4！÷2！=15120$（$H=13.88$）；

④平民视角，预言家验出查杀，情况数 $9！÷3！÷3！=10080$（$H=13.30$）；

⑤神牌视角，预言家验出自己是金水，情况数 $10！÷4！÷4！=6300$（$H=12.62$）；

⑥神牌视角，预言家验出别人是金水，情况数 $2×（9！÷4！÷4！）+9！÷4！÷3！=3780$（$H=11.88$）；

⑦神牌视角，预言家验出查杀，情况数 $9！÷3！÷4！=2520$（$H=11.30$）；

如表 8 所示，真预言家起跳后虽然给狼队带来了 3.00 的信息量，但是带给好人的信息量显然更加多（3.46、4.20 或 4.78），加之好人数量多于狼人，所以从信息理论的角度考虑，预言家在首日起跳后如果能坐实身份，给好人带来的信息变化量大于给狼人带来的信息变化量，对于好人阵营有利。

表 8　真预言家起跳后不同视角的信息熵和变化量

视角\信息熵\局势	开　局	唯一预言家坐定	信息变化量
狼　队	10.71	7.71	3.00
预言家（验出金水）	15.43	15.43	0.00
预言家（验出查杀）	14.62	14.62	0.00
平民（金水自己）	18.08	14.62	3.46
平民（金水别人）	18.08	13.88	4.20
平民（查杀狼人）	18.08	13.30	4.78
神牌（金水自己）	16.08	12.62	3.46
神牌（金水别人）	16.08	11.88	4.20
神牌（查杀狼人）	16.08	11.30	4.78

我们继续来看看有狼人悍跳预言家的情况。在警上悍跳狼和真预言家对跳结束之后：

①狼队视角，情况数 7！÷4！= 210（$H = 7.71$）；

②预言家视角，查杀到悍跳狼，信息熵不变（$H = 14.62$）；

查杀到隐狼，情况数 9！÷2！÷4！= 7560（$H = 12.88$）；

验的是金水，情况数 3×（9！÷3！÷4！）+9！÷3！÷3！= 17640（$H = 14.11$）；

③平民视角，情况数 2！×9！÷3！÷3！= 20160（$H = 14.30$）；

④神牌视角，情况数 2！×9！÷3！÷4！= 5040（$H = 12.30$）。

（为了简化运算，计算平民与神牌的视角时只考虑了两张预言家对跳所带来的信息量，而忽略了真假预言家的验人信息所带来的信息量，实际上好人阵营的信息变化量将会更多。）

如表 9 所示，狼队的信息变化量依旧是 3.00，而预言家根据不同的情况将会获得 0.00、1.32 或 1.74 的信息量。在好人的视角里，虽然无法区分谁是真的预言家，但是却获得了"这两张牌里出一张预言家一张狼人"的信息，所以依旧可以获得 3.78 的信息量。如果有被悍跳狼查杀的好人，这张好人牌更将成为场上信息量最大的一张好人牌，相当于被真预言家单方面共享了信息，同时还多知道一个自己的具体身份。

表 9　狼人悍跳预言家不同视角信息熵和变化量

视角 \ 信息熵 \ 局势	开　局	对跳结束	信息变化量
狼　队	10.71	7.71	3.00
预言家验到悍跳狼	14.62	14.62	0.00
预言家验到隐狼	14.62	12.88	1.74
预言家验到金水	15.43	14.11	1.32
平　民	18.08	14.30	3.78
神　牌	16.08	12.30	3.78

其实信息理论和信息熵这个概念只是一个工具，借用这个工具可以从理论上分析很多在游戏中会遇到的情况，比如对于神牌可以分析自己起跳会给狼队带来多少信息量，如果没有狼人对跳会给其他好人带来多少信息量，如果遇到狼人对跳又会给其他好人带来多少信息量，比如预言家可以去分析晚上验哪张牌信息收益更大，比如狼队在战术安排时可以把信息量和容错值一起加入到收益计算中进行分析。

本章中所用的公式主要是相对简化的 $H = \log_2(n)$，无法去计算诸如"我认为他 90% 的概率是好人""我有 80% 的把握认定 A 是真预言家，B 是悍跳狼"等情况时的熵值。实际上完整的计算公式应该是 $H = -\sum_{X \in U} P(x) \log P(x)$，在讨论女巫的银水时我们已经用过一次了，使用完整的计算公式可以帮助我们解决概率不均等时的信息熵计算问题。

当然，信息理论只是一个用以帮助我们量化信息的理论工具，其初衷是为了用于狼人杀板子设计中的数值策划。之所以在本书中向大家介绍信息理论，并不是说我们必须在实战中先算完所有的信息熵再来进行决策，最主要的目的其实是希望大家在学习了信息理论之后能够对狼人杀中信息这个概念产生更加直观的认识和更加深刻的理解。

第十章　概率学

狼人杀中的概率学以及由此发展出的位置学其实也是狼人杀中信息源的一部分。现在网上流传着各种各样的位置学技巧，比如"有连狼必出连神""狼队首刀位置学"，更离谱的还有"三八三八，必有一杀"之类的谬论。这其中，有一部分是狼人杀玩家们朴素的经验总结，而一些则完全是无稽之谈。这就要求我们狼人杀玩家必须学会分辨其中的真假，避免被这些不经之谈所误导，并且合理地运用概率学和位置学知识来帮助我们进行游戏。

1. 连狼与连神

常说"有连狼必出连神"，那么我们首先就运用组合学知识来简单地计算一下一局十二人局游戏中出现连神的概率是多少。

为了易于计算，这里我们使用一种具有技巧性的算法：

①在计算连狼和连神这一问题的时候，我们不需要对神牌的种类进行区分，也就是说我们可以将情况简化为场上的十二张牌分别为四张狼牌、四张神牌和四张民牌；

②利用狼人杀中位置呈环形、可旋转的特点，我们将第一个位置固定为神牌，其他任何一种排列都可以通过旋转变换为第一个位置为神牌的情况；

③先计算事件"出现连神"的互斥事件"不出现连神"的概率，再用 1 减去事件"不出现连神"的概率即为事件"出现连神"的概率；

④通过隔板法用八张狼牌和民牌组成八个隔板并构成八个可填充神牌的空位，从而计算出"不出现连神"的情况数；

所以说在这种算法下总的情况数为 C（11，3）×C（8，4）= 11550 种，而不构成连神的情况数为 C（7，3）×C（8，4）= 2450 种，不出现连神的概率是 2450÷11550 = 21.21%，所以出现连神的概率是 1−21.21% = 78.79%。

也就是说在一局十二人局游戏中，不考虑任何狼队的位置分布情况，出现连神概率就已经高达了 78.79%。由此我们会发现出现连神的概率本来就很高，和连不连狼关系好像不是特别大。

那么没有关系，我们继续看看在 X 连狼的情况下，出现 Y 连神的概率各自是多少。为了方便读者，我们跳过计算过程直接来看计算结果，如表 10 所示（注意：这里指的是 X 连狼情况下的条件概率，每一列相加为 100%，因为表格给出的是 X 连狼时 Y 连神的条件概率，而不是 X 连狼 Y 连神的概率，所以表格并不对称）。

表 10　X 连狼情况下出现 Y 连神概率

Y \ X	无连狼	二连狼	三连狼	四连狼
无连神	31.64%	20.10%	13.11%	7.14%
二连神	57.62%	61.60%	62.12%	60.00%
三连神	9.86%	16.30%	21.34%	27.14%
四连神	0.68%	1.99%	3.44%	5.71%

简单分析一下表 9 我们就会发现，在没有连狼的情况下出现连神（包括二、三和四连神）的概率为 68.16%，在二连狼的情况下出现连神的概率为 79.90%，在三连狼的情况下出现连神的概率为 86.89%，在四连狼的情况下出现连神的概率为 92.86%。也就是说在出现连狼的情况下，相对于没有出现连狼时而言，出现连神的概率确实会有所提升，而且连狼数越多，出现连神的概率也就越大。狼人杀玩家间所流传的"有连狼必有连神"一说，虽然不是十分正确，但也算是一种朴素的经验总结。

2. 先验概率与后验概率

先验概率是在缺乏某个事实的情况下描述一个变量，而后验概率则是在考虑了一个事实之后的条件概率，后验概率可以用贝叶斯公式通过先验概率和似然函数计算出来。然而在实际游戏中，经常会有许多的玩家混淆了先验概率和后验概率，举一个例子：

看例子之前，我们首先来计算一下十二人局游戏中 1 到 4 号四连好人的概率为 $C(8, 4)/C(12, 4) = 14/99$。

那么在已知 1 号、2 号和 4 号是好人的情况下，很多玩家就会认为既然十二人局中四连好人的概率只有 14/99，所以说 3 号玩家是狼人的概率就会高达 $1-14/99 = 85/99$（当然，会产生这样错误观念的玩家一般来讲是算不出来具体的数值的，他们只会说概率大，概率小）。然而这么计算其实是不正确的，实际上 3 号是狼人的概率和 5 至 12 号是狼人的概率一样都是 4/9。

这是因为在这里很多玩家弄混了先验概率和后验概率（条件概率），先验概率的计算是在游戏一开始得出的，此时还并不清楚1号、2号和4号的身份，所以由此计算出的概率并不适用于在得知"1号、2号和4号都是好人"这一条件之后的情况。实际上虽然说1到4号四连好人的概率只有14/99，但是要知道1号、2号和4号都是好人的概率本来就只有C（9，4）/C（12，4）＝14/55，因此以1号、2号和4号都是好人为基础的话，1到4号四连好人的概率就变成了14/99÷14/55=5/9。这和直接分析3号以及5到12号这九张牌里出五张好人牌，所以三号是好人的概率是5/9是相符的。

通过这么一个简单例子我们就能看出，实际上所谓的通过连好人等位置学来找狼，去打诸如"你这张牌夹在中间这个位置一定是狼人了"之类的逻辑其实是完全没有概率学依据的，这显然是概率学知识不过关，弄混了先验概率和后验概率的结果。类似的例子还有诸如"你上一把已经拿过一把预言家了，连续拿两把预言家的概率只有1/144，所以我不相信你"。这种言论就和"抛硬币两次，连出两个正面的概率只有1/4，第一次出了正面，所以第二次有3/4的概率出反面，1/4的概率出正面"一样，是非常可笑的。

3.首刀位置学谬论及其心理学成因

时下流行着一种说法认为狼人可以根据狼队的位置分布来推理神牌的位置，从而提高首刀刀中神牌的概率，而几乎有一点点概率学常识的玩家都应该清楚，这从概率上来讲是完全不成立的。事实上，无论狼队以哪一种形式分布，在其他任意一个位置上的好人牌是神牌的概率都是50%，不存在某些位置上出神概率高，某些位置上出神概率低的说法。所谓的用首刀位置学去分析哪个位置出神概率高完全是无稽之谈。这种理论就像是彩票预测一样，"貌似科学，实为胡诌"，与真正的概率论相距十万八千里。

不过，我们倒是可以以此为例来分析一下产生这种错误思想心理学的成因是什么。后文中提及的一些心理学名词，感兴趣的玩家还可以去深入地了解一下。

（1）操作性条件反射和幸存者偏差。我们都知道样本越大，涨落越小，而外置位任意位置都是50%概率出神牌是基于大样本统计的。但是实际上玩家们所能够经历的实战对局数可能并不是很多，这种情况下就会有比较大的涨落。这就会导致有一小部分玩家因为偶然的概率，恰巧刀中了神牌，从而误将其总结出了一套"经验和知识"，这一现象和斯金纳箱实验中的概率型奖励实验（实验5）的结果是相符的。而这一部分玩家就会成为幸存者偏差中的"幸存者"。在传播这些所谓的首刀位置学知识的时候，显然地，这些"幸存者"会更加积极地对自己的"幸运的个案"进行宣传，而其他的大多数"不幸的玩家"则不太会特意去为此发声，这就会导致在信息接受者的视野里，首刀位置学仿佛确有其实并且得到了很多人的支持。而事实上，我们只要抛弃对个案的迷信，对整个样本进行全面而系统的了解就能克服幸存者偏差。

（2）证实性偏见。这一偏见指当我们在主观上相信了某一种观点之后，就会倾向于去寻找能够支持这个观点的信息，而忽视掉那些反对这个观点的信息。也就是说当有些玩家主观上已经相信了首刀位置学这一理论之后，他们一想起首刀位置学，脑海中就会开始进行选择性的回忆、搜集有利于证实这一理论的案例，而忽略掉那些与这一理论相矛盾的经历。而在实战中，当刀中神位的时候，相信首刀位置学的玩家就会对这一结果尤为关注，对其进行选择性记忆，觉得这是对自己理论的一种验证，而相反当没有刀中神牌的时候，玩家就会对此有意识或者无意识地忽略。

（3）虚假真实效应（Illusory Truth Effect）。简单来说就是"三人成虎"的意思。当一个人被许多次告知某个信息是正确可靠的时候，那么无论这个信息是否真的可靠，那个人都会逐渐觉得这个信息是正确可靠的。这一效应和前面的幸存者偏差相配合，误导效果更明显。

（4）首因效应。值得注意的一点是其实很多时候涨落也并没有那么大，但是如果有玩家在学习了首刀位置学之后玩狼第一次选刀就恰好刀中了神牌的话，这一最初形成的"首刀位置学确实挺有用的"的印象就会尤为强烈，即使之后使用首刀位置学没有刀中神牌，他们也依旧会觉得首刀位置学是有用的，这也就是首因效应。

（5）自利偏差。人们往往会对自己的成功进行个人归因，比如一位玩家因为运气好首刀中了神牌，一般这玩家在归因的时候也很少会将这归因于是因为自己运气好（外部归因）。相反首刀位置学给了玩家一个进行内部归因的理由，这位玩家可能会觉得这是因为自己学习了首刀位置学，刀法有所提升的结果（内部归因）。

（6）归因偏差。而另外一种归因错误可能是因为当我们开始关注怎样提高刀神命中率的时候，我们自身的水平已经脱离新手阶段而到达一个比以前更高的水平了，此时我们的首刀刀神命中率也会随着水平的增长而有所提升。而很多时候这种命中率的提升是基于直觉的，也就是说随着经验的累积，我们的潜意识里一遇到摸到狼人准备选刀这一情境就会开始思考，而这种潜意识层面的思考是我们意识层面无法直接地感知到的，所以便可能会产生错误的归因，认为刀神率的提高是基于首刀位置学的帮助。

4. 结语

事实上，这一章并没有讲解太多具有实战意义的内容，写概率学的主要目的就是为了用数学知识来反对谣言。很多狼人杀中的概率学和位置学技巧实际上是打着概率学名义传播的伪科学，往往基于的是错误的数学知识和个人的经验总结。但如果一个问题可以依靠数学来解决的话，那么就不必再依靠经验了。因为，人的感觉会犯错，人的经验会犯错，人的想象力同样会犯错，但是，数学不会。狼人杀的世界，需要智慧，不需要玄学。

面杀之道篇

第一章　状态流的魅力

"面杀的乐趣，就是在于要利用场上一切可以利用的因素，来帮助我们寻找事情的真相。"

曾经有人这么形容状态流高手："他们判断别人的身份，向来都是看面相的，他们嘴里的逻辑都是先有了结论之后硬安上去的，只是为了说服其他玩家罢了。"这虽说略有一些夸张，但也不无道理。前文中我已经谈过了不少我对于逻辑和状态的理解，其实，我非常喜欢树人大叔对于狼人杀的见解：狼人杀中的逻辑一定是存在的，但是在正反逻辑都走得通的情况下，逻辑一定是不全面的。用大叔的话来说就是"狼人杀是一个逻辑覆盖不全面的游戏，这就好像是经典的生活难题，10个锅，7个锅盖甚至更少，用逻辑来覆盖永远有漏洞。"在高配局中，能够保持好人和狼人逻辑完全一致的玩家并不少见，如果仅盘逻辑，狼人杀就变成了一个由狼人在正、反逻辑上不断地跳进跳出，通过各种不同的配合来设计题目，好人则纷纷猜硬币正反面赌概率的游戏。

是的，纯逻辑走到终点，因为逻辑有正反，狼人杀就变成了一个赌概率的游戏，一个猜硬币正反面的游戏。而事实上，很多时候不只是狼人发言中会说伪逻辑，好人发言中说的也是伪逻辑，逻辑只是一种发言的素材和武装自己发言的武器，自然是怎么好说怎么来。实际上哪怕是好人找狼，真正找到狼人的方法也可能只是抓住了一些状态上的小细节，和最后说出口的那一套逻辑完全不是一回事。

在我写文章的过程中，有的狼友和我说觉得我太轻视预言家的验人功能了，哪怕是再厉害的高手也是以预言家为逻辑原点来进行分析的。确实，"预言家和悍跳狼"的双线结构是狼人杀中非常重要的两条主线，但是要说到狼人杀高手的逻辑原点，还真不仅仅是真假两个预言家。事实上，越新手的局越需要预言家这个逻辑原点，然而越高端的局里预言家作为逻辑原点的作用也就越弱，预言家只是一张普通的神牌罢了，验人功能并没有什么大不了的。预言家开局只能验一个人，而抿人高手开局可能看面相就定下了三四个人的身份甚至更多，之后以这些玩家的身份作为逻辑原点再去分析其他玩家与他们的共边关系，加之游戏过程中持续不断地观察和抿相，以一轮发言点齐四狼也并不是什么不可能的事情。多打生推局，多和真正的高手过招就会知道，预言家的验人功能真的并没有那么重要。说到底，狼人杀其实就是一个通过经验去判断别人有没有在说谎的游戏。

我在网上看了许多关于状态流的文章，很多文章喜欢总结一些小技巧，比如摸牌时怎样看牌的就是狼，手上做什么小动作就是在说谎，这些文章虽然不无道理，但是具体的技巧是总结不完的，必定挂一漏万。但凡是能被总结出来的，都能被反向针对，而且只去学习一些具体的技巧，只会知其然而不知其所以然，知其一而不能举一反三。学习时不去掌握其背后核心的道理的话，很容易就会踏入布罗考陷阱（误谎为真）和犯下奥赛罗谬误（误真为谎）。实际情况千变万化，玩家的性格、习惯、风格、场上的局势、氛围，甚至场外发生的一些事情等等诸多细节因素都会对玩家的行为产生影响。因此切忌生搬硬套。我们要做的应该是"弃剑招而得剑意"，在把握住核心思路的情况下，根据实际情况出发去作出判断。人心总是变化多端的，这才是狼人杀游戏的魅力所在。

第二章　摸牌状态

在面杀捉人中，极为重要的一个环节就是摸牌捉人，可以说摸牌捉人的这十几秒钟就占了全场捉人三分之一的权重。这是因为摸牌看牌这最初的十几秒时玩家刚刚获悉身份，还没有来得及作出足够的适应和调整，此时往往是玩家最为真实的状态。而经过了第一晚的适应，此时玩家就已经基本调整完了状态，布置完了防线，再要击破他们的防御去看穿他们的身份就需要通过施压去攻击了。

对于一局面杀来说，游戏从发牌时就开始了，此时我们要做的就是安静地观察场上的其他玩家看牌时的反应和摸牌前后的状态变化，以此来判别他们的身份。在刚刚开始练习的时候，如果能力有所不足可以先只选定三张牌去观察，每局游戏都记录下自己摸牌时的捉人判断，在游戏结束之后再对比演员表，统计自己的准确率。

很多时候，培养捉人的感觉就是在培养我们的潜意识思维。前文中已经提到过，人类大脑很多对信息的处理都是在潜意识层面进行的，虽然我们只能去接受潜意识传递而来的结果，无法了解这种本能的分析过程，但是我们却可以通过大量的训练来提升我们潜意识的敏锐程度，训练多了之后我们对于场上其他玩家的身份自然就会产生一种感应。

一开始练习的时候，首先能够感应到的是带不带身份（是平民还是狼人或神民）和身份的好坏（是好人还是狼人），之后进一步要去感应的是能力的主动性（比如狼人、预言家、骑士是主动性比较强的身份，平民、白痴是主动性比较弱的身份，狼人和预言家在首夜需要率先主动出击，而其他好人在首夜主要是以静制动，因此在摸牌后狼人和预言家将会率先进入战斗状态）和身份的软硬（所谓软硬也就是有没有底气，状态虚不虚，比如骑士、猎人就很硬，狼人、守卫就偏软，女巫摸牌时是软的，解药用掉之后如果没有白狼王就硬气了）。当培养出一些摸牌捉人的感觉之后，我们就可以逐渐拓宽自己的开局捉人范围，从三个到四个、六个、八个，最后到十一个，

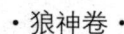

摸牌时坐在位置上将自己所有的视线都发散出去，去捕捉场上各个玩家的反应与状态，最终通过感觉一定可以锁定出三、四张焦点牌，将其定位。

这种开局的定位是非常关键的，这几张开局时就被我们捕捉到的牌，就是需要我们去重点关注和锁定追踪的对象。比如去追踪他们入夜时的状态，去追踪他们晚上闭眼时的状态，去追踪他们白天起来时的状态（如果晚上有我们的睁眼行动环节），去追踪他们警长竞选时的行为，去追踪他们白天发言时的站边等。从摸牌到第一天放逐投票这至少二十分钟的时间里，通过锁定追踪，我们一定可以判断出他们的身份，而之后我们所要做的就是以他们的身份作为逻辑基点，通过他们和场上其他玩家的关系，以此推断出全场玩家的身份。

狼人杀这个游戏，状态很重要，逻辑也很重要，但是只分析逻辑而不分析状态的话，单靠一条腿走路的速度实在是太慢了，顶配局里"一轮杀"的紧凑程度，单靠逻辑一定是跟不上的。很多玩家都没有意识到，在狼人杀中非常重要的一个要素就是速度。很多时候，狼人杀就像是一个限时解密游戏，好人需要在第一天白天放逐投票之前破解狼队所布下的迷局。所以说在面杀中玩家从摸牌开始就要抢时间，只有速度足够快，判断足够准，才能在极短的时间内收集信息、定位身份、盘通逻辑、给出方案、组织语言、进行发言，最终完成破局。盘对逻辑并不难，但是在节奏无比紧凑，推错一推就要被拍刀的顶配局里，想要在有限的时间内破局，就必须培养出足够的抿人敏感度，做到又快、又准地判断身份才行，一点线索也不能错过，一点时间也不能浪费。

第三章　施压

之所以相面有用，是因为任何人都是有心理活动的，仔细地去观察每个人的表情，就会发现心理活动往往是会反映到脸上的，这就是所谓的挂相。上一章我们已经讨论过了摸牌抿人，而如果摸牌结束之后经过了一个晚上，此时玩家已经调整完了状态，布置完了心理防线，再要击破他们的防御去看穿他们的身份就需要通过施压去测试弹性了。

施压之所以有效，在于两点：一是观察微反应；二是攻击敌对阵营玩家的心理防线。

微反应的全称是"心理应激微反应"，它是人们在受到有效刺激的一刹那，不由自主地表现出的不受思维控制的瞬间真实反应。所谓的施压、诈身份，首先要观察的就是这样的一个应激反应。警上民跳发查杀诈身份之所以在新手局里有效，是因为新手的心理防线比较薄弱，被查杀对于他们而言是一种有效刺激。而为什么这种

发查杀诈身份的方法到了高端局就没有那么有效了呢？这是因为高手早已经习惯了这种程度的施压，反应自然也就古井不波了。

相对而言，好人被刺激之后的弹性会比较好，因为自己的好人身份，所以会有一些心理优势。而狼人总是底气不足和心虚，受到刺激之后，会表现出一些非常经典的微反应。

这样的微反应有很多，在这里我们就拿冻结反应来举例。当人类感觉自己受到威胁时，身体的第一个本能反应就是冻结反应。一旦感受到威胁立刻进入短暂的停顿，这是遗留在我们人类基因里的诸多动物本能之一，其本质是生物在进化的过程中为了应对捕食者的威胁以及其他自然界里的危机所产生的一种防御战略，它受到大脑的边缘系统控制，无法凭借主观意志来克服。具体到狼人杀游戏中，当玩家被施压和攻击时，狼人玩家第一时间的直接感受更多的是身份即将暴露的危机感，容易出现冻结反应，而好人玩家第一时间的直接感受更多的是对于身份被诬陷的不满、轻蔑、厌恶等情绪，但较少在第一时间产生的就是被威胁感，因此不易出现冻结反应。这种心态上的不同，结合玩家身为人类的生物特点，就成为了我们抿身份的突破口。

值得注意的是，这里的大前提一定是给出了有效的刺激，这种刺激需要具备一定的强度和不可预测性，只有这样才能使得被刺激者感受到威胁，进入冻结状态以便自我保护，并思考下一步的动作。因此一定要结合具体情境来灵活地进行施压。这里还是以警上民跳发查杀诈身份作为反例，在高端局中，因为玩家们见过了太多太多的警上诈身份，甚至早已习惯于此，这种刺激早已不具备不可预测性，大多数玩家诈身份的力度也很难引起被诈身份玩家的反馈，所以警上发查杀诈身份其实是一种经典但是已经不怎么有效了的施压方式。

除了观察微反应之外，施压的第二个用途就在于攻击敌对阵营玩家的心理防线。每个人都有着一定的心理承受能力，而施压要做的就是通过给怀疑对象施加强大的心理压力，击穿其中敌对阵营玩家的心理防线，观察他们在压力之下的反应从而进一步判别他们的身份。

先从比较容易的狼人施压好人开始说起吧。在狼刀落后的时候，狼人的施压一般不敢太过放纵，优先保证的是给自己留有余地，把自己抿神心态的施压行为合理化成一个找狼心态的施压行为。而在狼刀领先的时候，狼人施压抿神的操作空间就非常大了，此时不是好人在找狼人，而是狼人在找神，狼人的整个心理优势是非常巨大的。狼刀在先的情况下神牌是非常怕死的，这个时候狼人就要压着神牌去打，制造局势去对几个疑似神牌的位置施压。通过操作去刺激他们的心理防线，逼迫他们的发言产生变形，狼人甚至可以直接跳明身份站在桌子上叫嚣来打击对手的心理防线。很多的碾压局，不论是狼人碾压好人，还是好人碾压狼人，都是因为其中一

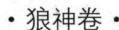

方从气势和心理上战胜了对手，压制得对手心态崩盘，把身份底牌直接写在了脸上。其实，好人向狼人施压的原理也是一样的，只不过与狼人开局就知道谁是敌对阵营不同，好人需要通过各种方式不断地锁定目标，对于好人而言，整个施压的过程同样也是不断锁定目标的过程。

第四章 冷相面

　　这里先为大家解释一下冷相面这个概念。其中相面指是在狼人杀游戏中通过观察和听取其他玩家的表情、动作、语气、声线等状态来判断他们的身份，而"冷"字则取自于冷读术（Cold Reading），这里的 cold 指没有准备的意思。

　　与上一章中的施压相反，冷相面讲究的是在对方没有防备的时候暗中观察。因为一个人可以在一小段时间里通过伪装来掩饰自己的状态，但是不可能在全场游戏几十分钟甚至一个多小时的过程中全程都不露出破绽。冷相面就是在人们相对放松和没有防备的时候去抿身份，通过观察一位玩家在摸牌、夜间、听其他玩家发言等时刻的反应来对该玩家的身份进行判断。举一个简单的例子，我们知道 A、B 两个人互踩，即使发现了 B 是狼人，A 也不一定就是好人，因为有可能是狼踩狼做身份，但是如果我们观察到 A 一直在认真地抿 B 的身份，那么 A、B 两人应该就是两张不认识的牌，也就是说 A、B 至少不同时为狼人。虽然在我们的面杀中，狼人玩家也会非常做作地时不时就抿一波队友的身份，但是我相信在大多数普通的狼人杀对局中狼人玩家不会意识到去做这方面的防备的，也不至于像我一样这么喜欢做作，所以说这一招还是非常管用的。

　　顺带说一句题外话，很多玩家一说到抿人就联想到微表情。微表情确实是存在并且有用的，但是并没有坊间流传的那么神奇。而市面上那些所谓的微表情著作大多是胡拼乱凑而成，并没有太多的实用价值。真正的微表情学习首先就要从解剖学上去熟悉面部的 42 块肌肉，了解面部肌肉群的运动及其对表情的控制作用，然后开始系统地学习 FACS 面部运动编码系统，这并不是业余爱好者在短期内可以掌握的知识。而且玩家在学习微表情之后也只能判断出基本的情绪，而对于情绪的成因还需要结合具体情境利用情绪心理学的知识进行推测，也就是说微表情并没有所谓的读心术那么神奇。FACS 是如今面部表情的肌肉运动的权威参照标准，对于深入而精确的表情观察和之后表情分析有着重大意义。想要深入学习 FACS 的玩家，推荐你去阅读保罗·艾克曼与华莱士·弗里森所著的《面部运动编码系统》一书。

　　接下来让我们来列举一些冷相面的具体技巧。值得注意的是，具体的技巧永远只能作为例子，真正重要的是透过例子去领悟其背后的心理本质和生理本质。

1. 摸牌阶段

每一张身份牌摸完之后玩家都会有一个初始的心态。摸到狼人牌的初始心态一定是先压压惊，调节自己的心态，而第二步则是开始做些什么掩盖自己的狼人状态或者观察并思考首夜应该刀谁。民牌如果没有刻意去演的话，状态则会比较轻松，反正好人作为被动防守方见招拆招就行了，开局也没有什么事情要做。预言家、女巫、守卫、骑士等这些则是拥有主动技能的神牌，他们会开始思考自己应该如何合理地使用技能。预言家会思考首夜应该去验谁并开始唤起自己的战斗状态准备起跳。怕被首刀的女巫初始心态会有些类似于狼人，会开始掩盖自己的女巫状态并且开始思考这局游戏可以怎样操作。暗中行动的守卫状态更加内敛。而白天可以翻牌决斗的骑士则会显得有些跃跃欲试。猎人、白痴这样的神牌技能比较被动，很多时候是通过排除法加上开局后的定点施压测试弹性来找到的，而区分猎人和白痴主要看的是他们的弹性，猎人是强神一般状态更硬，白痴是弱神一般状态偏软。值得注意的一点是，不同玩家的性格是不同的，不同玩家对于不同身份牌的偏好是不一样的，在熟人局中如果能够参考数据库的话，我们摸牌抿人的正确率将会更高。

摸牌环节的身份判断是非常重要的，一开始就要进行重点定位，以便之后进行后继追踪，下面我们来看一下摸牌抿人时几个需要着重关注的点。

①摸完牌之后有没有下意识的释压动作，比如喝水、自我抚摸、把玩小东西等。②看完牌之后瞬间的面部表情。熟练的面杀玩家也会掩饰看牌时的表情，此时继续延续观察5到10秒，观察对方自然放松下来的过程。③看完牌之后对牌的放置动作以及牌的放置区域是否为心理安全区。④是否扫视全场，扫视全场时的动作与眼神。⑤是否迫不及待地带上面具准备开始游戏。⑥看完牌之后是否能够继续自如地参与聊天，状态和表情是否有表演的成分。⑦目光对视时是否有逃避。⑧玩家的情绪是相对激昂的还是相对沉郁的。⑨是否在进行思索。

其实摸牌抿人的技巧非常之多，很多细节需要大家在实战之中自行总结。我甚至曾经通过瞳孔的聚焦程度找到过狼人，这是因为当时在某俱乐部玩的那套牌，好人牌的中间都有一个圈，很多玩家的视线会聚焦到圈中心看圈里的符号来判别身份，而狼人则是一整幅画，玩家看牌时目光是相对发散的，并不会聚焦到牌中心。举这个例子就是为了说明，摸牌抿人的技巧是写不完的，必然挂一漏万，重要的是从例子中学会相应的思路和方法。

摸牌抿人的方法面对不会表情管理和状态控制的玩家是无往不利的，非常适合在三阶以下的对局中使用，而在更高阶的对局中大家都会对此有所防备，效果会受到一些影响。

另外摸完牌之后其实还可以主动地去和别人对话来诈对方的身份，这在中低端对局中尤为有效。举一个简单的例子，我曾经在娱乐局（平均水平两阶）中在摸牌时趴在桌子上非常做作地去抿别人的身份，然后突然直起身子非常自信地对着A说，"你这把一定是狼！"（其实只是在诈身份）然后A立刻浮现出了得意的笑容，她用她的表情告诉我的话语就是："嘿嘿嘿，抿错了吧！"于是我就知道了她是一个好人。而用同样的方法去诈B，她给我的反应就是表情先僵了一瞬间（即之前提到过的冻结反应），然后强颜欢笑了一下，于是我就知道了她是一个狼人。

2. 夜间阶段

（1）在刚刚进入黑夜时，很多玩家可能还没有来得及摆好一个舒服的姿势，但是在经过一段时间之后，大多数玩家都会放松下来并且调整到一个舒适而自然的姿势。面杀中一个方法就是女巫是在狼人行动之后睁眼的，她可以观察场上玩家的坐姿，此时坐姿僵硬又或者是正在调整坐姿的，很可能就是刚刚闭眼还没来得及摆好姿势的狼人，而要是某位玩家的坐姿显然不可能是临时摆出来的，则大概率是好人。同理，其他后一个环节睁眼的角色也可以以此去判断谁是前一个环节睁眼的玩家（预女猎白首夜睁眼顺序一般为：狼人、女巫、预言家、猎人、白痴、天亮全体睁眼）。

（2）夜间状态放松，一看就是在走神的大概率是平民，而神牌则会留意去听法官叫自己睁眼以免错过自己的行动环节。夜间故意乱动的有可能是想借此来掩饰自己身份的狼人或者神牌。

（3）另外我们还可以在入夜之前记住场上其他玩家拿面具的姿势，在夜里自己单独睁眼时又或者是在天亮之后去看看他们拿面具的姿势有没有发生改变，如果改变了拿面具的姿势，则大概率是夜里刚刚睁过眼的玩家。在面杀中，因为在入夜时是双手拿面具而行动完之后变成了单手拿面具，结果被女巫在首夜盲毒掉了的狼人加起来已经可以绕地球一圈了。

值得注意的是，与摸牌以及白天阶段的抿人成果可以在发言的时候说出来不同，夜间通过抿人获取的信息是不能在白天发言中提及的，否则就属于违规的场外发言。

3. 白天阶段

（1）白天某位玩家发言时，去观察其他玩家听发言时的神态，如果神态专注并在认真思索和分辨，则大概率这两张牌是不认识的。

（2）如果一张牌一直在抿另一张牌的身份，则大概率这两张牌是不认识的。

（3）如果一张牌投入了大量的时间精力去劝说另一张牌，则大概率这两张牌是不认识的。

（4）警上前置位跳了一张预言家，我们可以去观察后置位玩家的神态，神态是在聆听和分辨，乃至有友好的互动诸如不由自主地点头的，不会跳预言家，神态是戒备或者不屑的，处于战斗状态的大概率会跳预言家。

（5）好人优势局中，好人状态轻松，狼人状态低沉；狼人优势局中，狼人状态轻松，好人状态严肃。

（6）如果场上两张牌进行了丰富和自然的互动，则大概率这两张牌是不认识的。

（7）光看上警的动作与神态很多时候都能看得出哪张牌大概率会起跳预言家，哪张牌跳不起来预言家。准备起跳的预言家在上警时就会进入备战状态，而日常上警的玩家此时还是相对放松的。

以上这些点其实都是可以演的，高端面杀局里也确实会有玩家去演，比如我就喜欢疯狂捱狼队友身份，游说狼队友拉票各种假装不认识狼队友，以此来互做身份，毕竟这个游戏在高端面杀局里就是"不做作不成活"，不演就没法玩。但是高端面杀局终究只是少数，实际上在大多数的普通对局中，会对捱人进行反制的玩家是很少的，只有真正懂得捱人技术的玩家才会有意识地去反制捱人。绝大多数的狼人杀玩家还没有这个意识去进行这些反捱反制操作，他们对于捱人都还是不设防的。正因为如此，在大多数情况下，上述的捱人技巧都是成立的。

第五章　再谈逻辑与状态

1. 状态背后的"逻辑"

狼人杀并不完全是一个逻辑游戏，狼人杀中逻辑的终点就是概率。但是万幸的是，狼人杀在概率之上还另有一片天地，那就是状态。

事实上在高端局中，更多的时候我们需要结合状态来判别其他玩家的身份，玩家之间的博弈也包含着大量状态层面上的博弈。我们说状态大于逻辑，这是由我们玩家生而为人的本质所决定的。作为狼人杀玩家的我们是人类，我们要去盘正、反逻辑是很容易的，脑子里多转几个弯就可以了，但是我们要把状态完全反过来是很难的，这是在与我们的身体、我们的本能去作对。从进化的角度考虑，其实人类并没有进化出非常强的说谎本领，对于绝大多数人来说，我们在说谎时无法控制住自己的肉体让它完全像真心实意时一样去运作。

举例一个简单的例子，真心流露的喜悦所产生的面部表情是由颧骨主肌和眼部轮匝肌同时收缩形成的。颧骨主肌能够通过意识直接控制（随意肌），而眼部轮匝肌则只有真正有感而发时才会发生变化，假装出来的笑容是不可能让眼部肌肉产生收缩的（不随意肌）。鉴于肌肉的这种惰性，通过观察眼部肌肉收缩等现象，我们就可以判断出笑容的真假，进而推测玩家的身份。类似这样的例子还有很多，如果想深入学习状态学的话，我推荐结合情境大家把保罗·艾克曼教授的《情绪的解析》和《说谎》作为入门读物。

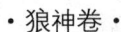

也就是说，我们的语言可以说谎，但是我们的身体却很难说谎，我们玩家生而为人的本质就是状态大于逻辑的原因。类似的还有心态，心态也是大于逻辑的，如果说状态是通过玩家身为人类肉体上自然的反应来判断玩家的身份，那么心态就是通过玩家身为人类大脑的运行机制来判断玩家身份的。

感觉敏锐的玩家在这方面是有一些优势的，不过更高水平的抿人能力还需要依靠充沛的理论知识和足够的实战练习，这也就是为什么我们会发现心理咨询师、刑警、算命先生等职业在玩狼人杀这类游戏时会有着天然的职业优势。不论是站在一个普通的心理学爱好者的角度，还是站在一个狼人杀玩家的角度，我都非常地建议大家去学习一些基本的心理学知识。

很多玩家对于状态流的认知就是"没有理由，不讲逻辑"，但是《面杀之道篇》写到这里我所想传达的观点是，状态本身就是一种"逻辑"，其背后是有严谨的科学理论作为支撑的，是由人类这种生物的生理和心理特性所决定的。只不过在我的发言中不可能把我的发言时间拿来向场上其他玩家深入讲解解剖学和心理学方面的知识罢了。事实上在狼人杀的发言中，绝大多数的思考分析的过程都只是玩家自己在脑海中进行的，最后说出口的内容只不过是最关键的或者最有煽动性那一部分罢了。

其实在我的眼中，强行把玩家分为逻辑流和状态流，让二者平行并对立根本是不对的。我认为逻辑属于狼人杀中的基本功，而所有能够修炼到状态流的玩家，他们的逻辑能力必然是过关的，他们判定场上其他玩家的身份也必然是同时结合了逻辑与状态的。而硬要说逻辑流与状态流有什么区别，我觉得无非就是发言风格上逻辑流更加喜欢以逻辑作为发言素材，状态流更加喜欢以状态作为发言素材罢了。当然，上述区分单指三阶以上的玩家，对于新手玩家来说，还存在因为不会抿人所以只能盘逻辑的逻辑流，和盘不清楚逻辑也不懂抿人原理只能凭天赋直觉瞎蒙的"状态流"。

2. 先学逻辑，再学状态

在我的认知里，新手学习狼人杀这个游戏必须先从逻辑开始学习，去了解这个游戏的基本规则，去学习这个游戏的基本玩法，去掌握这个游戏的基本分析方式。这就像是我们学习物理必须先从经典力学开始学起一样，不可能一开始就跳过经典力学直接去学习相对论和量子力学。每一个狼人杀玩家想要进阶都会经历先是什么都不会，然后开始学习逻辑，之后再认识到逻辑的局限性，破而后立抛弃单纯的逻辑学开始学习状态、心态和人性，最后将二者融会贯通，开辟一片全新的天地的过程。事实上，任何一种方法，任何一种理论都有它的适用范围和局限性，我们真正要做的是在学习这些方法的同时也懂得去把握它们的适用范围，最终将其融会贯通。

我个人的建议是新手应该先从逻辑开始学习，在达到二阶半之前不要过多地去研究状态学，知道有状态流这个概念就可以了，等到要升三阶的时候再去系统地学

习和研究状态学。就像我们初中、高中物理先学的是经典力学，对于量子力学则知道有这个概念就行了，不需要去深究，等到了大学物理才会开始学习这些东西。很多新手玩家逻辑还没入门就急着想学状态，就像一个人初中物理都不及格，又如何能理解光电效应、波粒二象性呢？

第六章　人性流

　　狼人杀中的人性流一词应该是南枪掌门李锦最先提出的，这里我简单说说我个人对于人性流的理解。如果说逻辑流是依靠纯理性的逻辑来作出分析和判断，状态流是通过观察人类的表情、行为和反应来作出分析和判断的话，那么人性流就是通过同理心代入到别人的视野来思考问题的一种思维方式。

　　所谓同理心，又叫作换位思考、共情，是指站在对方的立场，设身处地进行思考的一种思维方式。狼人杀不仅仅是一个智力游戏、逻辑游戏，同理心的背后需要的是高超的情商。一个拥有同理心的人，在人际交往的过程中，能够体会他人的情绪和想法，理解他人的立场和感受，并站在他人的角度去思考和处理问题。

　　因为狼人杀的玩家都是人类，所以我始终认为狼人杀与其说是一个逻辑游戏，不如说是一个人性游戏，需要非常高超的情商和极其强大的共情能力才能在这条路上走到顶尖水平。人们总是习惯从自己的角度出发去看待问题，但是在狼人杀这个情商游戏中想要成为真正的高手，就必须学会从别人的视角出发去思考问题，去包容别人的认知能力和性格特点，代入到别人的视角去思考别人是怎么看待问题的，别人又是为什么会这样看待问题的。纯逻辑流的缺陷就在于，世界上不存在两片完全相同的叶子，每个人的水平高低是不同的，每个人的思考方式是不同的，每个人的打法风格是不同的，每个人对游戏的认知和理解是不同的，每个人在同一局游戏中所能捕获的信息量是不同的。正因为人与人之间有着这么多的不同，所以不同的人的逻辑往往也会不一样。我们不能自负地拿着我们自己的逻辑框架去评判别人，我们要做的是用我们的换位思考能力去包容这些人与人之间的不同，进而去分析这些不同背后的原因。一开始尝试使用这种换位思考的思维方式可能会感到有一些困难，但是随着习惯渐渐成为自然，这种思维方式也会逐渐内化为一种本能，只要我们看一眼一个人的表情与行为，听一听他的发言和语气，就能下意识地感受到他内心真实的想法。

　　对于人性流来说，一个比较重要的能力就是在大脑里同时运行多个分区并在其间进行灵活地切换。这些分区需要基于我们对场上其他玩家的了解，从而模拟他们的思路和视野。当场上有信息产生时，我们不但要在我们自己的主视野中将这些信

息输入并进行分析，同样也要将这些信息输入到每一个分区之中，通过"别人的大脑"来进行分析，模拟他的心路历程和逻辑线。如果该玩家实际上的思路和行为与我们在分区中的模拟相去甚远，很可能就是因为他得到了一些额外的信息。此时我们就需要将分区进行分裂，分别模拟他在不同身份、不同信息量输入状态下的思路，看看哪一种假设更加符合他现在的思路和行为。同样，如果我们无法判断某一个玩家的身份，我们就可以同时为他建立多个分区，分别假设他是好人、狼人又或者是某一具体神职时他会如何进行发言和决策，由此考察他此时的言行更加符合他拿到哪一张身份牌时的输出结果。

在人性流的眼中，发言差、行为差、逻辑错误的不一定就是狼人，发言好、行为好、逻辑完善的不一定就是好人。狼人可以玩得好，好人也有可能玩得差，这些都是非常正常的，对于人性流来说，这些都不重要。真正重要的是，这位玩家的心路历程是怎样的，他一路以来的思考过程是否符合他是一个好人时，基于他的游戏水平、性格习惯、思考方式所应该得出的输出。只要符合，就基本可以确定他是好人；如果不符合，那么他不是有额外信息的好人（比如女巫有银水信息，或者也可能是一些场外信息等），就是天生有信息的狼人。

与狼人杀玩家一开始就可以学习的逻辑流不同，人性流的背后必然需要强大的逻辑功底和极高的游戏水平作支持。一个高手可以在大脑里模拟一个新手的思维，但是一个新手却绝不可能在大脑里模拟一个高手的思维。只有对于这个游戏有着足够深刻的理解，才能谈得上去分析狼人杀中体现的人性。

对于人性流来说，建立数据库是极其重要的，只有对于场上的其他玩家建立起了足够的了解，知己知彼，才能百战百胜，这也就是为什么人性流越是杀熟越是厉害。游戏水平、性格习惯、思考方式等信息都是人性流需要填充进数据库的内容，只有对于一个玩家的游戏水平有着精准的判断，我们才能决定该以怎样的标准去要求他的言行；只有充分了解一个人的性格与特点，才能利用这些去模拟他的思维方式；只有足够了解一个人的习惯和风格，才能以此来帮助我们判断他的身份。

很多中配逻辑玩家常做的就是在自己的心中构建了一套逻辑框架，并且以这套框架去要求别人，符合这套框架的就是好人，不符合这套框架的就是狼人。对于他们来说，自己的框架是不会错的，如果出现了判断错误那么就是别人没有按照他们的框架来玩，是别人的错。如果是这么来思考问题的话，那么他们狼人杀的水平是永远不可能有所提升的。在游戏中，我们应该要求的是自己，而不是别人，想要进一步提升的话我们就必须理解人性流，而人性流最大的优势就在于它的包容性。人性流玩家深知人与人的配置有差距，人与人的思路有不同，并且能够以海纳百川、兼容并包的心态去容纳别人的思维方式，接纳人与人之间的不同。这便是人性流的高明所在。

其实从进化心理学和神经学的角度看，人脑是从爬行动物、古哺乳动物、新哺乳动物的道路上进化而来的（脑的三位一体假说）。在进化的过程中，我们的人脑虽然拥有了强大的认知能力，但是也必然背负了许多进化过程中的历史包袱，也就是所谓的动物本能、原始本能。更何况进化是缓慢的，人类的大脑在近万年来几乎没有发生任何的改变，然而人类的科技与文明早已发生了天翻地覆的变化，基因层面的进化早已经跟不上时代的发展。而这也就导致了人脑就仿佛是一台没有安装防火墙的计算机，处处充满了弱点和漏洞，只不过大多数的普通人类破解人心的技术手段也并不厉害，甚至可以称之为是非常之愚钝，所以自然也就看不透人心。而真正的高手就像是超级黑客，依靠专业知识的帮助和持久的训练，他们的感知将会变得极其敏锐，进而拥有了洞悉人心的能力，就像 AK 大师通过十余年杀人游戏的训练，对于状态和人性的把握已经达到了一个非常惊人的高度，这也就是他能够在接触狼人杀之后短短几个月便踏足巅峰的原因。

第七章　网杀与面杀

网杀与面杀虽然规则大致相同，但是玩起来完全是两个不同的游戏。

在网杀中，一般靠语音来进行交流，即使有视频也只需要露一两分钟的脸，也就是说在网杀中，既没有摸牌看牌时的抿人，也没有白天发言时的抿人，我们只需要在自己发言的时候注意一下自己的状态，而在其他时候我们状态如何都无所谓，反正其他玩家也看不到。

但是在面杀中，博弈则是无时无刻不在进行着的，场上的玩家整局游戏都在互相观察着彼此，我们会观察在一个玩家发言时其他玩家的反应，我们会观察玩家一整局游戏中的情绪和状态变化，我们会观察玩家各自细微的表情和动作。甚至可以说，在顶配局中这种无时无刻不在进行着的关于状态的博弈才是最重要的，有的高手首刀女巫率很高，有的高手警上就可以点出三到四张狼人牌，有的高手白狼王警上诈完身份就可以直接自爆带走女巫然后点刀三刀，一刀一神结束游戏，有的高手可以首夜就盲毒白狼王等。而这些惊人的操作都是网杀中不可能发生的。

网杀选手对于表情的管理和状态的控制都是非常松懈的。其实这就像德州扑克比赛中，可能有的选手线上扑克打得很好，但是一到线下就会被虐，输得血本无归，这就是因为他们没有学会去管理自己的表情与动作，他们的身体无时无刻不在出卖着他们内心的秘密。狼人杀面杀局一局游戏要打几十分钟甚至一个多小时，要控制自己的状态一两分钟是比较容易的，但是要保持几十分钟的伪装却是非常困难的。

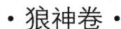

只有掌握了一定的表情管理能力和状态控制能力，对捋人产生了一定的抵御能力，这样的狼人杀玩家才能在高端面杀局中生存下来。

网杀另外一个特点在于随机匹配机制，因为每一局游戏我们都会遇到不同的路人，所以我们既没有机会去建立别人的历史数据库，也不用担心自己会被别人用历史数据库轻易地看穿。而这容易带来的一个后果就是打法不够平衡，能力不够全面，每次都只用固定的几招来分析和应对并不利于我们能力的全面提升。狼人杀是一个非常需要换位思考的游戏，所以说能力的全面性也就非常地重要。只玩网杀很容易使得思维模式产生局限性，只认固定套路，走进逻辑的死胡同。

网杀另外的一个问题就是玩家水平不高，即使有天梯机制，网杀中依旧很难遇到平均水平在三阶以上的对局，这也就限制了我们实力的继续提升。可以说，狼人杀中的顶配面杀局和网杀局完全是两个游戏，其差别和电竞职业联赛与业余天梯局的差别一样巨大。狼人杀的水平要往三阶以上走，就必须多去平均水平三阶以上的高配面杀局中接受磨炼，在这样高强度的压力下不断和其他高手对决才能进步得更快。从零基础开始提升到二点五阶是非常容易的，两三个月就能做到，但是要继续往上走达到顶尖水平就是一件越来越困难的事情。

当然，网杀其实也是有一些独特的优势的。2017年春节在家的一段时间里，我一直通过网杀来进行训练，我发现网杀可以提升我们的两种能力：①就像盲人的听觉往往会变得更加敏锐一样，当我无法通过面相和动作来捋人的时候，通过声线和音色来分析玩家情绪状态的能力就得到了巨大的锻炼和提升。其实听声捋人同样是捋人中非常重要的一部分，只不过传统的面杀捋人捋的是肌肉和动作，听声捋人捋的是声线罢了。②在网杀中，我们在发言前可以提前准备好演讲稿，这使得我的发言质量得到了一定程度的提升，而这一部分的演讲稿经过润色、背熟之后也就成为了我今后发言中非常重要的素材。

除此之外，网杀中的随机匹配机制有一个好处在于，如果我们想练习某一种打法，比如我们想练习悍跳，面杀中为了平衡形象，我们不可能每一局都悍跳，但是在网杀中每局遇到的都可以是不同的路人，我们只要摸到狼就可以起跳，甚至可以靠抢身份抢一张狼人牌去练习悍跳，完全不用担心平衡形象的问题。这一优点可以方便我们进行针对性训练来补齐自己的能力短板。

第八章　对于捋人的防御

之前的章节里我们就提到过，现在的狼人杀玩家重攻击而轻防御，如果说攻击是捋人，那么防御又是什么呢？我的答案是表情管理状态控制与演技练习。

很多的网杀选手刚刚来到高配面杀局时是没法正常玩游戏的，这是因为网杀并不能够锻炼玩家的表情管理能力和状态控制能力。而在面杀局中要是不会管理自己摸牌时的表情和状态，尚未开局就被掜穿了身份的话，这个游戏直接就没法玩了。所以我们就先从最开始的摸牌部分说起。先说一种最简单有效的防止摸牌时就被颜杀的方法，摸到牌之后先不要看，等到天黑之前几秒钟再去看牌，然后直接戴面具。这种方法可以非常简单地避免摸牌时就被另外再分享一招，那就是摸牌之后假装去看牌，但是在看牌的瞬间闭上眼睛，这样的话别人以为你看过牌了来掜你身份，实则你自己都不知道自己是什么身份，当然就不可能被掜出身份了。当然，这种取巧的方法只能用在摸牌的时候，白天睁眼时如果还是没有调整好状态，身份依旧很快就会被掜穿。那么接下来我们就来说一些不取巧的方法。

（1）淡忘自己的身份。其实狼人杀里的身份牌，看一下，知道一下晚上什么时候应该睁眼就行了，不必过多地去想它。要应对掜人，其中一种方法就是时时刻刻都忘记自己的身份以及自己所知道的信息量，心如止水，把自己真正当作一个平民来玩这个游戏。

（2）改正坏习惯。我们称之为马脚很多的玩家在不同的情绪、不同的身份下都会有着各自不同的一些小动作、小习惯，这些细微的马脚随时都可能会暴露我们的身份。如果条件允许的话，建议把自己在面杀过程中的动作和习惯都用录像录下来，对比自己拿到各种身份牌时的不同，然后强行自我改正这些小毛病，把自己狼、神、民的状态都统一到玩平民时的状态，回归基线呈现出一个统一的形象。

（3）演技。上述两种方法可以使得掜人无效化，而要真正反制掜人必须通过演技。状态的正反控制是一种相当高级的博弈技巧。目前大多数玩家都还只有正状态，也就是真实状态，目前大多数的掜人也只会考虑正状态。这是因为与逻辑只需要在脑子里多转几个弯不同，要表演出一个相反的状态对于未经过训练的普通玩家来说是比较困难的，经常面临的问题就是不演就会被看穿，演技太差还是会被看穿。此时，为了让我们表演出真实的状态，我们就必须通过一些表演学的方法来训练自己，这里推荐《演员的自我修养》作为入门读物。

我们举一个表演学方法在狼人杀实战中应用的例子，比如当我们玩真预言家被误解、被不信任、被抗推出局的时候，我们就可以尽可能地去体验这种状态，把那时我们的所感所想，那些委屈、不甘、遗憾的心情都储存在我们的脑海中，表演学里把这称为情绪记忆。而当我们玩悍跳狼被放逐出局的时候，我们就可以重新唤醒这段情绪记忆，把这些我们当真预言家被抗推出局时所产生的情绪重新注入回我们现在的脑海中。这样的话，当我们玩悍跳狼被放逐出局时，我们心中的情绪也都会是我们当真预言家被抗推出局时的情绪，这时我们悍跳狼的遗言也完全是一个真预言家心态的遗言。这时我们心中的一切情绪都是真实不虚的，所以我们的一切状态和反应也都是真预言家被抗推时所应有的状态和反应，不会有一丝一毫的破绽。就像之前假笑那个例子所说的一样，只有真情实感才能让那些惰性的肌肉发生变化，斯坦尼斯拉夫斯基的表演方法（体验派）所调动的一切情感都是真实的，所以当我们表演时，这些惰性肌肉也同样都会发生相应的变化。捉人可以通过肌肉看穿情绪，但是绝不可能看穿情绪的来源是源于对现场情景的即时反应还是对情绪记忆的调动。

针对情绪记忆，我们需要在大脑里安装一些情绪按钮，一按下某个情绪按钮，相应的这一段情绪记忆就会涌现出来。而这是需要经过刻意训练才能实现的，我们需要做到的是当我们需要唤醒这段情绪记忆的时候就能唤醒它，整个过程要自然而流畅没有延迟，这样才不会被看出瑕疵。举一个例子，很多时候狼人因为心理压力过大，无法发出发自内心的笑容，因此我们就需要在大脑里安装一个情绪按钮，这个按钮可以是一件趣事，也可以是一副搞笑图片，一旦想到这个按钮，狼人玩家就可以露出真心的笑容了。这就是演技对于捉人的防御，在我的心目中，这也是狼人杀顶配玩家在未来水平继续提升的方向之一。

第九章　体验派与情绪记忆

1. 体验派

斯坦尼斯拉夫斯基（Stanislavski，1863—1938）是俄国杰出的戏剧大师。他的一整套戏剧教学和表演体系，被称为"斯坦尼斯拉夫斯基体系"，是世界三大表演体系之一。由于主张演员要沉浸在角色的情感之中，他的表演理论也被称为"体验派"。

把体验派的观点用狼人杀的语言来阐述，就是扮演真预言家的悍跳狼要有意识地去深入体验预言家应有的心理动态，要生活在角色所在的情境之中，然后按照角色所处的情境来展开合理的思考与行动，在这一过程中慢慢相信自己就是这个角色，由此产生"我就是真预言家"的信念与真实感，使得自己可以下意识地就按照角色的心理动态和思维逻辑来自然而然地展开行动，这也就是斯坦尼斯拉夫斯基所谓的"通过演员的有意识的心理技术达到天性的下意识的创作"。

斯坦尼斯拉夫斯基曾说过，"对于观众的活生生的人的机体来说，没有什么比演员本身活生生的人的情感更有感染力的了。"表演是一种艺术，而艺术的生命是存在于情感中的。场上的其他好人玩家也都是人类，因此只要悍跳狼的状态与情感足够真挚，让好人们感觉能够透过悍跳狼外在的语言和表现与他的内心产生共鸣，认识到他情感的精神实质，他们很容易就会被这种情感的真实所打动，进而去相信悍跳狼的发言逻辑和他预言家的身份。

2. 情绪记忆

在体验派的表演体系中，情绪记忆是其中非常重要的一部分，演员需要通过专门的练习，让自己能够在表演的过程中调动起自己记忆中的情感，使得在表演角色时产生真实的内心情感。

情绪记忆是以体验过的情感作为内容的记忆。心理学上认为："当一个人在特定的情境下体验到给定的情绪时，那种情绪就会同事件一起储存在他的记忆中，就像背景一样。"（Gordon H. Bower 院士和他的学生所开创的对情绪信息加工过程的研究）也就是说，当某个事件引起了我们的情感体验时，对事件的认知以及由此引发的情绪就会结合在一起，一同储存在我们的大脑中。而当我们进行回忆时，只要与事件相关的情景被触及，相应的情绪也会随之共同出现，这也就是所谓的触景生情。

而在狼人杀中，我们所要做的就是在当好人时尽可能地去感受和记忆我们当时的情感体验，然后在我们的大脑里设置一个与事件相关的开关，将之与情绪连接在一起。而在当狼人时，我们就需要触发这个情绪开关，主动地去"触景生情"，激发出我们大脑中所储存着的情绪记忆，将之灌注到我们脑海中，从而让我们在当狼人时也能流露出和当好人时一样的真情实感。

3. 我眼中演技的层次

在我眼中，狼人杀玩家的演技分为三个层次：

（1）第一个层次就是不会演，这样的玩家不懂得如何去表演，就算表演了也会显得非常和不自然，这样的玩家很容易就会被其他人抿穿身份。

（2）第二个层次的玩家会的是"匠艺"，也就是说只会演外在的皮肉功夫，这样的表演从外在的动作和神态上看已经和真实状态非常地相似了，但是这样的表演是没有灵魂的，只有形似而没有神似。这种程度的演技已经可以骗过抿人技术一般的状态流玩家了，但是还是骗不过顶级的抿人大师。

（3）第三个层次的玩家是真正的演员，他们所有的外在表现都是从心态延伸到状态的，是由内而外地通过内心真实的情绪而让身体自发表现出来的。也就是说他们是先用技术手段欺骗了自己的大脑，然后才能让自己的大脑自发地控制自己的身体去欺骗场上其他玩家的大脑。这种程度的演技其外在表现全部是真实的，其内心情感也全部是真实的，因此它甚至可以瞒过最顶尖的抿人玩家，毕竟抿人手段再厉害，也无法穿过皮肉，透过情绪，去分辨情绪的来源。

4. 结语

其实我本身就有着一定的心理学基础，为了写书和提升水平也看了很多相关的心理学著作并查阅了大量的文献，而之后因为实战需要开始研究表演学的时候我也阅读和学习了很多关于表演的书籍。本来是打算分两篇讲述：一篇从心理学理论入手讲捏人，一篇从表演学理论入手讲演技，不过后来还是决定写得简单一些，也更偏应用一些。一方面是觉得自己的游戏配置和学术知识都还差了点，生怕写错了些什么误导了大家，另一方面是本书主要还是面向狼人杀玩家的，如果想进一步精研心理学和表演学来提升捏人与演技水平的话，我所推荐的《情绪的解析》和《演员的自我修养》都是非常不错的入门读物。

而在《面杀之道篇》的最后我想说的是，其实我们之所以要谈状态，只有一个原因，那就是我们必须记住狼人杀这个游戏的参与者是人，狼人杀的核心是人与人之间的沟通和互动，是人性间的冲突与对抗。我们想要真正深入理解狼人杀，就必须透过这个游戏去理解人的行为、人的特点乃至人的本质，我认为这才是狼人杀这个游戏的奥义与趣味所在。只有明白了什么是人，才能真正了解什么是狼人杀。

进阶板子篇

第一章　板子介绍

1. 预女猎白

身份配置：狼人×4、预言家×1、女巫×1、猎人×1、白痴×1、平民×4。

狼人：四张狼人牌互相认识，每晚可以共同睁眼杀死任意一名玩家，可以选择空刀或者自刀。狼人可以在白天的警长归票前任意时刻选择自爆，自爆后该名狼人死亡，其他玩家立即结束当前的发言阶段，游戏跳过白天剩余的发言和投票阶段，直接进入黑夜。

平民：普通平民没有任何特殊功能，每天白天可以进行发言并参与放逐投票放逐自己心目中的狼人。

预言家：预言家是村民阵营中信息量最大的神牌，是村民阵营的灵魂，每晚可以查验游戏中任意一位玩家是属于好人阵营还是狼人阵营，为场上的好人提供信息和指引。

女巫：女巫是村民阵营特殊能力最强大的神牌，拥有一瓶解药和一瓶毒药，可以掌控场上玩家的生死。女巫每晚在狼人选择完击杀对象之后睁眼，选择是否使用解药或毒药。其中解药可以救活一名当晚被狼人杀害的玩家，但解药无法对女巫自身使用。当女巫尚未使用解药时可以获悉每晚狼人击杀的对象，使用过解药之后女巫将无法获悉狼人击杀的对象。毒药可以在夜晚毒杀任意一位玩家。解药和毒药不能在同一个夜晚一起使用。

猎人：猎人同样是一张能够杀人的强力神牌。当猎人被狼人杀害或者在白天被放逐出局后，他可以选择翻开身份牌并向场上任意一位活着的玩家发射一颗复仇的子弹，带着这位玩家一起死亡，猎人只要翻了牌就必须带人。当猎人被女巫毒死时，不能开枪带人。若猎人是最后一张死亡的神牌，则游戏直接结束，猎人无法开枪。

白痴：白痴这张神牌平时与普通平民无异，但若是他在白天被放逐出局，则必须翻牌自证身份，翻牌后的白痴依旧可以在轮到他发言时进行发言，但将失去投票权。翻牌后的白痴无法继续担任警长。

2. 白狼王和守卫

身份配置：白狼王×1、狼人×3、预言家×1、女巫×1、猎人×1、守卫×1、平民×4。

白狼王：白狼王是一张特殊的狼人牌，除了拥有和普通狼人一样的功能之外，当白狼王自爆时，可以选择带走场上的任意一位玩家。

守卫：守卫这张神牌每晚可以守护任意一名玩家，可以选择空守。若被守卫守护的玩家当晚被狼人攻击，因为守卫的保护他将不会死亡。守卫可以守护自己但不能连续两天守护同一位玩家。若守卫守护的玩家恰巧被女巫的解药解救，这位玩家将会死亡。

注：面杀时，该板子中的猎人可以替换为骑士。

3. 禁言长老和骑士

身份配置：狼人×4、预言家×1、女巫×1、骑士×1、禁言长老×1、平民×4。

禁言长老：禁言长老每天夜里可以睁眼禁言一位玩家，被禁言的玩家在发言阶段不能说话，只能用肢体动作来表达自己的想法。禁言长老不能连续两天禁言同一位玩家，禁言情况将与夜晚的死讯同时公布。

骑士：骑士可以在白天放逐投票前决斗场上任意一位玩家，如果被决斗的玩家是狼人，则该狼人死亡并直接进入黑夜，如果被决斗的玩家是好人，则骑士死亡并继续进行白天原本的流程。

4. 狼王和摄梦人

身份配置：狼王×1、狼人×3、预言家×1、女巫×1、猎人×1、摄梦人×1、平民×4。

狼王：狼王是一张特殊的狼人牌，当狼王自刀而死、被放逐出局或被猎人枪杀时可以开枪带走一位玩家，俗称狼枪。在狼王局中猎人和狼王死亡后都不能翻牌，而是直接开枪带人，其他玩家无法获悉哪一张是猎人哪一张是狼王。狼王被毒杀或摄梦而死时无法开枪，狼王自爆时不能开枪。

摄梦人：摄梦人每晚都必须选择一位玩家进行摄梦，被摄梦的玩家成为梦游者进入梦游状态。若狼人猎杀梦游者，视为空刀，若女巫毒杀梦游者，毒药将会被浪费，若女巫对梦游者使用解药，解药将会被浪费。若摄梦人在夜里死亡，或者摄梦人连续两晚摄梦同一位玩家，则梦游者将会被摄梦而死。

5. 狼美人和老流氓

身份配置：狼美人×1、狼人×3、预言家×1、女巫×1、猎人×1、白痴×1、老流氓×1、平民×3。

狼美人：狼美人是一张特殊的狼人牌，在和狼队一起杀人后，每晚单独睁眼魅惑场上一位玩家，不能连续两晚魅惑同一位玩家。当狼美人在天亮后的白天因为被放逐或被猎人开枪射杀而死亡时，被魅惑的那位玩家也随之殉情，殉情的猎人不能开枪。狼美人不能自刀，不能自爆。

老流氓：老流氓算作民牌，不会受到狼美人魅惑的影响。在被女巫撒毒和被猎人射中之后分别进入中毒和负伤状态，当天不会死亡，在第二天发言环节结束后死亡。老流氓被女巫撒毒后，法官不会宣布老流氓进入中毒状态。老流氓被猎人射中时法

官将会宣布老流氓进入负伤状态。

6. 驯熊师和隐狼

身份配置：隐狼×1、狼人×3、驯熊师×1、女巫×1、猎人×1、白痴×1、平民×4。

隐狼：隐狼与狼队共享胜利，但是互不相认。隐狼没有办法指刀且会被验为好人，当所有狼人死亡时，隐狼也会一起死亡。

驯熊师：驯熊师是一张具有验人功能的神牌，他可以通过熊的咆哮状态来获悉身边两位玩家的身份。每天白天天亮之后，法官将会在宣布死讯的同时告知全场玩家熊的咆哮状态，若驯熊师身边没有狼人或者驯熊师已经死亡，则熊不会咆哮，若驯熊师身边有狼人则熊将会咆哮。以熊的咆哮状态判定驯熊师身边的两位玩家的身份，每晚入夜前更新一次。

7. 野孩子

身份配置：野孩子×1、狼人×3、预言家×1、女巫×1、猎人×1、白痴×1、平民×4。

野孩子：野孩子既不算神牌又不算民牌，在第一天率先睁眼选择一位玩家成为他的榜样；无论榜样是什么身份，此时野孩子均为好人。当榜样出局时，野孩子将会在入夜之后变为狼人，从此以后可以和狼队一起睁眼杀人。若野孩子先于榜样出局，则野孩子始终为好人。

8. 炸弹人

身份配置：狼人×4、预言家×1、女巫×1、猎人×1、炸弹人×1、平民×4。

炸弹人：炸弹人是好人阵营的一张神牌，在放逐投票阶段，如果炸弹人被放逐出局，炸弹人可以选择翻牌并炸死所有投票给炸弹人的玩家，被炸死的玩家不能发动技能。若炸弹人同时炸死了所有狼人和所有平民，或者所有狼人和所有神民，则炸弹人变为第三方阵营，单独获胜。

9. 丘比特和盗贼

身份配置：盗贼×1、狼王×1、狼人×2、预言家×1、女巫×1、猎人×1、白痴×1、丘比特×1、平民×5。

盗贼：有盗贼的板子一共会有14张身份牌，每局开局前法官抽出两张身份牌，在确认不是（狼人，狼人）（狼王，狼人）（盗贼，狼王）或（盗贼，狼人）这四种组合之后分发其余12张身份牌。盗贼在首夜第一个睁眼，从法官手中的两张身份牌中选择一张作为自己的身份牌，其中有狼人/狼王时必须选择狼人/狼王。

丘比特：丘比特不属于狼、神、民中的任意一边，在盗贼之后睁眼，选择任意两位玩家成为情侣。丘比特可以选择自己成为情侣中的一员。情侣在丘比特行动之

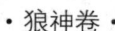

后睁眼互认，但不能进行交流，所以无法知晓对方的具体身份。丘比特只知道情侣是哪两位玩家，但不知道情侣的具体身份。情侣中任何一人死亡，则另一人殉情。夜间殉情玩家不会和夜晚死亡的其他玩家有所区分。殉情而死的猎人和狼王不能开枪。当情侣两人都是好人，本局游戏中丘比特属于好人阵营。当情侣两人都是狼人，丘比特在本局游戏中属于狼人阵营。当情侣两人一张是好人一张是狼人时，丘比特和情侣共同组成第三方阵营，当情侣中的狼人和其他狼人杀人意见不统一时视为空刀。情侣杀死其他所有玩家，则第三方阵营获胜。

10. 狼王和魔术师

身份配置：狼王×1、狼人×3、预言家×1、女巫×1、猎人×1、魔术师×1、平民×4。

技能介绍：魔术师每晚第一个行动，可以交换场上任意两位玩家的号码，在当晚这两位玩家的技能结算结果将会被交换，而到天亮时被交换的号码将会恢复原状。在同一局游戏中，每个号码只能被魔术师交换一次。举例而言，1号玩家是好人，2号玩家是狼人，魔术师在首夜交换了1号玩家和2号玩家的号码，当晚狼刀了1号玩家。在女巫的行动环节，女巫将会看到1号玩家被刀，如果女巫不开解药则实际上天亮后死亡的将是2号玩家。在预言家的行动环节，如果预言家首验1号玩家，则法官将会反馈给预言家2号玩家的身份，也就是说法官会告诉预言家他验到的是狼人。

11. 恶魔和守卫

身份配置：恶魔×1、狼人×3、预言家×1、女巫×1、猎人×1、守卫×1、村民×4。

恶魔：恶魔是一张特殊的狼人牌，可以在和狼队一起杀人后，单独睁眼查看任意一位好人阵营玩家的身份是神牌还是民牌。恶魔不能自刀，不能自爆，女巫的毒药无法毒死恶魔。死在夜里的猎人选择对恶魔开枪，子弹无效。

12. 恶灵骑士和守卫

身份配置：恶灵骑士×1、狼人×3、预言家×1、女巫×1、猎人×1、守卫×1、平民×4。

恶灵骑士：恶灵骑士每晚与狼人共同睁眼杀人，无法自爆，不能自刀。恶灵骑士永远不会死在晚上，免疫女巫的毒药和死于晚上的猎人的枪。若女巫毒了恶灵骑士，则女巫将会在当夜死亡。若预言家验了恶灵骑士，除非是同验同毒，否则预言家将会在当夜死亡，该技能只能发动一次。

13. 大灰狼和占卜师

身份配置：大灰狼×1、狼人×3、预言家×1、女巫×1、猎人×1、占卜师×1、平民×4。

占卜师：每晚率先睁眼选择是否发动技能，发动技能后可以标记一个号码，标记后狼人只能从被标记了号码的玩家及其左右两位玩家（死活不计）下刀，该技能全场游戏只能发动一次。

14. 隐狼和乌鸦

身份配置：隐狼 ×1、狼人 ×3、预言家 ×1、女巫 ×1、猎人 ×1、乌鸦 ×1、平民 ×4。

隐狼：隐狼是一只离群的狼人，不能自爆，隐狼认识自己的三个狼队友，但是另外三只狼人并不认识隐狼，当隐狼被预言家查验身份时将会显示为好人。隐狼在狼队之后单独睁眼，由上帝以号码牌形式告知其三只狼同伴是谁，当狼同伴全部死亡后，隐狼继承刀人权。

乌鸦：乌鸦可以在每天晚上暗中诅咒一位玩家，该玩家将会在第二天的放逐投票环节默认被投一票。上帝将会在每一天放逐公投前公布前一晚的诅咒情况，乌鸦不能连续两晚诅咒同一位玩家。

第二章　游戏平衡性

实际上从游戏设计的角度来看，狼人杀的设计就是两个阵营，一个阵营人数较少，信息互通，可以配合协作，犯错空间较小，主要任务是设计谜题，混淆视线；另一个阵营人数较多，信息隔离，拥有特殊能力，犯错空间较大，主要任务是破解谜题，分辨敌我。在狼人杀游戏中，游戏的平衡性主要是通过轮次和信息两个角度来实现的。我们可以看到预女猎白标准局开局时场上容错值是 0，狼人先天处于恰好领先一刀的位置，狼人阵营的潜力值是 0，而好人阵营的潜力值是 3。狼人阵营开局的信息熵是 10.71，好人阵营平民开局的信息熵是 18.08，神牌开局的信息熵是 14.62 至 16.08。也就是说在预女猎白标准局中，狼人阵营先天拥有大约 6bit 的信息优势，而其代价就是其不像好人阵营一样拥有三种追刀的能力，狼人阵营想要获胜，要么阻止好人阵营将潜力值顺利兑换成容错，比如刀中双药女巫闷掉解药、误导女巫去毒好人、把猎人留着最后一个刀以防猎人开枪追刀等，要么利用信息优势抗推好人赚取足够多的轮次。

我们会看到在一个狼人好人相对平衡的板子里，狼队总是处于潜力值落后的先天轮次劣势之中。如果要加入诸如白狼王、狼王之类能力较强的强狼牌，就会加入对应的轮次神守卫、摄梦人来进行平衡，要加入狼美人之类能力稍弱的强狼牌，将会加入老流氓这样的强民牌来进行平衡，如果要加入隐狼这样的弱狼牌，就会把预言家替换为验人能力稍弱的驯熊师等诸如此类，莫非于此。

对于中高配玩家整体而言，其实好人、狼人的胜率还是比较平衡的。而在顶配局中，预女猎白的板子好人稍强，而白狼王守卫的板子则狼人稍强。究其原因，我认为是现在狼人杀的普遍风气就是格外追求抿人技术，当好人时要徒手抓四狼，当狼人时想一刀一神。玩家们也都将很大一部分精力投入到去研究如何通过面相、体态、声线等因素来判别身份。但是与之相反的是，大多数玩家并没有投入足够多的精力去研究如何反被抿，或者说是投入到演员自我修养的建设之中。

诚然，抿人相对于演技来说容易学一些，也更加容易在游戏中碾压全场，但是我个人还是希望玩家们在提升自身抿人能力的同时兼顾一下演技的发展，让能力更加全面地发展。

第三章　守卫

在有强狼的板子里，狼队有一张有特殊技能的狼人牌。此时好人阵营就会用守卫这个能力更强的轮次神来替换白痴，从而平衡双方阵营的强度。

如果说预言家是在白天和狼队比拼发言的话，守卫就是在夜间和狼队比拼刀法。其实守卫只要能在一局游戏中守出一次平安夜就算很不错了，即使没有守中也没有关系，因为守卫牌其存在的本身就能够压制狼队的刀法空间，给狼队以威慑和压力。就比如场上有一张明预言家牌明确安排了守卫第二晚守自己的情况下，守卫守了预言家，狼人就无法直接刀掉预言家了，此时狼队的刀法空间就被压制了，这就会使得预言家能够多报一天的验人信息，为好人阵营带来更多的信息量。所以说守卫的存在会让狼队的刀法受限，在紧张刺激的抢轮次环节，一旦被守卫守出一个平安夜，狼队可能就会直接崩盘。

守卫牌是一张非常需要操作的神牌，在夜里，守卫要充分代入到狼人的视角去思考"如果我是狼人，我今晚会刀谁"。不过要做到这一点是很困难的，一方面是因为换位思考并不容易，而更重要的原因则是守卫和狼队的信息量差异太大。狼队的视野里场上哪四张是狼人牌，本局狼队的战术布局是怎样的，这些都是很清晰的。但是在守卫的视野里，并不知道狼队的布局，可能守卫想去守护的"预言家"其实是悍跳狼，守卫想去守护的"女巫"晚上吃毒了，守卫准备去守预言家但是狼队视野里已经找到了守卫之所在决定先刀守卫等。而守卫牌想要更好地发挥自己这张牌的作用，自身的综合实力就显得尤为重要，只有守卫有着足够的分析和抿人能力，能够理清局势，才能弥补这些信息量的差异，更精准地代入到狼队的视角去思考，从而实现更高的守中率。

而在白天，守卫牌要尽量做好状态控制，以免被狼人找到在夜晚闷刀掉或者被白狼王发现后，自爆带走。白天管理好自己的表情，好好发言做好自己的身份，不被狼人发现,不被好人怀疑,等到晚上再悄悄发挥自己的作用是一张守卫牌第一天应该做的。而到了第二天或者第三天,守卫牌就可以视情况选择是否跳明身份讲清楚心路历程了,不然随着场上人数的减少,不但白天被抗推的概率会变大,晚上被狼人闷刀然后穿走守卫衣服的概率也越来越大。一方面狼人有可能闷刀守卫然后穿走守卫的衣服,而另一方面守卫跳明自己的身份时,也有可能会被误认为是穿衣服的狼人。其间什么时候该跳,什么时候不该跳,该怎么跳,就是每一位玩守卫的玩家需要靠经验来把握的了。

不过在守卫被查杀或者当有被查杀的狼人牌跳了守卫以后("自古查杀跳守卫"),真守卫警下还是应该义无反顾地跳出来拍悍跳狼或者假守卫,哪怕被白狼王直接自爆带走也没有关系,只要让好人阵营看清了局势,坐实了真预言家,女巫的毒药会在夜里为帮助守卫毒死悍跳狼或假守卫的。

在游戏早期有一种非常流行的战术叫作"守救守战术",也就是以预言家、守卫和女巫这三张牌组成铁三角,守卫第二夜守预言家,女巫第三夜救预言家,守卫第四夜守预言家,这样可以让预言家活到第四天白天,甚至能通过警徽流报出五个验人信息。不过随着游戏水平的提升和游戏理念的进步,"守救守"这种起源于屠城局的落后战术由于整体节奏太过拖沓已经极少出现了。而且实际上预言家的验人信息也并没有那么重要,轮次才是狼人杀中真正重要的东西。

因此,越来越多的玩家放弃了"守救守战术",转而开始选择一些节奏更快的打法。其中一种是女巫首夜用解药,守卫空守,从而第一夜就成为好人抢到一个轮次,在第二夜守卫看情况选择守预言家或者和狼人赌心态守外置位(比如自守),女巫首夜用过解药之后就可以打得比较自由了,可以看情况跳身份和开毒,这种打法下守卫和女巫的可操作性都比较高,打法相对灵活和自由,所以这是一种当下最主流的打法。第二种是女巫首夜不救人,第一天女巫明跳的话(在没有白狼王的局里,比如恶魔守卫局)让守卫守女巫,在第二晚女巫外置位救人,保证第二晚一定是平安夜;如果女巫没有明跳的话则守卫和女巫按照预言家的安排执行工作,比如守卫守预言家,女巫外置位看心情救人。当然,第二种打法的问题就在于守卫也可能会吃首刀而死,这样的话对于女巫来说局势就比较尴尬了。

下面来聊聊守卫如何守人。因为当前主流的打法是女巫首夜开解药,所以守卫第一夜一般选择空守以防同守同救。当然,面杀局中如果守卫能够抵出女巫的话,首夜也可以直接去守护女巫。而第二夜就是守卫与狼队博弈的关键了。最简单的思路是守卫第二夜守真预言家,保证真预言家第二夜不死,能在白天多报一个验人信息,狼队因此选择在外置位刀人。而高端一点的守卫可能会第二夜在外置位守人(一般是自守或者守女巫,与狼队赌心态),一方面期望第二夜守中狼队选刀的对象使当

晚变成平安夜，另外一方面这样操作使得守卫第三夜可以去守真预言家，期望狼队以为守卫第二夜已经守过真预言家了，所以第三夜去刀真预言家，结果形成平安夜。但是高端的狼队也可能会猜到守卫这样的想法，所以狼队可以选择在第二夜直接去赌刀真预言家。在狼队与守卫的博弈中，狼队要决定第二夜刀外置位还是刀真预言家，守卫也要决定第二夜是守真预言家还是守外置位，总体而言这是一场心态的较量。

对于守卫牌来说，有以下几点因素是可以参考的：①当两张预言家牌第二夜都还活着且发言势均力敌的情况下，不用去守任何一张预言家牌。一方面是因为可能守卫自己也分不清真假预言家，另一方面则是狼人在这种情况下会更希望把真预言家留在白天抗推。一旦刀掉真预言家，悍跳狼第二天就会买单出局，所以狼队在这种情况下比较少刀预言家。②看场上外置位神牌的暴露情况，比如守卫自己是否已经暴露，场上女巫是否已经在第一天跳明身份。当场上神牌都隐藏的情况下，狼队外置位找不到神去刀，更可能去赌刀真预言家，而当场上外置位有其他神牌可供狼队选刀的情况下，则狼队更可能会在外置位选刀。当然这是统计而言的情况，具体每一局游戏如何选择还是要看当局游戏的情况而定。③在场上形势还比较不明朗，有比较多未定义身份的时候，守卫应该更多地考虑去守真预言家，从而依靠真预言家的验人信息来理清局势。而当场上局势已经比较明朗的时候，真预言家的验人就不那么重要了，守卫这时候就可以更多地去守外置位的玩家。④如果守卫牌本身就在抗推位的话，守卫牌不需要自守，同时守卫牌也不需要去守护外置位那些抗推位附近的牌，因为一般而言，抗推位附近的牌要么是狼人，要么是狼队舍不得刀希望白天留着抗推的好人牌。当然如果狼队抵出了其中有躲刀的神牌然后去刀而守卫没有意识到，那么就没有办法了。⑤守卫局因为守卫可以去守最后一民，所以狼队很少会去刀民守卫应该去守神，其中猎人不怕吃刀，所以守卫的守人目标其实主要就是自己、女巫和预言家（除非是屠民局要去守最后一民）。

总的来说，第二夜的刀法与守人是狼队与守卫心态上的博弈，是守卫局中最精彩的操作比拼之一。每一种局势的不同甚至狼队性格的不同都可能会有不同的变化，而如何处理这样丰富多变的情况也是一张守卫牌操作能力最重要的体现。当然，对于新手守卫来说，如果没有能力把握这种博弈，在其他好人有明确安排的情况下，听从安排即可。这么做虽然不容易守出平安夜，但是至少不会犯错，以压制狼队刀法空间的形式实现了一张守卫牌最基本的价值。守出平安夜抢轮次是守卫牌的附加价值，能在外置位守出平安夜固然很好，但是在还没有把握做到这样的操作之前，我们还是建议新手守卫打得保守一些。

当守卫守出平安夜之后就可以阳光起跳报出铜水信息了。如果是自守成功的守卫几乎必然会遭到狼队下一夜的追刀，所以一定要及时起跳身份报出平安夜狼队的

刀法信息，以防被狼人夜里刀掉穿走守卫衣服。而如果是在外置位守出了平安夜，守卫下一夜可以自守，所以也可以大胆跳出身份来报出铜水信息保下一个好人身份（铜水是自刀的概率远远小于银水）。

另外值得注意的一点是，守卫不是一定要守出平安夜才能抢到轮次，在刀神局中用守护压迫狼队夜里刀民或者在刀民局中压迫狼队去刀神，虽然没守出平安夜，但是依旧能为好人阵营抢到一个轮次。举一个简单的例子，白天场上有两狼一民加守卫、猎人五人在场，第一个白天推掉一张狼牌，晚上守卫去守最后一民防止狼队刀民获胜，第二个白天推掉最后一张狼牌好人阵营即可获胜。

最后我们来说说守卫牌的三个操作技巧：空守、换守和验毒。

空守操作除了在首夜空守以防同守同救之外，一般是在守卫前一晚已经守中了场上明的真预言家的情况下，下一晚狼队往往会选择追刀刀死真预言家，此时守卫牌已经无法继续守卫真预言家，而守外置位的牌也没有任何价值，反而可能会导致下一晚的守人空间变小。所以在这种情况下，守卫牌可以选择空守，以退为进，提高下一晚守出平安夜的概率。可以说玩守卫是否能把握时机空守是衡量一个玩家水平高低的重要依据。

换守是一种守卫自证身份的方式。守卫牌不像猎人牌或者女巫牌等神牌有着比较强的自证能力，因为自身技能的特性，守卫一般是很难自证身份的，所以经常会有狼人悍跳守卫。在狼人被查杀悍跳守卫等比较紧张的局面下，真守卫只能强势起跳，依靠发言拍狼守卫出局。但是在真预言家身份坐实，真女巫带着银水身份坐实等比较缓和的局面下，其实守卫是有一种比较弱的方式自证的，那就是换守战术。我们假设场上有两张明好人牌身份坐实，比如说是预言家和女巫，而现在跳出来两张守卫，守卫A和守卫B，那么必然是两张守卫牌一真一悍跳。换守战术就是好人阵营安排第一夜A守预言家B守女巫，第二夜A守女巫B守预言家，第三夜再是A守预言家B守女巫……以此循环往复。如果对跳守卫的A和B中任何一张牌被刀死在夜里，另外一张牌白天买单出局。如果A负责守的玩家被刀死在了夜里，A白天买单出局，B身份坐实。如果B负责守的玩家被刀死在了夜里，B白天买单出局，A身份坐实。

在这种情况下狼队将陷入两难境地，不刀预言家很快会暴露狼队，但是如果刀了预言家，狼守卫将直接暴露，真守卫身份将会坐实。所以狼队要么选择刀掉预言家，狼守卫白天出局让真守卫身份坐实；要么选择狼守卫自刀抗推真守卫或者刀掉真守卫，狼守卫出局，而这会让预言家多报一天的验人信息。而如果狼队留着真守卫和狼守卫在外置位选刀，狼队的生存空间只会越刀越小。我们会发现换守战术其实本身并不能帮助守卫直接自证身份，但是因为换守战术的原因，狼队的刀法空间将被极度压缩，导致最后狼队迫不得已在两张被换守的好人牌和两张守卫牌之间选

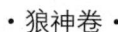

刀，从而帮助真守卫自证身份，至少也是一死一买，我们会发现换守战术其实是一种很弱的自证方式，同时应用条件也比较苛刻，需要有场上的明好人牌带队安排换守，需要有比较慢的游戏节奏让好人阵营有时间把两张守卫牌放到以后的轮次再进行处理。虽然说换守战术有非常多的不足，但是这已经是守卫牌难得的自证方式了，即使在比赛中使用的次数不多，但是在部分局面下，换守战术可以发挥出非常大的价值。值得注意的是在换守战术中，真守卫必须严格按照换守战术的安排进行守人，否则一旦失守，真守卫负责守护的玩家被偷刀，真守卫被抗推，狼守卫的身份坐实了以后，好人阵营就将直接崩盘。

验毒是一种守卫牌确认真假女巫的方式。假设场上跳了两张女巫牌，女巫A和女巫B，女巫A宣称晚上会去毒C自证身份，女巫B宣称晚上会去毒D自证身份（这里C可以等于B，D也可以等于A，但是在有恶魔、恶灵骑士的板子里女巫会怕对面是恶魔、恶灵骑士，因此有时不敢直接毒对跳女巫的玩家，又或者是在有狼王的板子里优先去毒狼王）。如果晚上C和D一张被女巫毒了，一张被狼人刀了，那么场上的好人玩家还是分不清A和B谁是真女巫。而验毒指的就是守卫去守护C、D其中一张牌。因为狼刀会被守卫的守护挡住，而女巫的毒守卫的守护挡不住，这样守卫就可以分辨A和B谁真谁假了，有时候运气好还可以守出一个平安夜。

第四章　白狼王

白狼王是狼队最强的攻击点，在守卫局里好人阵营凭借着守卫的守护和女巫的解药使得狼刀受到了很多的限制，而白狼王自爆可以直接在白天带走场上任意一位玩家，不用受到夜里女巫解药和守卫守护的限制，这就显得尤为强力。白狼王还强在其主动追刀的能力。白狼王自爆带人相当于让狼队有了主动追一刀的能力，且白狼王的自爆不同于狼王或者狼美人，是可以在白天任意时候主动去触发的，这就显得尤为灵活。另外白狼王的存在还会限制预言家和女巫的操作空间，对于预言家来说以前双爆狼封口战术狼队需要自爆刀一刀甚至两刀才能杀死预言家，很少有狼队这么操作，预言家往往还能有警上、第一天白天、第二天白天甚至更多的发言机会，而在白狼王局里，白狼王随时可以自爆带走预言家，这使得预言家在白狼王局里必须更加小心。而对于女巫来说，在预女猎白的板子里，女巫第一夜救了人就可以选择在需要的时候直接跳明身份报银水，但是在白狼王局里单毒女巫第一天只要敢跳出来基本就会直接被白狼王爆走，闷掉毒药，这就导致预言家和女巫在白狼王局里的操作空间被压制了。

白狼王自爆带神的优先级一般是双药女巫、单毒女巫和守卫、（预言家）、猎人。

首先双药女巫一定是白狼王最优先带走的对象，一旦双药女巫被白狼王自爆带走，解药和毒药同时被闷，好人阵营一下子失去两个反先手段，将一下子陷入劣势，因此白狼王局里女巫基本都在首夜就会开解药（高端面杀局里也可能会出现女巫首夜不救人，盲毒白狼王这样的操作。）其次单毒女巫毒中狼或守卫守中人都有可能为好人阵营抢到轮次，守卫重防守，女巫重进攻。配置越高的的单毒女巫越容易抵出狼牌毒杀抢到轮次，高配局里可能平均一瓶毒药能毒杀 0.7 只狼（不算自爆吞毒的狼人），而守卫的上下限相差则较小，顶配局里的守卫平均一局也很难守中 0.4 次以上。另外在游戏早期爆走单毒女巫的价值大于爆走守卫的价值，因为守卫的身份相对于有毒药的女巫更难自证还能闷女巫一个银水信息；在游戏中期爆走守卫的价值更大，因为越到游戏后期，场上人数越少，信息越多，守卫就越强力；在游戏后期场上幸存的玩家较少且局面基本已经清晰，基本就是一个双方阵营抢轮次的环节，这时候守卫只要在人数较少的守人范围内守对一次，狼人阵营基本就将直接崩盘。单毒女巫和守卫的优先级需要根据具体情况来分析，其中越没有跳明身份的神（包括警上还没发言的预言家），白狼王自爆带走的价值越大，因为剩下的狼队友可以穿神的衣服说白狼王爆走了一个民越高配的女巫/守卫越要优先带，因为他们的毒药命中率和守人命中率会更高。而对于预言家来说，其实白狼王自爆带走预言家的收益是要根据情况来分析，其中身份越坐实的预言家自爆带走的价值越高，带走有警徽的预言家的价值高于没有警徽的预言家，一般而言身份不坐实的预言家是没有被白狼王自爆带走的价值的，完全可以留着抗推。所以预言家被白狼王自爆带走的优先级是浮动的，一个身份坐实、拿警徽的预言家的价值可以接近守卫和女巫，而一个可以被留在白天抗推的预言家则是完全不值得被带走的。除非白狼王确定猎人的枪口对准的是好人牌甚至神牌，否则白狼王一般没有必要自爆带走猎人，被白狼王自爆带走的猎人是可以开枪追刀的。最后如果在刀民局抢轮次，白狼王有时候也需要果断自爆带走平民为狼队抢到这一个轮次。在少数战术套路中可能还需要白狼王自爆带走一张狼队友从而坐实其他狼队友的金刚狼身份。

下面介绍几种简单的白狼王战术：

（1）狼队不悍跳，白狼王警上直接自爆带走真预言家。这么做的优点在于可以直接将游戏带入生推局，狼队可以利用信息优势诱使好人阵营在中盘犯错。但是白狼王直接爆走真预言家的劣势在于女巫、守卫和猎人三张能抢轮次的神牌依旧在场，狼队虽然此时有信息优势，但是轮次上依旧不容乐观。

（2）白狼王/普狼悍跳查杀首刀对象。这么做的好处首先在于找女巫，毕竟女巫有夜里的信息，从状态上讲可能会露出一些表情上的破绽，从逻辑上讲可能就会在警长竞选的投票和白天的发言阶段暴露。值得注意的是这里的暴露信息不只是简单

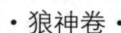
·狼神卷·

的警长竞选的投票投给真预言家或者警下支持真预言家，还可能是一个预计本来可能会支持真预言家的玩家突然压手甚至上票给悍跳狼，那么这可能是一张在躲爆躲刀的女巫牌。这里找女巫的逻辑就像双线结构站边分析里找狼人的逻辑一样，要找的是有信息的"为了站边而站边的牌"。

（3）值得注意的是，其实白狼王还可以悍跳发金水，这样的话如果跳得不好就自爆带人，跳得好有信心冲出真预言家的情况下则可以选择不自爆直接把真预言家冲出去，当然这么做的风险是比较大的，白狼王有算错票被投出去无法自爆带人或者在夜里被站对边的女巫撒毒的可能。

（4）悍跳狼查杀白狼王，白狼王自爆做高悍跳狼身份。其实这种战术意义一般，毕竟大多数好人都有能力想到小狼查杀白狼王做身份的可能，所以一般而言白狼王自爆几乎无法做高悍跳狼的身份。所以说如果要打好这套战术，悍跳狼和白狼王必须拥有一定的演技，把局做得真一点，且悍跳狼一定要在发言中占据上风超过真预言家，否则白狼王没有被放逐的压力是没有自爆的理由的。当然在白狼王真的被查杀了的时候，也可以故意演得和真预言家认识一样，让好人们误以为这是狼查杀狼打配合从而诬陷真预言家。

（5）白狼王自爆带走悍跳狼队友。这算是一种偏娱乐的套路了，比如悍跳狼可以给狼队友发一个金水，然后白狼王爆走悍跳狼制造出一个金刚狼，晚上刀死捉出来的真预言家。不过一般而言在白狼王的局里狼队大多打得比较悍，比较喜欢靠捉人爆刀获胜，很少玩这种套路，在大家捉人水平都过关的情况下这种程度的套路都是无效的。

以上是一些简单的战术套路，其实最常见的白狼王打法还是白狼王当隐狼专心捉神，找到女巫或守卫就自爆带走，不太确定又不怕吃毒就不爆，或者第一天能抗推真好人的话也可以选择不爆。

在白狼王局里女巫携带着解药是非常危险的，不但有被刀的风险更有被爆的风险，所以女巫一般更倾向于早早用掉解药和毒药。大多数女巫第一天就会用掉解药以防被白狼王爆掉双药，第二夜直接甩毒以防夜里被刀闷掉毒药。有的时候女巫如果在开局已经自信捉出了狼人，在判断被首刀的玩家不是神牌的情况下可以第一夜直接甩毒狼人抢一个轮次。另外在高端的白狼王守卫局里，狼人很少会自刀，这一是因为高配狼队对于自身首刀女巫命中率的自信，二是女巫如果捉被首刀的玩家是民及民以下可能就不会救，三是因为与预女猎白的板子里女巫第一天就可以阳光起跳报银水不同，在白狼王守卫的板子里，女巫往往不是第一天被白狼王爆走就是第二晚吃刀。第一天白天女巫怕被白狼王爆走闷掉毒药，并不敢起跳报银水，而第二晚女巫被刀死就报不出银水了，所以说自刀的风险很大，收益很小，还不如第一夜

去赌刀女巫，四张高配狼一起能有30%以上的命中率就不算低了。

其实在实战中，随着玩家游戏水平越来越高，游戏的整体节奏也越来越快，尤其是白狼王守卫局的节奏，善于抿人的高配狼队会更多地选择打双爆狼战术吞信息而不是打传统的对跳局。在高端面杀局中，白狼王守卫的板子就是一个十二人集体算命游戏，往往就是狼队站在桌子上抿神然后爆刀，一般一局只要一刻钟到半个小时，最快甚至只要六分钟，狼人一刀一神，游戏结束，狼人胜利。

在算命局中，警上就是双狼直接跳出来各种花式操作来找神，找到神就双双自爆让游戏直接进入中盘生推，第二、第三天夜里完全就是女巫、守卫和狼队的博弈了，游戏节奏非常快，游戏的胜负手全看抿人和赌心态，即：①狼队能否首刀女巫；②白狼王能否找到女巫和守卫；③第二夜和第三夜狼队的刀法是否精准；④守卫能否赌对刀法守出平安夜；⑤女巫在信息量极少的情况下能否靠抿人毒对狼人；⑥最后一推能否推出狼人；⑦最后一神猎人能否藏好自己的身份。

这个时候对于好人阵营的玩家来说，在白狼王守卫的板子里，女巫最重要的事情就是隐藏身份和找出一只狼人去毒掉，能盲毒白狼王最佳。一般而言高端面杀局里的女巫只可能有三种归宿：①第一夜被首刀；②第一天被白狼王爆走；③第二夜被刀。女巫能活到第二晚并把双药都用出来已经是万幸了，所以说当感觉被首刀的玩家不像是守卫或者预言家时，女巫甚至可以考虑第一夜直接甩毒摸牌时抿出的狼人来抢节奏。

而对于守卫来说，在高端面杀局中第一晚最好能盲守女巫，没找到女巫的话就老老实实地选择空守，千万不要自守以免同守同救被奶穿。其实守卫这张牌除了藏身份之外只要考虑一个问题：第二晚是守自己还是守预言家。这是因为基本上第二晚的时候女巫已经出局了，狼人一般不会去刀平民或猎人（刀了也无所谓），所以困扰无数守卫的世界级哲学难题就是二选一，守自己还是守预言家。而具体应该如何抉择就得看守卫想如何和狼队赌心态了。

甚至在爆爆乐最丧心病狂的那段时期，预言家可以不上警，不跳身份，一个字就是"苟"，狼在哪里不重要，狼自己会爆的。大家都会抿人，所以在算命局里预言家最重要的不是验人功能，而是一个神位，把希望的火种苟住不死就赢了！

事实上，算命局中就是狼人警上双爆吞信息，压制好人阵营的信息量然后打生推。往往等到真正开始第一轮发言的时候，场上已经只剩下大约六个人了，此时好人阵营玩家的视野就是：第一天白狼王自爆带走了一个人，尚不确定身份，第二晚狼队击杀一个人，尚不确定身份，第二天狼队继续自爆，第三晚狼队又击杀一个人，身份也不确定，女巫某晚毒了一个人，身份也不确定。然后就开始打6到7人的生推，之前那些身份全部靠抿靠猜。事实上在白狼王双爆吞信息的板子里，没有任何一个

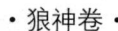

身份是能够自证的，因为好人们不知道白狼王爆走了个什么，夜里倒牌的又是什么，所以决赛圈里跳出来的预言家、女巫和守卫都有可能是狼人悍跳的。哪怕是跳明身份的猎人，也可能是因为白狼王的板子里狼刀在先，狼人在跳猎人找猎人。这个板子逻辑盘得不多，主要得靠抿人。当然这种双爆吞信息的打法需要狼队拥有着非常强的抿人功底，狼刀要是不准的话，爆蛋刀蛋或者被守卫守出平安夜以后，狼人就比较难赢了。顺带给大家提一个梗："我是一张枪，昨天晚上法官告诉我我的开枪状态是这个（大拇指朝下），哪个女巫干的好事啊！（浮夸状）"听到这种发言直接戴面具就行了，这是一句标准的白狼王抿神发言，他想同时找女巫和猎人，此时好人带好面具睡觉就行了，他等会自己会爆的。

其实，白狼王守卫局与预女猎白局最大的不同就是，预女猎白局是好人攻狼人守，在不犯太多错的情况下好人的轮次基本都是领先的，尤其是高配局里女巫只要不是被首刀就经常能够先开解药、再毒狼人，抢到两个轮次。而白狼王守卫局就不同了，在白狼王局里好人经常是轮次落后，甚至在高配局里还经常会见到在第一夜平安夜的情况下，第一天白狼王直接抿出单毒女巫爆走（自爆带人抢一个轮次加闷掉毒药抢一个轮次相当于白狼王能为狼队抢到两个轮次），之后如果守卫守歪没守出平安夜（经常见到守卫第一夜空守第二夜去守预言家结果自己被抿出来刀了的情况），狼队就是一刀一神结束游戏。也就是说在白狼王守卫的局里，狼队就是可以轮次领先站起来打的，狼队的核心工作就是抿神，只要抿神抿得准，刀法不出现偏差，哪怕每天白天出掉的都是狼人，狼队也能赢。只要狼刀在先，如果某一刀（比如最后一刀猎人）不够确定的话，狼团队也可以先给压力听发言，抿一圈身份再下刀。白狼王守卫的局狼刀在先，只要狼人刀法准、守卫守不中人或者女巫毒不死狼，好人的轮次是不够的，狼队完全可以掌控游戏，这也正是这个狼人优势板子的精彩之处。

第五章　禁言长老

禁言长老这张神牌一般用于替换白痴。禁言长老的自证能力是显著强于白痴的，他可以通过声称自己今晚要禁言的玩家来实现主动自证，在出现禁言长老对跳时，隔夜看禁言情况即可分辨真假，虽然略有延迟但是已经足够强力。而白痴只有被放逐出局才能翻牌实现被动自证，出现对跳必须放逐其中之一才能证明身份。只有在被查杀出局时白痴才能通过直接翻牌的形式比禁言长老更快地自证，让女巫直接在晚上甩毒悍跳狼。

当禁言长老成为被怀疑的焦点牌时可以果断跳身份并说明自证方式从而躲推。而在身份较好没有成为焦点牌时，可以每夜去禁言自己怀疑的对象，通过禁言效果

让被禁言的狼人成为焦点牌，并不给他煽动的机会。一般而言被禁言代表着禁言长老认为这位玩家是狼人，希望大家着重关注，这样禁言长老就可以在不跳明身份的情况下向场上的好人牌透露自己怀疑的对象了，相对于白痴更容易藏住身份。

如果是狼刀在先的局，禁言长老为了躲刀可以自禁或去禁自己心目中的好人，通过反逻辑来躲刀。另外禁言长老可以连续空禁，造成禁言长老已经出局的假象，让狼队对局势产生错误的估计。总体而言禁言长老比白痴有着更强的可操作性。

从强度上讲，禁言长老（有一定的功能和可操作性）显著强于不需要补刀的白痴（约等于白板）。与需要补刀的白痴相比，从信息上讲，禁言长老自证能力稍强，但是从轮次上讲，被放逐出局时会亏更多的轮次，因此二者强度相当。

第六章　骑士

骑士这张神牌一般用于替换猎人，相对于猎人来说，骑士的上限更高，下限更低。从自证能力的角度来考虑，骑士因为可以主动翻牌，所以他的自证能力是所有神牌中最强的。在出现猎人对跳的时候，还可能会出现抗推真猎人，真猎人开枪带走假猎人让狼人赚到一个轮次的情况，而出现骑士对跳，真骑士决斗战胜假骑士就行了。所以说偶尔可能会有狼人敢悍跳猎人，但绝不会有狼人敢悍跳骑士。同时骑士的存在也是对悍跳狼的一种威慑，让悍跳狼背负着更加大的压力去悍跳，也更加不敢乱发查杀、乱盘狼坑，生怕得罪了骑士。骑士的另外一个优势在于在最后一推中，如果盘狼坑把骑士和最后一狼盘在了最后一个狼坑里，骑士可以直接翻牌决斗对跳淘汰最后一狼，则好人一定获胜，但是最后一神为猎人则不行，决赛PK时还有50%的概率被抗推而输掉游戏。而骑士的劣势则在于，一是骑士对于玩家的找狼能力有一些要求，能力不足时骑士就有可能会因决斗好人而死（刀神局亏一个轮次，刀民局不亏轮次），二是猎人跳明身份之后可以直接带队，狼人会畏惧猎人的枪，转而先去刀其他神，而骑士亮明身份之后很快就会被狼人直接在夜里刀掉。

从追刀能力的角度考虑，在高端局里，猎人大概率会被狼队留到最后一个刀，导致猎人开不出枪，只有少数对局中猎人会提前吃刀开枪，并成功带走狼人，完成追刀。而对于骑士来说，决斗失败相当于白送了狼人一神，骑士验出的一个金水信息相对于轮次来说一般并不足以弥补。而骑士决斗掉狼人，也仅仅相当于这张狼人自爆，直接进入天黑而已，抢不到什么轮次。我们会发现猎人和骑士的追刀能力其实都挺弱的，相对来说猎人更加稳定，而骑士更加主动，上下限差异也更大。

相对常见的骑士打法有两种。第一种打法是第一天白天直接决斗自己心目中的悍跳狼，帮助好人阵营分辨出真假预言家。对于好人阵营来说，在最常见的平安夜

开局下，就算骑士决斗错了也只是亏一个轮次，女巫的毒药毒对狼人可以将轮次追回，但是如果一个好人被抗推了的话，是亏两个轮次，即使女巫毒对了狼，狼人只要刀法精准还是能够获胜。在真假预言家很好分辨的情况下，骑士可以采用第二种打法，这种打法类似于白痴，装民藏身份。而骑士有 4 点显著强于白痴：①骑士是不怕被狼人闷刀穿走衣服的，在游戏中盘或残局中任何一张牌只要敢穿起骑士的衣服就默认必须在当天翻牌决斗，翻不了牌的"骑士"只可能是狼人。②如前所述，如果骑士和狼人同时被盘进狼坑，骑士可以直接翻牌决斗与之 PK 的狼人，杀狼自证。③在刀民局中如果神多民少，骑士可以靠决斗来帮忙排水。④骑士如果对自己的判断有自信可以直接在中盘决斗掉自己心目中的狼人。

第七章　摄梦人

1. 技能介绍

摄梦人是一张功能强大，打法灵活多变，非常考验玩家操作能力的神牌，一般用于替代守卫。摄梦人每晚都必须摄梦场上另外一位玩家，被摄梦的玩家称为梦游者。梦游者当晚不会因为被狼人猎杀或者被女巫毒杀而死亡，若女巫对梦游者使用了解药，则解药将被浪费。若当晚摄梦人因为被狼人猎杀或者被女巫毒杀而死亡，则梦游者将会与摄梦人一同死亡并无法发动技能。若梦游者被连续摄梦两晚，则其将会死亡并无法发动技能。

2. 技能解析

"梦游者当晚不会因为被狼人猎杀或者被女巫毒杀而死亡"，摄梦人的摄梦与守卫的守护类似，都能保护被摄/守的玩家免遭狼刀，因此摄梦人具有一定的防守能力。"摄梦人每晚都必须摄梦场上另外一位玩家""若女巫对梦游者使用了解药，则解药将被浪费"，不过与守卫不同的是，摄梦人无法空守，也无法自守，另外梦游者也不会因为同守同救而死亡。"若当晚摄梦人因为被狼人猎杀或者被女巫毒杀而死亡，则梦游者将会与摄梦人一同死亡"，相对于守卫来说，摄梦人如果去摄梦好人，还将会承担被狼人一刀双死的风险，但是相应的，摄梦人也由此获得了进攻能力，只要摄梦人在吃刀当晚摄梦了狼人，就能拉着一个狼人一起陪葬。"若梦游者被连续摄梦两晚，则梦游者将会死亡并无法发动技能"，另外摄梦人就算没有吃刀，也可以靠着连摄一个狼人两天这种相对缓慢的方式来主动击杀狼人。值得注意的是，被摄梦人摄梦而死的玩家是无法发动技能的，也就是说猎人或者狼王被摄梦人摄梦死之后将会像吃了女巫的毒一样无法开枪。值得一提的是，和"女巫毒死最后一狼的同时狼人刀死最后一民/神"一样，在摄梦人的胜负结算中，若夜里多死同时达成了好人与狼人的胜利条件，此时判定为狼胜。

3. 角色分析

摄梦人在攻防两端都有着相当不错的潜力，但是相应的也会对玩家的操作水平有着较高要求，需要操作摄梦人的玩家对于狼刀有着比较精准的预判才能发挥出摄梦人应有的作用。与一部分神牌简单而直接的强大不同，摄梦人的技能在防守端稍逊于守卫，在进攻端又稍逊于单毒女巫和猎人，但是摄梦人这张神牌的特点就在于灵活多变，可操作性极强，可以在攻守两端灵活切换，而这是其他神牌所远不能及的。在高手手中，摄梦人的上限极高，对于狼队的刀法具有非常强的压迫力，经常能够有 Carry 全场的表现。

对比守卫，摄梦人在防守端有着近似于守卫的作用，可以保护被摄梦的玩家不能被刀死，而连摄两晚就会摄死梦游者的设定也近似于守卫不能连续两晚守护同一位玩家。摄梦人相对于守卫来说的劣势在于：①一旦狼人抿出了摄梦了神的摄梦人，夜晚落刀摄梦人，将会直接实现一刀两神的巨大收益。②摄梦人的摄梦会挡住女巫的毒，摄梦人无法像守卫一样通过验毒操作来判别女巫的真假。③摄梦人无法自守也无法空守，而且"夜里多死，狼刀在先"的胜负判定也会导致作为最后一神的摄梦人无法像守卫一样可以通过自守来保护自己。这一缺陷一定程度上也可以通过摄梦人的操作来进行弥补，摄梦人可以摄梦外置位自己心目中的狼人来代替自守和空守。而摄梦人相对于守卫来说的优势在于：①摄梦人的摄梦不会像守卫的守一样出现同守同救奶穿了的情况。②摄梦人拥有一定的进攻能力和自证能力，可以用两晚摄死悍跳的狼人，或者在白天提前声明之后在当晚再摄一次前一晚自己摄梦过的心目中的狼人来自证身份，虽然摄梦人的自证能力比较慢比较弱，但是聊胜于无。

对比猎人，就像猎人可以在第一天白天阳光起跳留下枪徽流一样，摄梦人也可以像猎人一样在游戏的早期就阳光起跳带队并留下睡徽流来威慑狼队。相对于猎人只有被动地吃刀才能开枪来说，摄梦人可以用两夜摄梦死一位玩家或者和狼队赌心态悄悄转变思路去守好人，显然主动和灵活了许多。而摄梦人相对于猎人来说的劣势则在于无法翻牌，自证能力稍弱，一旦被放逐在白天，无法翻牌自证并开枪带走悍跳的狼人。

正因为摄梦人在攻防两端都有着如此强大的潜力，摄梦人的打法也同样非常地灵活多变。摄梦人的操作思路既可以像守卫一样在暗中保护好人，与狼队拼刀法，也可以像猎人一样阳光起跳带队，与狼队赌心态。可以说，摄梦人这一神牌最大的魅力，就在于他的灵活和多变，就在于他她极强的可操作性和超高的上限。

"现在，你们认为，夜晚是谁的主场？"

第八章 狼王

狼王在自刀、被放逐出局和被猎人带走时可以开枪带走一人，属于一张能抢轮次的强狼牌，俗称狼枪。一般而言，我们认为狼王相对于白狼王来说稍弱，其原因是因为白狼王的自爆带人是一个主动技能，灵活且及时性强，而狼王的枪要发动有条件限制，被毒或者被最后一个放逐都不能开枪，相对而言更加地不稳定和缺乏主动性。

狼人有两个基本操作：

1. 悍跳预言家：狼王悍跳预言家时，跳赢了可以把真预言家直接抗推出局，跳输了也可以开枪带走真预言家或者其他神牌。而狼王悍跳的风险则在于吃毒的可能性会变大，狼王悍跳吃毒主要有三种可能：①真预言家有查杀，第一天先出了查杀，第二夜悍跳的狼王吃毒；②第一天悍跳的狼王抗推了真预言家之后被站对边的女巫毒杀；③真预言家的身份被大部分好人都认可了之后，真预言家选择在第一天归票冲锋狼，把悍跳的狼王留给女巫毒杀。而狼王在被放逐出局时，既可以去带真预言家压制信息，也可以考虑去带抿出来的（或者自己跳出来的）带毒女巫或者其他轮次神（比如守卫、摄梦人、魔术师）防止他们使用技能为好人阵营抢到轮次。另外值得一提的几点是：①狼王一旦开枪，真假预言家自明；②如果是狼王悍跳，狼队的倒钩率可能会略有提升，其实"抗推预言家，晚上刀女巫，女巫毒狼王"和"抗推狼王，狼王带女巫，晚上刀预言家"在不考虑第二夜预言家被守了的情况下，二者单从轮次上讲并没有什么差别；③在狼王局里，因为有狼王的存在，神牌的起跳带队能力会受到一定程度的压制，猎人不再那么容易自证，女巫等其他神牌也会因为害怕被狼王开枪带走而减少起跳意愿。

2. 悍跳猎人：狼王的第二个基本操作则是利用自己能开枪的特性，悍跳猎人进行冲锋或者阴阳倒钩。在狼王局里，猎人和狼王都是死后只开枪不翻牌的，好人无法分辨开枪的是猎人还是狼王，也是说猎人的自证能力被压制了，狼王即使死在白天也可以在遗言阶段继续假装猎人。在狼王局里，很多时候砰砰两枪之后好人阵营还是分不清谁是真猎人谁是狼王，因此就算真猎人起来拍狼王，开得出枪的狼王也完全不怵。值得注意的是，如果真猎人的枪口对准的是狼人，则狼王出局之后最好不要去带猎人，而是去带场上其他明神，即使暴露身份也不要给真猎人开枪追刀的机会，把真猎人留着最后一个去刀。

其实在狼王局中，狼王的存在对好人阵营的女巫牌提出了更高的要求，为了防止第一天就放逐了狼王，狼王直接开枪带走女巫，女巫第一天就带着银水阳光起跳的空间变小了。另外，女巫不但要仔细分辨谁是狼人，更要努力寻找出狼王的位置

实现精准撒毒，不给狼王开枪的机会。

而对于狼人来说，在女巫撒过毒药之后，如果没有合适的好人作为抗推位，狼王可以考虑主动聊得更爆狼一些方便自己早日被抗推开枪追刀，而有时抗推位上的小狼也可以把自己装成是狼王的样子乃至于直接起跳狼王，让好人不那么敢将之直接放逐。最后值得注意的一点是，在游戏中后期，狼队在必要的时候就应该冲票狼王让狼王死在其他狼队友前面开枪追刀。

第九章　魔术师

"接下来就是见证奇迹的时刻"

角色分析：

1.魔术师使用技能最基本的思路就是改狼刀，将当晚最有可能被狼人击杀的玩家与自己心目中的狼人玩家进行号码互换。魔术师每改偏一次狼刀（【神少民多时，把神刀转为民刀】或者【神多民少时，把民刀转为神刀】）可以为好人阵营抢到一个轮次，每让狼人自刀一次可以为好人阵营抢到两个轮次。对比守卫守出一次平安夜能抢一个轮次而言，我们会发现魔术师不但像守卫一样具有保护好人不吃刀的能力，还能够通过交换号码的方式把伤害转移给狼人，进可攻，退可守，可操作性极强，上限远高于守卫。

2.和守卫一样，魔术师需要对狼队的刀法有着足够的预判性才能换对吃刀的玩家，相比于守卫只需要守护好人来说，魔术师还需要考虑如何把伤害转移给狼人，因此操作魔术师将会比操作守卫对玩家的水平提出更高的要求。当然，也并不是说魔术师存在的意义就只有抢轮次，事实上魔术师其存在本身就是对狼人的一种威慑，能够有效地压迫狼队的刀法空间，就比如魔术师第二夜老老实实地去换预言家，至少就能够压迫狼队只能在外置位选刀，让预言家多报出来一天的验人信息。

3.魔术师是一张具有一定自证能力的神牌，在女巫还有毒药的情况下，魔术师可以跳明身份并安排女巫今晚毒自己。到了晚上，魔术师将自己的号码与自己心目中的狼人进行互换，天亮之后自己没有被毒死即可顺利完成自证。

4.一般而言建议魔术师首夜空换，原因有三：①在同一局游戏中，每个号码只能被魔术师交换一次，魔术师首夜空换可以为后继的战术操作提供更多的选择权。②在绝大多数的情况下女巫首夜都会开解药形成平安夜，因此首夜换人并没有太大的意义。③魔术师首夜换人可能会导致预言家获悉错误的验人信息，给好人阵营的判断造成混乱。

5.因为每个号码魔术师只能交换一次，因此需要魔术师对于战局建立起良好的大局观，合理构思好自己的换人思路，只要成功让狼人自刀一次，好人阵营就将直接获得巨大的优势。而对于狼队来说，在有魔术师的板子里，狼刀也将更加具有技术性，需要通过预判魔术师的换法来寻找最合理的刀人路线。

第十章　练习板子

这一章给大家推荐一些可供日常训练用的生推板子，多练习生推有助于提升中盘和残局时的分析能力，并且依靠生推练习所带来的身份敏感性也可以在游戏前期帮助玩家获取到一些额外的信息。

1. 双爆狼生推练习

233（两狼、单毒女巫、猎人、白痴、三民）和224（两狼、单毒女巫、猎人、四民）分别对应着双爆狼战术后剩下的两狼三神三民（容错值 –2）和两狼两神四民（容错值 –1）两种局面。游戏只需要八人，没有警徽，在闭眼后，狼人互相确认身份但不刀人，直接睁眼从白天开始进行游戏，随机选取一位玩家开始第一个发言。游戏一开始不需要法官，之后由第一天被放逐出局的玩家担任法官。

2. 经典生推

两张狼人五张平民，第一天夜里狼人睁眼互相确认同伴，不刀人。每天白天推出一张牌，死亡翻牌有遗言。第二夜开始狼人可以刀人。连续抗推两张好人或者场上狼人的票数等于好人票数则狼人获胜，推出所有狼人则好人获胜。这算是比较经典的杀人游戏1.0的一个变种了，其实最初的杀人游戏生推局恰恰是最锻炼抿人的一种练习模式之一。

3. 红与黑

以九人局为例，四张平民牌、四张狼人牌和一张预言家牌随机发放，拿到预言家牌的玩家开局就翻牌自证身份。预言家牌拥有0.5票且无法被当成放逐对象，其他每张牌各拥有1票，可以被放逐，死后翻牌。

第一夜分为红夜和黑夜，拿到狼人牌或者好人牌的玩家都可以在任意一夜睁眼，或者都不睁眼。玩家们可以在夜里打手势交流。在这个游戏中狼人并没有杀人的功能，互相之间也不认识，第一夜的存在也只是为了增加一些剧情和一开始的谈资。

游戏的正式流程从白天开始，每一轮由预言家组织发言，在发完一轮言之后公投出一人，出局的玩家亮明身份并留遗言，推出所有狼人或者平民则游戏结束。

在游戏的一开始好人有4.5票，狼人只有4票，所以场上所有的玩家都要伪装好人，一旦推出一张好人牌，好人就只有3.5票，狼人有4票，所有的玩家又都要开始伪装狼人。

红与黑是一个完完全全的生推游戏，玩家获取的信息量比狼人杀少得多。二者的根本区别就在于狼人杀中至少还有狼队之间的互通身份，双方阵营开局就存在信息量差异，但是红与黑中狼人和平民的信息量是等同的，所以这是一个主要依靠抿人进行的游戏，也非常锻炼玩家对身份和心态的敏感性。

4. 金手指

身份配置：金手指（明置身份）×1、狼人×3、平民×3，所有玩家互不相认。其中金手指和平民属于好人阵营，获胜条件是放逐所有狼人或者在放逐投票中形成平票。而狼人阵营的获胜条件是放逐所有平民。本局游戏只有白天没有黑夜，狼人不带刀不互认。

金水指游戏分为三个阶段：第一阶段为发言阶段法官会让金手指翻牌出来，组织大家进行发言。在所有玩家发言完毕或者发言中途任意时刻，金手指可以使游戏进入第二阶段点身份阶段，金手指需要选择翻开场上一位玩家的身份牌，若翻到狼人，则该名狼人死亡，金手指需要重新组织发言并且继续翻牌。若翻到平民，则金手指和被翻牌的平民同时出局。以此类推直到所有狼人牌出局好人胜利，或者翻牌到平民之后，金手指和平民一起出局，金手指功能算结束，游戏进入第三阶段生推阶段。在生推阶段，每发一圈言进行一次放逐投票，被放逐的玩家明牌出局，之后从死右继续发言和放逐投票，直到某一方阵营达成胜利条件，游戏结束。

5. 猎人局

身份配置：狼王×1、狼人×3、猎人×6

首夜仅用于狼人互认，第二夜开始狼队可以带刀，暗牌，屠城。

6. 三人生推

身份配置：狼人×1、平民×2

游戏直接从白天开始，发两圈言之后进行放逐投票，放逐狼人则好人胜利，放逐好人则狼人胜利。

第十一章　红月模式

千百年难得一见的异象——红月出现了，在红月力量的影响下，狼人和平民都获得了比以往更加强大的力量，而这个村庄的未来也因此又走向了一个更加难以预料的方向。红月模式是一种全新的游戏扩展思路，在红月模式中我们引入了神眷卡和月盈卡作为事件卡。在每一局游戏的最开始，玩家们将随机抽出一张神眷卡和一张月盈卡，组成一套红月事件，根据两张事件卡上的特殊规则来展开游戏。每一张神眷卡上都记录了一个对于好人阵营有利的特殊规则，每一张月盈卡上都记录了一个对于狼人阵营有利的特殊规则，二者互相平衡，极大地丰富了狼人杀游戏的可玩性和多样性，给玩家们的每一局游戏都带来一个不一样的游戏体验。下面列举神眷卡和月盈卡各四张作为例子进行展示，红月模式是一个非常具有开放性的游戏扩展模式，玩家也可以根据自己的游戏创意设计全新的红月事件。

神眷卡

（1）真相大白：从第二个夜晚开始，如果预言家验出狼人，则被验出身份的狼人将会直接死亡。

（2）迷魂药剂：将女巫的解药替换为两瓶迷魂药。

（女巫现在拥有两瓶迷魂药和一瓶毒药，永远看不见狼刀，每晚上只能使用一瓶药。）

只要女巫的迷魂药击中任意一只狼人，则整个狼队当晚所有的击杀都无效。迷魂药无法释放给被迷魂过了的玩家。

Q1：这一事件应该如何操作？

A1：女巫每晚先于狼队睁眼，由法官询问女巫是否使用迷魂药、是否使用毒药，法官确认后示意女巫闭眼。

Q2：预言家被迷魂将会如何？

A2：预言家在被迷魂当晚验人将会被法官用手势告知无法验人。

Q3：猎人被迷魂将会如何？

A3：猎人将会被示意开枪状态为否，当晚死亡的猎人将不能开枪。

（3）暗夜猎手：猎人可以选择在夜晚主动开枪猎杀一位玩家。在主动开枪之后，当猎人死亡时将只能翻牌不能开枪。该技能全局游戏中只能发动一次。

Q1：这一事件应该如何操作？

A1：法官将会在女巫睁眼之后示意猎人睁眼，在法官按照往常一样向猎人示意完开枪状态之后，猎人可以向法官示意一个数字表示主动开枪猎杀该玩家。

Q2：当晚吃毒的猎人是否还可以主动开枪？

A2：可以，但是天亮公布死讯之后猎人依旧不能翻牌。

（4）自证清白：在本局游戏中，第一张被放逐出局的平民牌将会翻牌，之后将会立即进行第二轮放逐公投。

Q1：这一事件应该如何进行操作？

A1：当第一张平民牌被放逐出局后，他必须翻牌并留遗言，在他的遗言结束后，场上将不再发言而立即进行这个白天的第二次放逐公投。

月盈卡

（1）种群繁衍：发牌时减少一张普通狼人牌并增加一张平民牌，三张狼人牌可以在开局时最先睁眼，选择一位玩家成为自己的狼同伴，若选择到的玩家不是女巫，则该玩家失去原有阵营、身份和特殊能力并成为一名狼人，但是无法自爆。若选择到的玩家是女巫，则女巫保留原有阵营和身份但是失去解药和毒药。

Q1：这一事件应该如何进行操作？

A1：在本局游戏中，法官首先让女巫向自己举手示意。之后让三张狼人牌在开局时先睁眼，选择一位好人阵营的玩家成为自己的狼同伴，如果该名玩家不是女巫，则法官轻触该名玩家示意他睁眼加入狼队，如果该名玩家是女巫，则法官在假装触摸过一位玩家并示意他睁眼加入狼队之后，向狼队示意他们选中的玩家是女巫，无法加入狼队。加入了狼队的好人牌将会失去自己原有的神位/民位和特殊能力，屠边时将不再需要击杀该名玩家，他将与狼队共享胜负条件。若女巫失去了双药，法官将会在让女巫睁眼时用手势向他示意。

Q2：狼人如果拉到了神牌是否过于强大了？

A2：这是一张非常考验狼人摸牌抿人能力的事件卡，上下限差异较大，如果开局拉到了平民相当于狼队没有任何增强，而如果开局拉到了神民则狼队将会在开局时就占据一定的优势。当然，就算狼队拉到了平民，也可以利用这张事件卡去攻击场上的明神是被狼人拉走了的伪神。

Q3：在神眷卡迷魂药剂中，女巫如果被狼队在开局时选中会如何？

A3：她会失去两瓶迷魂药以及毒药。

（2）黑暗天幕：全局游戏中，狼队可以发动一次黑暗天幕，当晚预言家无法验人、女巫无法使用解药和毒药、被刀杀的猎人将无法开枪。狼人第一夜无法发动黑暗天幕。

Q1：这一事件应该如何进行操作？

A1：每晚狼人率先睁眼，由法官向狼人询问是否发动黑暗天幕，狼人经过讨论之后用手势向法官示意，若狼队选择发动黑暗天幕，则女巫、预言家和猎人都将被法官用手势告知无法发动技能。

（3）蛊惑：在全局游戏中，狼队可以发动一次蛊惑，使得预言家在当晚验出相反的验人结果。

Q1：在神眷卡真相大白中，狼人发动蛊惑将会如何？

A1：法官依旧会给出相反的验人结果，但是第二夜之后被验的狼人依旧会直接死亡。

（4）死亡标记：狼人可以在每一个夜晚都选择一位好人阵营的玩家进行标记，若到了白天该玩家被放逐出局，则标记成功，在之后一个夜晚狼人可以同时选择两位玩家进行击杀。标记成功之后，夜晚狼人将无法再次进行标记。

Q1：这一事件应该如何进行操作？

A1：每天晚上狼人在选择完击杀对象之后需要再选择一个标记对象。当狼队标

记成功之后的那个夜晚，狼队可以向法官示意两个不同的玩家进行击杀。如果女巫还有解药，她将会看到两个不同的击杀对象，她可以选择其中之一进行解救。

第十二章 原创板子

1. 猎魔人和魔狼

身份配置：魔狼×1、狼人×3、预言家×1、女巫×1、猎魔人×1、骑士×1、平民×4。

魔狼：魔狼在自爆后将会直接进入黑夜，当晚所有神牌的技能都将会被魔狼所封印。若魔狼是最后一个被放逐出局的狼人，则他可以翻牌并依靠他强大的血脉之力存活到下一个白天天亮之后才死亡。

猎魔人：猎魔人是一名出色的剑士、追踪者和魔物鉴别大师，作为一名猎魔人，他的身体敏捷而又强壮，能够免疫大部分疾病和毒素并具有着非同寻常的洞察力。猎魔人追踪着魔物的气息来到了这个村庄。从第二个夜晚开始，猎魔人每晚都可以选择一位玩家进行狩猎，若被狩猎的玩家是狼人，则该名狼人死亡，若被狩猎的玩家是好人，则猎魔人死亡。因为猎魔人强健的身体素质和免疫力，猎魔人将不会死于女巫的毒药。

2. 灵狼

身份配置：灵狼×1、狼人×3、预言家×1、女巫×1、猎人×1、守卫×1、平民×4。

灵狼：灵狼是整个狼族中最为智慧的一员，拥有着非比寻常的学习天赋。每个夜晚灵狼与狼人共同睁眼选择击杀目标之后，灵狼将会在女巫之后、预言家之前单独睁眼执行他的特殊能力。在第一天夜晚灵狼可以选择一位好人阵营的玩家学习他的特殊能力。若被灵狼选择的玩家是预言家，则从第二个夜晚开始，灵狼将可以每晚查看一位好人阵营的玩家是民牌还是神牌。若被灵狼选择的玩家是女巫，则灵狼将会获得一瓶解毒剂，在女巫使用过毒药后，灵狼可以选择使用解毒剂解救当晚除了自己之外的被女巫毒杀的玩家。若被灵狼选择的玩家是猎人，则当灵狼被放逐出局的时候，可以选择翻牌并带走场上的任意一名玩家。若被灵狼选择的玩家是守卫，则从第二个夜晚开始灵狼每天晚上都可以选择一位玩家进行庇护，被灵狼庇护的玩家在当晚获得技能免疫，无法死于狼人的刀、女巫的毒和在当夜被击杀的猎人的枪，当预言家查验被灵狼庇护的玩家时将会显示为无法验出结果，灵狼无法连续两天庇护同一位玩家。若灵狼选择的玩家是平民，则当灵狼被预言家查验身份时将会显示为好人。（注：灵狼板子狼人阵营稍显强势，适用于好人阵营胜率整体偏高的高端面杀局。）

3. 幻术师和狼巫

身份配置：狼巫×1、狼人×3、预言家×1、女巫×1、猎人×1、幻术师×1、平民×4。

幻术师：幻术师拥有着神奇的精神意念，可以通过隐秘的幻术使场上的其他玩家陷入精神恍惚的状态并产生各种各样的幻觉。在夜晚幻术师可以选择场上任意一名玩家成为自己的幻象，若幻术师在当晚被狼人击杀或者被女巫毒杀，则幻象将代替幻术师死亡。当幻术师发动过一次幻术之后，下一个夜晚幻术师的幻术将无法使用。

狼巫：狼人之中除了英勇的战士之外，也不乏精通使用巫术的族人。在夜晚狼巫可以率先单独睁眼，选择一位好人阵营的玩家进行诅咒，被诅咒的玩家将会被法官提示直至下一个夜晚到来之前无法发动任何技能。当狼巫发动过一次诅咒之后，下一个夜晚狼巫的诅咒将无法使用。

4. 斩首游戏

游戏有八张身份牌，分为两个阵营，好人阵营和狼人阵营各四人，分别是：领主×1、平民×3、狼王×1、狼人×3。领主认识其他所有好人，狼王认识其他所有狼人。领主可以在白天任意时候翻牌指认某一张牌是狼王，指认成功，则好人阵营胜利，指认失败，则狼人阵营胜利。狼王可以在白天任意时候翻牌指认某一张牌是领主，指认成功，则狼人阵营胜利，指认失败，则好人阵营胜利。

游戏只有第一天有黑夜，是领主和狼王认识自己队友的时间。和狼人杀一样先进行警长竞选，之后由警长组织发言。每天白天放逐一位玩家，出局的玩家翻牌并留遗言，抗推狼王则好人阵营获胜，抗推领主则狼人阵营获胜。

与狼人杀中狼队用人数劣势换取信息优势不同，斩首游戏中有两个人数相等、技能相同、信息对称的阵营，游戏节奏非常之快，几分钟一局，可以用来练习捉人。

5. 吸血鬼入侵

角色配置：吸血鬼×1、牧师×1、平民×8。

规则：无警长、随机发言。

吸血鬼：每个奇数夜吸血鬼都可以睁眼选择一名玩家赐予初拥，被赐予初拥的玩家其身份将会变为吸血鬼。当有三分之一以上的玩家成为吸血鬼时，吸血鬼阵营获胜。

牧师：夜晚在吸血鬼之后行动，每晚可以查验一名玩家的身份是否为吸血鬼，被牧师验过的好人将会获得牧师的赐福，无法再被吸血鬼赐予初拥。吸血鬼开局时就能获悉牧师的身份，但牧师无法被吸血鬼赐予初拥。当所有吸血鬼都被放逐时，好人阵营获胜。

后 记

狼人杀这个游戏发展到如今的高度是由诸多狼人杀前辈乃至杀人游戏前辈共同努力的成果，而这本书算是我站在前辈们的基础上，建立起的对于狼人杀的一些个人见解。之所以花费如此多的时间来写下这本教程，其最初也是最终的目的就是因为我始终相信这个世界上还有着许许多多像我一样热爱狼人杀这个游戏的玩家，我希望通过我的文字，更多的人能看到狼人杀这个世界中的精彩。其实，对于狼人杀这个游戏的理解，每个人都不一样，也许顶尖大神眼中的狼人杀，和我眼中的完全不一样，但这也就是狼人杀这个游戏的魅力所在，这也就是我为什么要通过这本书带着大家来一探这个游戏背后的世界。

现在的狼人杀还处于发展期，很多的游戏理念、游戏技巧尚未完善和普及，也许不久的将来会有更多爱好钻研的狼人杀玩家提出更多精彩的想法。曾几何时，我也认为狼人杀的阶位已经走到了天花板，四阶之后便再也没有提升的空间，但是随着杀人游戏顶尖高手们的加入，这些在杀圈磨炼了十多年的杀人游戏玩家让我看到了更大的世界。我想狼人杀也许不久之后真的就会有五阶的出现，毕竟捱人水平的提升是没有止境的，发言能力的提升是没有止境的，而演技也是一条我眼中全新的出路，我们还有许许多多可以提升的地方。

而就我自身而言，其实我只是一个刚刚接触狼人杀一年多的新人，自认水平远不如那些在顶配局里掌控雷电的四阶玩家，只不过作为一个重度思考成瘾者，我无法拒绝这种语言与思考带给我的乐趣，也自认为自己的智慧绝不会逊色于任何人，所以未来的道路上我会与大家一起继续努力前行。

再提一些我个人的建议给所有热爱狼人杀、想要有所提升的玩家吧。其实意识到要去提高自己是最为关键的一点，我们可以把自己当作一台电脑，经常检测漏洞，随时更新升级打补丁。其实以我对狼人杀水平的认知来看，从零阶提升到二点五阶是非常快的，学习有方、勤加练习的话可能两个月就能做到，但是三阶是一个槛，从三阶开始往上走的每一步都需要持久的练习和不断地反思，可能从三阶升到三点五阶要比从零阶升到三阶更难。

如果想要成为一个真正的狼人杀高手，就必须拥有宽阔的心胸，局内为了胜负可以锱铢必较，但是到了局外无论输赢都不应该去责怪别人。同时应积极地作自我反思和全局复盘，想想自己哪里做得不好，哪里还可以改进，想想全场游戏的胜负手在哪里，其原因又是什么，只有保持这样的心态我们才能进步。

不要害怕犯错，这个游戏谁都会犯错，再顶尖的大神也会犯错，这些都无所谓，任何一个狼人杀高手都是这么走过来的。每一次犯错，每一次反思，都是一次成长。狼人杀这个游戏就是要不断地去犯错，不断地去反思才能进步。勇敢去站边，努力去悍跳，站错了边就去复盘总结，觉得自己水平不高就去勤加练习。每一局游戏都应该全力以赴地认真思考，不要发言划水，不要害怕背锅，逻辑盘错了就盘错了，关键是不要失去思考的勇气。甩锅谁都会，敢于接锅敢于反思的人才是真正有勇气、有胸怀的人。

也许是目前狼人杀的火热带动了许多商业化的行为，也许因为观众和粉丝们的期待带给了选手们许多玩游戏本不该有的压力，有些东西已经有所改变。确实，在普通的桌游店里，都会有玩家为了在喜欢的女生面前展现实力而去作弊，在几百万甚至上千万人的关注下，在名与利的诱惑下，也难免会发生一些有违游戏精神的事情。

如果心里的神倒了，不妨选择靠自己的努力去超越他。

我们可以靠着做自己喜欢的事情来赚钱，来享受被人喜爱、被人崇拜的感觉，这些都无妨。也许现在的某个新手，看了这本书就会爱上这个狼人杀的世界，也许他/她很快就会通过自己的天赋和努力超越我们所有人，成为新一代的狼人杀大神。但是无论如何，在追求封神的路上请不要忘记初心，我们玩狼人杀是因为我们热爱它。

最后，希望本书能够给大家的狼人杀水平的进步带来一些帮助，也祝愿每一位热爱狼人杀的小伙伴都能在这个游戏中收获想要的乐趣！

附 录

一、预女猎白游戏流程简介

在面杀局中需要一名熟悉游戏规则的玩家担任法官，法官只负责主持游戏，自己不参与游戏。法官搭配好本局游戏所需的身份牌之后，均匀洗牌，牌面向下单独发给每位玩家一张身份牌。每位玩家看完身份牌之后将其牌面向下置于桌面。游戏过程中的座位号由法官安排，每位玩家需记住自己的身份牌及座位号。

1. "天黑请闭眼"

所有人确认自己的身份牌并保持安静，随后在法官的指引下闭眼进入黑夜。

2. "狼人请睁眼，狼人请互相确认同伴并交流战术。狼人请选择今晚的击杀目标，狼人请闭眼"

所有狼人睁眼互认同伴并交流战术，狼人统一意见之后指定当晚要击杀的对象。

3. "女巫请睁眼，今晚这位玩家被击杀，你要救吗？你有一瓶毒药，你要毒谁？女巫请闭眼"

法官用数字手势示意女巫当晚被狼队击杀的玩家是谁（女巫没有解药则不示意），女巫可以选择使用解药、使用毒药或者都不使用，女巫竖起拇指表示使用解药，做出数字手势表示毒杀该座位号的玩家，不做任何手势表示不用药。

4. "预言家请睁眼，今晚你想查看哪一位玩家的身份？这个是好人，这个是狼人，他是这个，预言家请闭眼"

预言家睁眼后通过数字手势告诉法官自己想要查验的玩家的号码牌。法官通过手势告诉预言家被查验玩家的身份，大拇指向上代表是好人，狼爪手势代表是狼人。

5. "猎人请睁眼，今晚你的开枪状态是这个，猎人请闭眼"

猎人睁眼确认自己是否被女巫毒杀，法官大拇指向上表示猎人没有被女巫毒杀，大拇指向下表示猎人被女巫毒杀，不能开枪。

6. "白痴请睁眼示意一下身份，白痴请闭眼"

白痴睁眼让法官知晓身份（仅第一夜需要睁眼）。

7. "所有玩家闭眼竞选警长，想要上警的玩家请举手。3，2，1……天亮了，参与警长竞选的玩家有……"

第一天白天天亮之后竞选警长，所有人闭眼举手决定是否参与警长竞选，未参与警长竞选的玩家可以在警下投票选举警长，也可以弃票。若没有玩家上警则本局游戏没有警长。若只有一位玩家上警，则他自动当选警长。若所有玩家上警，则最后一名未退水的玩家当选警长，否则本局游戏没有警长。参与竞选警长的玩家按照当前时间单顺双逆的顺序进行发言，例如当前时间为 15:25，尾数 5 为单数，从 5 号玩家开始依次按顺时针顺序发言。所有参与竞选的玩家发言结束后，由没参与警长竞选的玩家共同投票选出一位玩家担任警长。参与竞选的玩家可以在投票前随时选择退出警长竞选，退出竞选的玩家依旧没有投票权。

8."竞选发言结束，所有警下玩家闭眼投票。3，2，1……"

如果没有玩家投票，则本局游戏没有警徽。如果出现平票则进行一轮 PK 发言之后进行第二次投票，剩余没有上 PK 台的玩家都可以参与投票，如果继续平票则本局游戏没有警徽。如果有狼人在第一天警上自爆，则直接公布死讯并进入黑夜，本局游戏没有警徽。警上自爆的狼人如果前一夜已经吃毒，则自爆无效但是本局游戏没有警徽，第一夜死之后的玩家的遗言。

9."X 号玩家当选警长，票型为……，昨夜是平安夜 /X 号玩家倒牌，请留遗言"

警长竞选结束后，法官公布昨夜倒牌情况，若一夜有多人倒牌则按照号码从小到大的顺序公布死讯。第一天夜里倒牌的玩家可以发表遗言，之后夜里倒牌的玩家不能留遗言。被猎人开枪带走的玩家视为和猎人同一时间倒牌，在猎人之后留遗言。

10."请警长选择发言顺序"

由警长安排发言顺序，所有活着的玩家根据发言顺序依次发言。

11."警长请归票"

所有玩家发言结束后警长可以进行归票，号召大家投给某位玩家。

12."警长归票 X 号，所有玩家闭眼投票。3，2，1……"

所有玩家闭眼举手进行投票，可以弃票。统计票数后，得票数最多的玩家被放逐出局。如果出现平票，则进行一轮 PK 发言之后进行第二次投票，所有没有上 PK 台的玩家都可以参与投票，如果继续平票则形成平安日，直接进入黑夜。

13."票型为……，X 号玩家被放逐出局，请留遗言"

白天倒牌的玩家都可以发表遗言。白天自爆的狼人也可以留遗言。

14."天黑请闭眼"

遗言结束后进入黑夜，狼人、预言家、女巫、猎人按顺序依次睁眼执行功能，重复上述"夜晚行动—发言—放逐"的过程，直至狼人或好人阵营获得胜利。好人阵营的胜利条件为所有狼人出局，狼人阵营胜利条件为所有民牌出局或者所有神牌出局。同一夜狼人击杀最后一神或最后一民，女巫毒杀最后一狼，因为狼人率先行动，

按照狼刀在先的原则判定狼人阵营获胜。

二、发言素养

我们最后还需要再讲解一下狼人杀中的两个注意事项——贴脸与聊场外。在狼人杀游戏中，这两种行为都是被禁止的，尽量在游戏中避免贴脸与聊场外是每一位狼人杀玩家应该具备的基本游戏素质。

1. 贴脸

贴脸是指试图通过游戏之外的因素为游戏之内的因素作担保并以此为己方阵营获取不正当的利益。

我们就先以最典型的发誓型贴脸为例，比如"我以我的人格作担保，我绝对不是狼""我是狼我吃桌子"等，在发誓型贴脸中发言者试图通过自己的人格、赌咒等游戏之外的因素来担保自己在本局游戏之中的好人身份，从而博取场上玩家的信任，为己方阵营获取不正当的利益。这一类发言严重影响了游戏平衡，不符合狼人杀应有的游戏精神，因此所有狼人杀玩家都应该对此进行抵制。

顺带一提，贴脸发言的定义一定要同时符合以下两点：①以场外因素为场内因素作担保；②试图为己方阵营获取不正当的利益。"我是狼我吃桌子"一定属于贴脸发言，但是相反如果有狼人发言说"我是好人我吃桌子"，这就不属于贴脸发言，因为这个发言并没有试图为己方阵营获取不正当的利益。

接下来让我们再举几个关于贴脸发言的例子，比如"我是狼我怎么会去刀我的女朋友"（以私人关系作担保）、"我当狼从来都不会悍跳"（以个人牌坊作担保）、"我要是狼怎么可能菜到去刀X号玩家"（以个人水平作担保）、"我是好人，你硬要出我的话这把输了你背锅"（以游戏胜负作担保）、"我不想贴脸，你们不要逼我"（以贴脸本身作担保）、"我真的是个好人，不信游戏结束你自己去看演员表"（以揭秘作担保）。以上都是一些非常典型的贴脸发言的例子，希望大家能够在自己玩游戏的过程中引以为戒。

另外，在游戏过程中玩家有情绪起伏都是非常正常的，但是过度的情绪起伏则同样会进入贴脸的范畴内。举例而言，比如说真预言家被抗推出局之后无比愤怒，发火骂人甚至摔门而出就属于典型的情绪型贴脸。情绪型贴脸是指在发言中毫无逻辑，单纯地进行情绪宣泄，经常伴随着指责、谩骂和人身攻击，其本质是一种以个人形象作为担保的贴脸，在游戏中进行这样的发言是一种个人素质非常低下的行为，同时也会极大地影响场上其他玩家的游戏体验。

2. 聊场外

聊场外是指进行游戏规则允许范围之外的信息获取和信息传递。

（1）在面杀中，如果我们身边的狼人玩家晚上杀人的时候动作太大，声音被我们听到了，这就算是我们获取了场外信息。当然，这一场外信息的获取并不是我们的错，我们甚至也可以在场外信息的指导下去作出判断。但是必须注意的是，在白天发言的过程中，即使我们获取了场外的信息，也不能在自己的发言中提及，也就是说我们不能主动地去聊场外信息。

（2）在面杀中，在别人发言的过程中回应对方是属于场外的，例如点头、摇头、和他对话等，这属于规则外的信息传递。就比如说我是预言家，当有人建议我修改警徽流时，我们是不能主动点头去回应的。

（3）在面杀中，在夜里说话或者在非自己的行动环节打手势，这属于规则外的信息传递。举例而言，我们希望女巫毒走我们心目中的狼人，就在女巫行动的环节给女巫打手势，比划数字，这是不允许的。

（4）在面杀中，在白天非自己的发言环节打手势，这属于规则外的信息传递。举例而言，狼人在白天悄悄打手势暗示自己的狼队友自爆，这是不允许的。

（5）在面杀中，法官要注意不要由于自己的原因而造成场外。比如晚上女巫行动时，法官不要一直正对着女巫的方向说话，这样场上的玩家就会知道女巫的大致方位了。而对于游戏中的玩家来说，也不要故意利用法官来造成场外，比如预言家在第一天放逐掉悍跳狼之后，第二晚不能故意等很久才验人，让场上的玩家意识到预言家还活着来自证身份。

（6）在面杀中，有的身份牌用久了会有一些痕迹，因此应该尽量选用没有痕迹的身份牌并且在发牌时不要盯着其他玩家的身份牌背面看。

（7）在面杀中，有一种场外很多玩家没有意识到，比如预言家说："我昨天晚上验了1号玩家是一个金水，之所以验1号玩家是因为在我睁眼的时候1号玩家正好伸了个懒腰。"这就是属于聊场外，表面上看这是预言家的心路历程非常丰富，但实际上对于1号玩家来说，他很清楚自己在夜里预言家睁眼的时候确实伸了个懒腰，而这一场外信息只有真正的预言家能够知道，所以1号玩家一定能够认定这是真预言家，这就相当于预言家通过场外给1号玩家传递了额外的信息。因此，无论是预言家还是在夜间行动的其他神牌，晚上行动时看到的信息都是不能在发言中聊出来的。

（8）在网杀中，市面上一些游戏设计有问题的移动客户端（APP）同样会造成场外。比如说礼物流指的就是在游戏中通过送礼物来传递信息，比如验出金水送金水一朵花，验出查杀给查杀扔一个臭鸡蛋。又比如骨灰流是指利用进出房间来传递信

息，验出查杀就退房，验出金水就继续留下。又比如说已经出局了的玩家进行发礼物、全服发小喇叭等诸如此类的行为都算聊场外。当然，在我们的狼人杀官方移动客户端中，这些场外问题一定是全部避免了的，欢迎大家前来体验。

（9）最严重的场外则是面杀夜里睁眼偷看和网杀熟人通身份，这类行为就已经超出了普通的场外而进入了作弊的范畴。狼人杀是一个君子游戏，其乐趣就在于通过思考和分析来发现真相，在游戏中作弊的玩家是为人所不齿的。

值得注意的是，在面杀中，在白天观察其他玩家的表情、反应和状态是合理的场内信息，面杀的规则中并不限制在白天通过观察其他玩家来获取信息。这是因为在面杀中，场上的十二位玩家坐在一起，除了每个人的发言之外，白天的互相观察，甚至是在摸牌看牌的时候互相报身份都是不可避免的，而这也成为了狼人杀面杀不同于网杀的一个特点。

以上就是被广为接受的关于狼人杀中场外的定义。关于场外，其实还有着一种更加宽泛的定义，这种关于场外的定义类似于 TRPG（桌上角色扮演游戏）中的超游。即玩家不基于角色扮演，而是用超越游戏角色的思维来进行思考，用基于游戏外的信息来作出决策。超游在 TRPG 中是一种非常破坏游戏体验的做法，这是因为对于参与 TRPG 的玩家来说，来玩这个游戏是希望扮演一个特别的角色，来体会一种虚拟环境下的互动经历，而超游则会打破游戏中虚拟环境与现实世界的界限。只不过狼人杀其实并没有完全被定义为一个角色扮演类游戏，所以关于场外的这种定义也并没有被广泛地接纳。这里简单举几个关于狼人杀中超游的例子，比如"不好意思，我刚刚接了个电话，没听到警上两个预言家的发言"（聊与游戏无关的内容）、"我和他玩得多，他一拿狼就喜欢悍跳，所以我不信他是预言家"（聊非本局游戏内的游戏经历）、"他是萌新，我不相信他会自刀"（聊玩家的游戏水平）等。超游在目前的绝大多数狼人杀对局中都没有被禁止，因此除非在游戏前特地规定了本局游戏不允许超游，否则狼人杀玩家们不必在意这一限制。

当然，说了这么多关于贴脸、场外和超游的内容，其实都是为了通过这些限制来让参与游戏的狼人杀玩家们获得更加优秀的游戏体验。对于贴脸和场外，在目前的狼人杀竞技比赛中是被严格禁止的，当然如果是熟人局或者娱乐局的话，只要参与游戏的玩家都不在意，就不用计较太多，很多时候朋友之间在娱乐局里闹一些"小贴脸"和小场外的玩笑都是非常有趣的。在娱乐局里，真的要说贴不贴脸场不场外，还得视现场的氛围而定。

三、狼人杀分阶概论

（原文《培养狼人杀游戏中的九种能力》由张振衣原创，此处略作修改，已获得原作者授权。）

其实狼人杀中所需能力无非有二，一是辨识，二是说服。辨识能力在于知晓场上其他玩家的身份底牌，而说服能力则在于让场上的其他玩家向着我们所希望的方向来进行行动。具体到分阶，我们在此列出七项判断标准，划出四阶来进行综合考虑。

1.抿人：通过观察一个人的表情与状态来判断其身份

在一阶玩家的眼中，抿人更像是在算命，从表情变化和细微动作来判断对方的身份，这是很难理解的。他们自己不会去抿人，而其他玩家的抿人在他们眼中则会显得不可思议和难以理解。

二阶玩家知道有抿人这种能力的存在，也会注意去观察其他人的表情，判断结果，不一定准确。他们听得懂其他玩家的抿人发言，也会在发言中给出自己的抿人判断。他们会花费精力去细心观察正在发言的玩家的状态，而对于外置位的其他玩家就并不会怎么注意。

三阶玩家会注意到更多的抿人信息。他们会观察玩家摸牌时的表情，会关注场上某个玩家发言时其他玩家的神情，同时他们也学会了通过主动施加压力来抿身份。摸到狼人时，他们会在晚上观察其他人的体态和动作，白天银水发言时，他们会在外置位寻找女巫。他们拿到预言家牌时，首验查杀的概率远高于正常水平，且会有意识地去寻找民及民以下的身份去验，让神色非神即狼的玩家到了某个轮次就直接拍身份，拍不出身份就出局。在警上发言时，他们就可以直接点出后置位哪些玩家跳不起预言家，前置位哪些玩家只是上来诈身份。三阶玩家的抿人基于对人类表情和行为的观察与理解，也源于对场上玩家之前所建立的数据库。他们明白具体的某一种抿人技巧是死的，但是其背后的道理是活的，他们会综合玩家的水平、性格以及现场环境作出更加精准的判断。

四阶玩家通过持久的训练已经培养出了对于场上玩家身份非常精准的敏感性，他们的抿人能力在广度、速度和准确度上都已经达到了非常惊人的水平。警上点四狼、警上抿四神、白狼王爆走女巫或守卫、首刀女巫、盲毒白狼王、盲守女巫等操作对于他们来说都是非常常见的。他们的抿人不再只是对单个玩家的身份判断，而是对场上所有身份牌分布的判断，比如某些人像是平民牌，就从另一方面佐证了另一个人拿了神牌。在他们眼中，所有的身份基本都可以只听一圈发言便确定，而之后就只是抢轮次和看哪边会出现操作失误罢了。

2. 逻辑：通过推理得出有效结论，并用逻辑来说服其他玩家

一阶玩家的逻辑意识很浅，他们不会进行正、反逻辑思考，也盘不出任何完整的逻辑链，他们的发言中也许会犯各种看似可笑的逻辑错误。相对于完全不知道应该怎么发言的纯新手，一阶玩家会把场上所有他怀疑的点都罗列出来，但是这些点仅仅是一盘散沙，既无法形成一条完整的逻辑链，也无法给出一个切实可行的行动方案。在升阶的过程中，他们首先将会逐渐掌握基本的正逻辑，然后开始学习思考反逻辑和编造伪逻辑。在一阶玩家升阶的过程中，一个重要的标志就是编造出基本的伪逻辑成功悍跳一次。

二阶玩家有能力编造出一些伪逻辑链来为自己的行为进行解释，但是他们的伪逻辑往往不够缜密，整个逻辑链经常难以自洽。他们开始学会熟练地盘正反两方面的逻辑，他们可能会说，"8号玩家如果你是狼人自刀了，那么这局游戏就让你赢"，这说明他们盘出了正反逻辑并对其作出了取舍。或者他们会说，"鉴于你上一轮的发言逻辑，我不认同你这一轮的发言"，说明他们注意到了逻辑的前后连贯性。

三阶玩家编造的伪逻辑链基本可以做到完整而自洽，就比如他们在悍跳或者冲锋的时候也可以盘齐场上的"狼坑"并编造出"确凿"的理由来支持这一伪逻辑。他们可以认识到逻辑盘错了的人依旧可以是好人，只是其基点或者视线出现了偏差，此时他们会指出对方逻辑上的漏洞，消除他的困惑，并把他拉回好人团队。三阶玩家的发言都是有明确的目的性的，在时机成熟之后，三阶玩家会结合自己对局势的理解给出一套行动方案，以此来说服其他玩家按照他的方案来进行行动。

四阶玩家对于场面上的一切逻辑链了如指掌，逻辑在他们眼中只是一种发言素材，他们更加关注的是如何站在场上其他玩家的视角去思考问题，然后选择一种对方可以接受的逻辑来拉到他这一票。他们有能力建立起一个伪逻辑库，随时可以根据场上的情况来选择一个最有可能拉到票的逻辑链，他们真正克服了伪逻辑容易出现漏洞的弱点而发挥出了伪逻辑灵活性上的优势。

3. 表水：通过发言让其他玩家相信自己是好人

一阶玩家不会表水，他们的发言基本以"过""我是好人""我不是狼人"为主。

二阶玩家懂得表水，他们有能力阐述自己的心路历程，并解释清楚自己的行为。当好人时，心态良好逻辑通顺，摸狼人时，也开始学着用比较阳光的方式进行发言，并通过一系列的行为试图做好自己的身份。但是他们在表水的时机把握上可能不准确，有时会过早地跳明自己的身份，把自己的身份信息暴露给狼人。

三阶玩家的发言中，单纯表水的成分就少了很多，他们并不需要非常刻意地去表水，在不是焦点牌的时候略微解释一下就好了。他们主要依靠主动帮助好人团队找到并推出"狼人"来做好自己的身份。即使有时他们会进行一些看起来比较怪异

的操作，也是早有铺垫或者留有后手，有能力在之后聊清楚自己。

四阶玩家对于场上其他玩家的心态了若指掌，他们知道哪些人的票这局是拉不到了的，而对于哪些人是可以通过表水来拉到对方这一票的，他们知道对于不同的人该通过怎样的发言来表水才能打动对方。对于他们来说，他们很清楚对于狼人和已经认了死理的人，是没有必要再去向他们表水的，而对于另一些人的怀疑，只要找到他们怀疑的立足点，用对方能够接受的方式在支点上动刀，对方的怀疑也就自然而然地消失了。

4. 分析：拿出自己的一套逻辑并以此来说服其他玩家

一阶玩家很难作出像样的分析，在他们眼中每一个人的发言似乎都有些道理，当轮到他们发言时，他们不能有效地提出自己的观点。他们很快就会忘掉其他人发言的具体内容，脑海中只有朦胧的"我觉得他是好人""我觉得他是狼人"的想法。

二阶玩家开始学会使用一些比较固定的分析套路，比如喜欢抓别人的口误，奉行有查杀先出查杀，以及认为预言家警长得到太多票就说明他有团队等。而他们对于这些套路式的思维在当下场面上的适用性，不一定会进行认真的考虑，因为在他们心底确实奉这些逻辑为真理。但是他们却很少有能力看到场上的逻辑盲点，也很难结合当下的情境对具体的问题作出细致而具体的分析，这就导致了他们的分析始终有盲点，很容易就会被更高阶的玩家诱导和利用。

三阶玩家随着经验的丰富，他们的分析思路开始变得更加灵活而懂得变通，他们会就别人的分析说一些自己的想法，他们会考虑到其他人的失误和非理性决策并把这些纳入到自己的分析之中。他们的分析对于当前的局势而言是适用的，而不是单一地只会套用一些固定的分析套路。他们能很快地盘清一些小概率事件，他们大部分时间会选择站边并给出相应的一套逻辑，这并不是说他们没有盘正反两套逻辑，只是这个过程在他们的大脑里已经进行了一遍，而在发言的时候他们没有花时间去提另一套已经被他们放弃了的逻辑罢了。

四阶玩家的分析可以说是见人说人话，见鬼说鬼话，在对整个局势有自己的把握的情况下，他们只需要有目的性地拿到几张票就行了，他们有能力对场上每一位玩家的思路进行分析并推断出拿到他手上这一票的可能性。对于他们而言，只需要顺着一条能够拉到场上最多票的思路去讲故事就可以了，也许这套故事在另外的那一部分人眼中根本不通，但这也无关紧要。

5. 控场：用全局化的思维来把握局势

一阶玩家的思维在横向上是点对点的，无法涉及到面，在纵向上是没有纵深的，无法预计到未来局势的发展。他们意识不到局势，他们不知道现在是狼刀在先还是警推在先，不知道场上的焦点牌和对立面在哪里，也不会对已经出局的玩家作身份

的定义，也许当狼人都"挤狼坑"挤到他们脸上了，他们还在帮着狼队上票，也许当场上只剩四人的时候，他们还在猜测场上有两狼。

二阶玩家已经意识到了轮次这一概念，他们会开始学会计算场上的容错值，对于当前轮次下，自己该做的事情和场上焦点牌的定位也有着相对明确的认识。他们在大部分情况下可以判断出场上现在是狼刀在先还是警推在先，分析出场上可能还剩几狼，然后点狼坑。他们在摸到神牌时会在警推在先的局中适时认身份排水或在狼刀在先的局中学着藏身份躲刀。

三阶玩家已经拥有了比较强的全局化思维，他们的控制力已经有能力体现在当前轮次之外了。他们会在第一天就开始通过观察全局来排狼坑、挤位置。比如在京沪大战第三局中，囚徒一句话都没说过，就已经落入了狼坑，这就是挤位置挤出来的，他已经不得不是狼。他们的思维是面式思维，依靠收集全场玩家的身份关系由点成线，再由线到面，最后再从高处着眼，定义全场玩家的身份。

在四阶玩家眼中，其实狼人杀就是一轮杀，也就是说这个游戏只用玩第一天，推对就赢，推错就输。对于四阶玩家来说，解构全局所需的时间只要一天就够了，也就是说他们一天就可以定义全场玩家的具体身份。游戏结束的时候他们就相当于复盘完成了，此时他们非常清楚狼队的战术布局是什么，好人是怎样应对的，哪一方出现了失误，失误的原因是什么，每一张牌的心路历程和决策过程是怎样的。他们很少讨论谁背锅，失误是正常的，技术才是更加值得讨论的东西。

6. 隐藏：在需要的时候隐藏和伪装自己的身份信息

有意思的是，新手玩家其发言本身就没什么信息，比如"我是好人，过"，狼神民状态完全统一。如果稍微进步了一些上了一阶，一般是好人状态会先进步，这个时候，狼人状态和好人状态就会产生很明显的区别，所以说一阶玩家摸狼只要多说几句话就很容易会被看穿身份。

二阶玩家的狼人状态逐渐进步，他们摸狼的时候也可以较为自如地发言了，不过二阶玩家往往会忽视神、民状态的统一，导致摸神时经常会被狼队抿出来。另外二阶玩家一般还没意识到要去掌握发言之外的欺骗手法，很难主动从状态上去诱导别人误判自己的身份。

三阶玩家开始意识到表情管理的重要性，开始学会从状态上利用演技欺骗其他玩家，他们会有意识地统一自己狼、神、民三者的状态，同时会开始注意保持自己形象的平衡，以此让其他的玩家较难从他们的行为中得到关于他们身份的信息，要建立起一个关于他们的历史数据库也就没那么简单了。他们在游戏中更多的是在进行状态间的伪装和欺骗，试图反过来利用状态去迷惑对手，这可以说是一场无声的博弈。在面杀中，这种无声的博弈是无时无刻不在进行着的。

四阶玩家可能会走向两个不同的方向。在第一种情况下，由于他们当好人时实在是太过强大，导致当狼人时无法与之统一，只能选择放弃平衡形象，快速抵完神之后就自爆点刀。在第二种情况下，他们选择压制自己的好人状态，同时提高自己的演技来继续平衡自己的形象，尽量保证自己人狼状态统一。对于这样的四阶玩家来说，状态不再是一个不可控的因素，而是成为了一个可以根据他们的心意来调整的因素。他们注重的不再只是一局游戏，而是更看重自身形象的平衡，力求使得自己在长期博弈中提高胜率。与此同时，现在顶尖的狼人杀玩家为了对抗其他高手的抿人技术，已经开始尝试通过表演学的技巧来伪装出更加真实的状态与情绪。

7.战术：操作思路与方法

一阶玩家对于游戏的理解，可能仅限于预言家要上警，谁攻击我我攻击谁，要被推了就跳身份等，经常在该操作的时候不操作，或者在不该操作的时候乱操作。

二阶玩家对于游戏的理解，经由游戏经验的增加而开始变得更加深刻。他们开始初步理解了操作空间这一概念并掌握了一些固定的套路和规则，大致上明白了什么时候可以进行哪些操作，什么时候不可以进行哪些操作，什么轮次该做什么，什么轮次不该做什么。他们已经了解大部分的战术套路，并且开始尝试打一些多人配合战术。

三阶玩家的经验更加丰富，会懂得根据具体局势灵活地决定如何进行操作。面对其他玩家的战术套路时，他们也有能力找到对方战术的弱点并予以反制。他们不再拘泥于固定的套路和打法，凭借着他们丰富的经验和超强的随机应变能力，他们懂得在各种不同的局势下应该如何灵活地进行操作。

四阶玩家对于游戏已经有了极其深刻的理解，甚至于已经足以创建一整套属于他们自己的游戏理论。他们已经不再拘泥于一招一式之间，而是把所有的招式融会贯通，达到了无招胜有招的境界。

四、顶配杂谈

（原文《夜谈杂记》由 JYclub- 优柔原创，略作修改，已获得原作者授权）

狼人杀这个游戏，有的时候好人与狼人之间只有一线之隔。好人会站错队，会和好人同伴失误打架，预言家和女巫会因为心态紧张而发言变形，所以有时你觉得死站悍跳狼边的一定是狼，自己聊得这么好还猛打自己的一定是狼，一个跳预言家的人说话都不敢大声，一点气势都没有，一定悍跳的，最终却发现自己的判断只有 70% 左右的正确率，而剩下 30% 的时候是错的。特别是"死站悍跳狼边的一定是狼"这一条，错误率可能都不止 30% 吧，常玩的朋友对于那些铁头好人的案例一定深有

同感。

这就是逻辑游戏的乐趣了。好人不犯错,狼人永远赢不了,那么这个游戏就没意思了。好人犯了错,狼人抓住好人团队的失误,选择合适的战术赢得胜利,这理应成为狼人杀游戏的一部分。

我们先来聊一个观点:高配牌和顶配牌的区别是什么?

以好人团队来说,高配牌应负责尽到一张好人牌应尽的基本义务,比如站对边、讲清楚自己的观点、不被狼人抗推、认下场上状态极好的一两张铁好人牌等等。能做到这些,你就能够确保自己处在正确的逻辑框架下。也就是说,你将游戏纳入到了上文中所说的占 70% 的正确轨道上,并尽量将 30% 导致输牌的失误点留给了普通玩家。这些失误点,正是我们常说的"狼人空间"。当狼人空间在 30% 左右时,这是一场势均力敌的对局,好人能站对边,狼人也有机会;当狼人空间小于 10% 时,说明好人发挥极其出色且能够相互认下,此时狼人几乎没有获胜的机会。所以高配牌要做的,就是尽量维持好场上的基础秩序,不要让狼人空间大于 40%,因为这通常就意味着游戏在向真预言家被抗推乃至崩盘被屠城发展。

而顶配牌是什么?顶配牌就是负责杀死这 30% 的好人内部失误的玩家。

如果你站对了边、强势号对了票,第二天却抗推了一张做错事的好人牌,我做裁判可能只会给一个 60 到 70 左右的发言分,弹幕大神更可能会去喷你也说不定。因为你做了该做的事,却也避免不了该犯的错误,当然就只能形容你为"不过不失"。什么是天秀?什么是 Carry ?除去极其精彩的个人秀之外,我们通常推崇的是"保下一张铁站错边的好人""从中立视角听出两个互打的好人牌,劝他们不要打架""在站错边的好人很多的情况下,优先处决一只深水倒钩狼"等等。这样的举动是日常对局中最 Carry 的行为,因为它从事实上处理了好人团队内部隐藏的风险,极度压缩了狼人战术发挥的空间。歪哥、饮料、李锦他们经常有天秀发挥,裸点四狼,有时固然是真的硬生生听出了四狼,但更多的时候是因为看到了做错事的好人发言行为里的好人面,才挤出了最后一两张狼的位置。

"处理好 30% 的好人内部失误",短短几个字,做到它究竟有多么的难,如果你对狼人杀有一定深度的理解,相信你一定懂,如果你不懂,可以参考狼人杀这一年多火下来,有多少人励志作四阶作狼王,最终大家公认的一共才几个,可以看看 PANDA KILL、LYINGMAN、GODLIE、WCO、PSL、高校联赛、华山论剑、京城大师赛、各种表演赛,多少名角儿倒在这几个字上。

所以,我通常不吝惜对别人报以"高配"的称谓和赞美,别人说我是高配我也不会觉得特别鼓舞,因为从内心里我并不认为这个称号有多值钱。大多数时间做到进入 70% 的正确框架,虽不能说简单,至少也不难吧。对于新玩家来说,当你能做

到十局里七局左右站对边，保两张牌没保错，你真的就可以夸自己一声高配了，你做到了一个优秀玩家基本应该做到的事。难，就难在最后那 30% 道路上的不懈探索，有太多高配玩家在这条道上走完了整个游戏生涯，到最后也没走到尽头。

就上述观点阐述这么多，是因为想要说以下几件事：

1. 想做到处理好最后 30% 的空间，听发言要非常精细。举例，我经历过的某局面杀，一位萌新玩家警下站错边，打真预言家铁狼，跳身份站对边的女巫铁悍跳，坏事做尽，发言中极其亢奋地说了句"这局游戏这个 12（悍跳狼）肯定是个预言家了，我绝对没被骗，错了我宁愿认输。"，最终"错了我宁愿认输"几个字成为了他的救命稻草。好人后期商讨认为，在当时作为一张煽动冲锋狼牌不太可能编出这句话，应该是他作为一张好人牌内心的真实想法，最终这位玩家避免了被抗推，这是一个比较经典的"好人做错事，好人同伴通过逻辑外的细节认下他"的案例。（它的准确逻辑归类为"A 做了错事，但是 A 有 B 行为，代入回当时场上的情况，B 行为不可能出自狼人视角/心态，所以 A 为好人"，这是一种比较精细的代入型逻辑。）在这个案例里，如果没有人仔细听"错了我宁愿认输"几个字并分析 A 的心态，这个玩家是救不回来的，而在高压紧张的心态下，一旦有太多胜负之外的杂念，这些细节往往会被听漏掉。京城大师赛第一周，顶配局常见的"好人完胜，狼队毫无空间"盘型很少出现，一大原因就是因为好人处理不好这 30% 的内部失误，每个人都容不下别人的漏洞，不仅站错边的牌要进狼坑，踩错自己的牌更是要打进铁狼坑，好人死于内斗的局远多于狼人天秀的局。而这一现象的深层原因，我认为是好人因为心态紧张导致注意力不够集中，听漏了一些精细的细节，以至于没有顶配级的纠错表现。

2. 想对弹幕观众们说几句话，对选手们还是多一些包容度，我个人完全不看弹幕，但是主播和一些经验少的选手还是会受到弹幕的影响。正因为前面所说的处理好 30% 很难，有时候一个漏听、一个走神就会导致玩家瞬间从天秀跌到铁锅，所以仅通过一两局比赛来评价一个玩家是非常不客观的，通过一个比赛的排名来评判更不客观。这个道理我觉得很多人不太懂，一场点四狼就被刷成是四阶大神，一场失误就被说成是不配坐在这，只能反映出看的人不懂行。狼人杀这个游戏，对一位玩家的评价应该是一张时间网，或者一份技术数据，上面记载了他至少一百局游戏里的站边准确率、保人准确率、点狼准确率、被抗推率等等。这是很多高配圈子里比较认同的对选手客观评价的方法，通常情况下，也可客观反映为高配熟人圈子里大多数玩家对一个人的口碑。如果你真的去做了统计，可能就会发现选手的实际水平高低和你心目中的印象排位完全不一样。想准确评价一个人的水平，还是得提高数据采样量，拿数据说话。

3. 我一个粉丝总跟我说特别喜欢原来北京 JYC 高配局嘻嘻哈哈、充满欢声笑语、

谈笑间就分了胜负的自信氛围，我知道那是大家无数次高端厮杀磨砺出来的实力与自信。我写了很多字去阐述了我心目中何为高配，何为顶配，就是希望这群正值竞技状态旺年的小伙伴们想清楚自己应该努力的方向，如果大家有一颗成为顶配的心，那就必须明白顶配在场上要承担的责任和该做的事情，不要再说"你踩错了我，在我心里你可不就是狼牌"，"你预言家发言怎么这么差，气场也不对"，"你们都把我打进狼坑，我可不站错边"这种话，这种话是留给普通玩家和准高配去说的，要做顶配牌，无论自己的好人同伴发言多么烂都要坚定正确的方向，纠正好人团队的错误，拨乱反正，这才是顶配牌应有的价值。套用诅咒的一句名言，有的时候"好人不配赢"。但是我们在场上，只要在力所能及的范围内，别人输了可以说是因为"好人不配赢"，我们不可以，因为在大多数对局里都会有"不配赢的好人"，在多么恶劣的条件下我们都要尽力带着他们走向胜利，这就是身为顶配牌存在的意义。

顶配牌，唯结果论。当你在场上做了错误的事情，高配牌可以说是因为其他同伴的失误导致了错误发生，但是顶配牌，不要解释，你没看穿这一切，就是你错了。欲戴皇冠，必承其重。

五、英文板子规则

Introduction of Game Versions

① Seer, Witch, Hunter and Idiot

Roles Disposition: Werewolves*4, Seer*1, Witch*1, Hunter*1, Idiot*1 and civilians*4.

Werewolves: Four Werewolves see each other every night and kill one player. They can also choose to self-destruct or not to kill anyone. The werewolves can expose their identity at any time during daytime before the sheriff sums up the vote, after which this werewolf is dead and all other players end the current statement session in no time, skip the exile voting session, and come into the night directly.

Civilians: Ordinary civilians have no particular skills. The civilians who have survived the night can participate in the discussion session and then vote in favour of eliminate one player who they believe is the werewolf out of the remaining ones during daytime.

Seer: The seer, as the spirit of civilians, has the most information among them. This role can check the card (discover the identity), of one player each night to see whether he/she is a werewolf or not and offer information for the good side as guidance.

Witch: The witch is a god on the good side who has the strongest power with special function, two potions, one antidote (healing potion) and one poison, to control the players' life and death. The witch wakes up after the werewolves have chosen the victim each night and chooses whether the potion will be used or not. The antidote (healing potion) can revive a player that has been murdered by the werewolves that night except herself. When the witch hasn't utilized the antidote yet, he/she can know who is the victim every night, but not anymore after the healing potion is used. The poison can kill a player at night. Each potion must be used only once and in different nights during the game.

Hunter: The hunter is also a powerful god that can kill a person. When the hunter is either attacked by werewolves at night or eliminated by vote in daytime, he/she can choose to reveal the identity and fire a bullet of revenge at any players alive of his choice immediately during the day. The hunter is not able to shoot and kill a person when poisoned by the witch or he/she is the last dead god before the game is over.

Idiot: This god doesn't have any difference from ordinary civilians at any other time, but when eliminated by vote during the day, he/she can turn the card over and identity himself/herself, after which he/she can still make the statement in his/her turn but loses the right to vote. If werewolves intend to kill all the gods to win victory, they need to kill the idiot who has turned over the identity a second time at night.

② White Werewolf King and Defender

Roles Disposition: White Werewolf*1, Werewolves*3, Seer*1, Witch*1, Hunter*1, Defender*1 and Civilians*4

Defender: The defender can choose to defend anyone of the players. If this player is attacked by werewolves, due to the protection of defender, he/she will survive. The defender can guard himself/herself, but cannot protect the same player two consecutive nights. If the player the defender guards happens to be saved by the witch's antidote (healing potion), this player will be dead.

White Werewolf King: The white werewolf king is a special werewolf, apart from the functions ordinary wolves have, when the white werewolf exposes its identity, it can choose to eliminate anyone of the players with it.

③ Silenced Elder and Knight

Roles Disposition: Werewolves*4, Seer*1, Witch*1, Knight*1, Silenced Elder*1 and Civilians*4.

Silenced Elder: The silenced elder wakes up to silence one player each night, and the player who has been silenced can only express opinion by body language. The silenced elder cannot silence the same player for two days in a row.

Knight: The knight can challenge any player to a duel before the vote in the daytime. If the opponent is a werewolf, then this werewolf dies and the game comes into the night directly. If the opponent is a good civilian, then the knight dies and the vote continues.

④ Werewolf King and Extractor

Roles Disposition: Werewolf King*1, Werewolves*3, Seer*1, Witch*1, Hunter*1, Extractor*1 and Civilians*4

Werewolf King: The werewolf king is a special werewolf. When it is killed, it can shoot another player with it to death. In the werewolf king game version, both hunter and werewolf king cannot turn the card over after they die, but shoot directly while other players are not able to know about their identity. The werewolf king cannot shoot if it is poisoned, extracted, or exposed and turned over.

Extractor: The extractor must select one player to extract the dream every night, and the extracted player sleepwalk. It will be invalid if the sleepwalker is killed by werewolves or poisoned/healed by witch. If the extractor is dead at night, the sleepwalker is also out of the game. If the extractor selects the same player two consecutive nights, the sleepwalker dies immediately and cannot use the function.

⑤ Werewolf Queen and Old Rascal

Roles Disposition: Werewolf Queen*1, Werewolves*3, Seer*1, Witch*1, Hunter*1, Idiot*1, Old Rascal*1 and Civilians*3

Werewolf Queen: The Werewolf Queen is a special werewolf. After killing a person with other werewolves, it wakes up alone every night and enchants a player. When the werewolf queen dies at that night or afterwards the following day, the enchanted player die for love with it. The werewolf queen cannot self-destruct or expose its identity.

Old Rascal: The old rascal is an ordinary civilian and cannot be enchanted. If the old rascal is poisoned or shot, he/she will not die immediately on that day but be toxic or injured and die when the statement session ends the day after. When the old rascal is poisoned, the judge will not announce the toxic condition, but when he/she is shot, the judge will tell people that the old rascal is injured.

⑥ Cupid and Thief

Roles Disposition: Thief*1, Werewolf King*1, Werewolves*2, Seer*1, Witch*1, Hunter*1, Idiot*1, Cupid*1 and Civilians*5

Thief: The game version with thief has 14 cards of identity in total, before each game starts, the judge takes out two of them and distribute other 12 cards to players after the judge makes sure that the two cards are not "werewolf, werewolf", "werewolf king, werewolf", "thief, werewolf king" or "thief, werewolf". The thief wakes up first the first night and chooses one of the cards from the judge as his/her own identity. The thief must select it if there is "werewolf" or "werewolf king" in the alternative.

Cupid: Cupid is a god who wakes up after the thief at night and selects any two players as a couple. Those two players will madly fall in love with each other. Cupid can choose himself/herself as a lover of the couple. The couple then wake up after Cupid and confirm at the first night, but cannot use gestures to communicate, so they are not able to know each other's real identity. Cupid only knows who are the couple but not their identities either. Either one of the couple dies, the other, out of sadness, dies too for love immediately. The judge will not tell the difference of them from other players who die at night. When both people of the couple belong to the good side, Cupid belongs to the good side too for good in this game. When the couple are both werewolves, Cupid doesn't count as a god anymore and belongs to werewolves' side. If in the couple one lover is on the good side while the other is a werewolf, this couple and Cupid form the third party, Cupid doesn't count as a god anymore and will be in the third party for good in this game. When the werewolf in the couple cannot reach an agreement with other werewolves when killing people, it is taken as invalid. If the couple kills all other players, then the third party wins.

六、鸣谢名单

——"没有一辈子的游戏，只有一辈子的朋友"

带我入坑狼人杀的小酥敏以及其他一起组局的小伙伴们：陈玮、文欣、双元、樊放、陆亦玄、郑东楠、范雪瑞、王志伟、徐文辉、薛健峰等

和平西桥 KFC 周末局：徐悦、徐佳铃、李明哲、谢静轩、张震、刘臻玮、朱弘毅、李钰婷、吕帅、陈星宇、计玮杰、王靖、尹璐路、赵林杰、王修、曹凯、韩欢欢、张荣慈等

北京 Mutuclub 鱼小 Q、镖局狼人杀北分舵：阳光、旭萌萌、阿良、小皓、李卓瀚等

北京 JYC 一众高配大神：饮料喝多了、诅咒、高哥、喵二逼、优柔、渐渐安稳、枣、古月、剑十一、羊驼、Faker、歌哥、狼助、段小丢、呵呵饭、Rella-no-cinder 等

感谢李斯大神以及施展萍编辑为我的初稿样书作宣传

官狼的同事以及在西安新认识的朋友：田叔叔、蔚然、琳子、馨予、怡丹、婉忻、孟孟、来钱、毒瘤、呜喵、AT、老付、笑笑、徐跳跳、lucy、紫月倾城、豆包、Mor 乐子、coco 酱、乐乐、闵聪行、捣捣、四叶草、无糖阿等

主播小伙伴们：官狼容容、魔王走秀、大闸蟹、DJ-桐、奎因大魔王、圈圈、阿毛、孤山、拉雅、神月、辛迪伯伯、男神、洋葱葱、大表哥、李铁蛋、寒屠、等以及熊猫直播的路语大大

上海面杀的朋友：寓言家 Jerry 大魔王、林老板、记忆、牛排、严总等

QQ 粉丝群里的小伙伴们：小雪碧、三岁、麦家润、k、小弟、繁华落尽谁明白哥的悲伤、ARUM、我有孤独和酒、摘掉眼镜看风景、狐狸、XuLiang、撩发美人、双刃叒叕、我就是一头王肥桑！、胡戈、章鱼先森、借、南风、沙漏不说话、石头不开花、Secret、承众 1、樱桃不能没有丸子、柳眉画砂等

帮我测试板子的 D 调，带我组局录素材的——、告白和兔子兔子呀以及仙女门的小仙女

微信粉丝群里给我的初稿提修改建议的：逆向行驶宇航员、ri-do-so-la、光与热、耿强、天安门、周思程、阿珍、鬼使神魔恋、KcNg.、Mike、深蓝即是黑、小二哥、许叶华、勤奋的大牛、啊！刘小傻、鱼丝丝、余思雨、Felice-von-Gabriel、月冷、导函数、苏榕、小艾言、萌萌可达鸭、喜宝、天平、倒腾飞机的大叔、小金瓜、梅长苏、潇月涵影、凝星沁梦、狄高翔、ByeKong 李、陈墨、Cynthia-Chen、可惜我是狮子座、YouKnowzcD J、邬熙哲、M.c(fox)、Qingyang 等

微信新书试读群里为本书提供修改建议的：卢仲鑫、一闪一闪亮晶晶、李昀鹏、大 shu、会唱歌的文艺桑 y、段小鱼、神秘的少女、liar 狼美人、Ray-Yang-二毛毛、小欢人、肉怂饼、睡犬、黄圆圆、流浪诗人、梦回苍穹、阳光下的幽灵、沾花惹蜂狂、小涛、保护宝宝、宋慧乔、马叔叔、松松、亚瑟智王、汤姆 V、杨磊、shady、D-plus、a 米豆 d、橙子、谷欠乘风破浪、Harry、岸与盒、吉棒棒、薛大少、王钱钱、Ethan-Xu、冬风寒、梁、大旗、春雨润墨衣、Darren Lifecoach、张 P 瑶 Penny、白川、时中融、候哥、蔡宇晖、猍呆呆

eric、北街浊酒、树上开花、-dst、a-Pikachu、PanDa3vAn、laughing、白夜乎、南山南、OUTLIER、王栋略自信、DoN、唐睿、随星而行、心静风轻、TIFFANY&Co、乾风、张啸天、君莫笑、有梦想的人不睡觉、周蕾等

知乎《狼人杀》专栏　关注和支持我的读者们

分享狼人杀以及杀人游戏攻略以供大家学习的前辈们

一切热爱狼人杀并为推广狼人杀文化做出贡献的狼友们